La rationalité pénale moderne

Réflexions théoriques et explorations empiriques

Sous la direction de Richard Dubé,
Margarida Garcia et Maíra Rocha Machado

La rationalité pénale moderne

Réflexions théoriques et explorations empiriques

Les Presses de l'Université d'Ottawa
2013

uOttawa

Les Presses de l'Université d'Ottawa (PUO) sont fières d'être la plus ancienne maison d'édition universitaire francophone au Canada et le seul éditeur universitaire en Amérique du Nord. Fidèles à leur mandat original, qui vise à « enrichir la vie intellectuelle et culturelle », les PUO proposent des livres de qualité pour le lecteur érudit. Les PUO publient des ouvrages en français et en anglais dans les domaines des arts et lettres et des sciences sociales.

Les Presses de l'Université d'Ottawa reconnaissent avec gratitude l'appui accordé à leur programme d'édition par le ministère du Patrimoine canadien, par l'intermédiaire du Fonds du livre du Canada, et par le Conseil des arts du Canada. Elles reconnaissent également le soutien de la Fédération canadienne des sciences humaines, par l'intermédiaire des Prix d'auteurs pour l'édition savante, ainsi que du Conseil de recherches en sciences humaines du Canada et de l'Université d'Ottawa.

Révision linguistique : Yvan Dupuis; Annie Paré
Correction d'épreuves : Amélie Cusson
Mise en page : Atelier typo Jane
Maquette de la couverture : Robert Tombs
Illustration de la couverture : Duy Huynh avec la permission de Duy Huynh/Lark & Key, LLC.

Catalogage avant publication de Bibliothèque et Archives Canada

La rationalité pénale moderne : réflexions théoriques et explorations empiriques / sous la direction de Richard Dubé, Margarida Garcia et Maíra Rocha Machado.

(Perspectives alternatives en criminologie)
Comprend des réf. bibliogr. et un index.
Publ. aussi en formats électroniques.
Comprend du texte en anglais.
ISBN 978-2-7603-0797-1

1. Peines. 2. Justice pénale--Administration. 3. Droit pénal--Philosophie. I. Dubé, Richard, 1975- II. Garcia, Margarida III. Machado, Maíra Rocha IV. Collection : Perspectives alternatives en criminologie

K5103.R38 2013 364.601 C2013-900048-8

Dépôt légal :
Bibliothèque et Archives Canada
Bibliothèque et Archives nationales du Québec

TABLE DES MATIÈRES

AVANT-PROPOS

L'IDÉE de produire un ouvrage collectif sur la rationalité pénale moderne (RPM) nous est venue lors d'une première rencontre des coéditeurs, à Ottawa, à l'hiver 2006. Le projet avait pour but d'entreprendre la réalisation d'un double objectif. Il visait d'abord à favoriser la diffusion des plus récents résultats de recherche obtenus sur et/ou à partir de la théorie de la RPM par les collaborateurs de la *Chaire de recherche du Canada en traditions juridiques et rationalité pénale*. Il visait, d'autre part, à témoigner collectivement à son titulaire, Alvaro Pires, professeur au Département de criminologie de l'Université d'Ottawa, notre gratitude pour les années d'encadrement, de supervision et de collaboration qu'il nous a consacrées dans un environnement de réflexion assurément dynamique, toujours stimulant intellectuellement et combien enrichissant sur le plan humain.

Par rapport au premier objectif, douze ans après la création de la Chaire, il nous paraissait important et utile de produire ce qui se veut être un bilan théorique et empirique des questions que soulève, et des problèmes que pose, la théorie de la RPM pour l'observation du droit criminel moderne et l'analyse de ses possibilités de transformation. En ce qui a trait au deuxième objectif, les chercheur(e)s qui ont été invité(e)s à participer à ce projet ont accompagné les travaux de Pires pendant plusieurs années, que ce soit à titre d'étudiant(e)s, de professeur(e)s ou de collaborateurs/collaboratrices en recherche. Cet accompagnement a pu se réaliser sous plusieurs formes : encadrement aux études supérieures (maîtrise ou doctorat) ; participation à des colloques, ateliers et séminaires; publication d'articles scientifiques conjoints, rapports de recherche; etc. Nous parlons au nom de l'ensemble des coauteur(e)s de cet ouvrage pour dire que nous ressentons tous envers le professeur, le chercheur, l'ami, une profonde et sincère admiration pour son dévouement, sa rigueur et la passion qu'il a su nous transmettre au fil des années. Alvaro, nous t'en remercions chaleureusement.

Nous tenons à remercier également Gérald Pelletier qui, à titre de chercheur permanent, accompagne les travaux de Pires et ceux de la Chaire depuis plusieurs années. Bon nombre de collaborateurs/collaboratrices à cet ouvrage ont pu bénéficier de son professionnalisme et de sa grande générosité dans la réalisation et l'aboutissement de leurs travaux de recherche. On lui doit aussi d'avoir dressé, en annexe de cet ouvrage, une liste à ce jour complète des travaux publiés par Pires.

Richard Dubé
Margarida Garcia
Maíra Rocha Machado

PRÉFACE

ALVARO PIRES, auquel ce livre rend magnifiquement hommage, est non seulement un collègue, mais aussi et surtout un ami de longue date, celui qui, comme le dit Jean Guéhenno, « ouvre en nous des chambres fermées[1] ». C'est de cette amitié intellectuelle et personnelle, profonde et féconde, qui a permis un échange continu, dont je voudrais tout simplement témoigner.

Nos parcours, des deux côtés de l'Atlantique, se sont croisés dès le début des années 1980 lorsque j'ai découvert la recherche, résolument novatrice, qu'il a menée avec Pierre Landreville et Victor Blankevoort sur les coûts sociaux du système pénal et qui m'a ouvert les yeux sur une réalité que les juristes trop souvent ne voient pas ou ne veulent pas voir. La problématique de cette recherche aussi bien que la méthode mise en œuvre ont marqué de manière décisive l'approche du système de justice pénale et la recherche en criminologie. Dès ce moment, Alvaro m'est apparu comme quelqu'un d'exceptionnel, hors codes, hors normes, déroutant et complexe, donc profondément attachant.

Un chercheur des confins

Alvaro Pires est un chercheur des « confins ». Ses travaux se situent entre le droit, la criminologie et les sciences humaines (notamment la philosophie et la sociologie), passant allègrement d'un domaine à l'autre et nous emportant dans son sillage, parfois même son tourbillon. Ils sont profondément marqués par une approche interdisciplinaire, ce qui leur permet d'apporter une contribution que je n'hésite pas à qualifier d'essentielle dans le développement des savoirs sur le crime et la peine. Une distinction

1. GUÉHENNO, J. *Journal d'un homme de 40 ans*, Grasset, Paris, 1934, p. 133.

que l'on observe souvent dans le monde scientifique est celle qui s'opère entre des recherches « de veille » et des recherches « de pointe ». Les travaux d'Alvaro Pires entrent pour moi, indubitablement, dans la catégorie des recherches de pointe. Il faut relire son article de 1991, « Éthiques et réformes du droit criminel : au-delà des philosophies de la peine » ou encore celui de 1995, « Quelques obstacles à une mutation du droit pénal ». Personnellement, je continue à faire mes délices de cette superbe contribution de 2001 : « La ligne Maginot en droit pénal : la protection contre le crime versus la protection contre le prince ». Et je pourrais en citer encore bien d'autres. Tous ces textes remettent sans cesse en question les évidences et sont marqués d'une immense créativité.

Une pensée originale et radicale

Les thèses qu'Alvaro Pires a énoncées et qu'il s'applique à développer sont résolument originales, c'est-à-dire uniques, personnelles, non conformistes. Il est d'ailleurs significatif de constater qu'elles sont reprises, développées, amplifiées par de nombreux auteurs. Sa pensée aussi est radicale au sens propre du terme, dans la mesure où il touche à l'essentiel et assume les conséquences impliquées par le choix initial. Pour lui, les théories modernes de la peine constituent un obstacle épistémologique majeur à la construction d'un véritable droit criminel du citoyen et d'une nouvelle rationalité pénale, à la fois plus humaine, plus respectueuse de la liberté de tous, plus créatrice et plus adaptée à la complexité de la société. Il nous invite à réfléchir non pas à une nouvelle théorie de la sanction, mais, plus fondamentalement et plus radicalement, à une nouvelle théorie de l'intervention juridique.

Si je me permets d'insister sur le caractère original et radical de la pensée d'Alvaro Pires, c'est parce que je pense qu'il est aujourd'hui essentiel de renouveler l'approche de la matière pénale qui, aussi bien sur le plan interne qu'international, se trouve devant des défis majeurs. Plus fondamentalement, ce sont les concepts et les principes mêmes d'une discipline pensée à la fin du XVIIIe siècle qui doivent être « revisités ». Les travaux menés par Alvaro Pires sont, de toute évidence, susceptibles de contribuer à cette entreprise.

La renommée internationale et le réseau universitaire d'Alvaro Pires sont évidents. Ce réseau n'est pas l'effet du hasard ou d'une quelconque mondanité scientifique ; il témoigne de l'intérêt que beaucoup de ses collègues manifestent à l'égard de sa pensée. En outre, il n'y a rien d'artificiel en lui, ce sont de vraies collaborations scientifiques, des échanges serrés, parfois très animés, mais toujours éminemment respectueux des personnes.

Un renversement de perspectives

Je voudrais donner un exemple, lié à ma fonction de juge à la Cour européenne des droits de l'homme, de l'utilité des travaux d'Alvaro Pires et du « renversement de perspectives » qu'il suggère d'opérer. Il est un des rares intellectuels à montrer qu'il ne s'agit pas seulement de construire un droit pénal plus soucieux et respectueux des droits et libertés. Il faut aussi, et cette approche est autrement plus féconde, mobiliser les droits de la personne pour repenser le pénal. Cette exigence est au cœur de la question actuelle des rapports difficiles, ambigus, voire paradoxaux entre droits de l'homme et droit pénal. Il s'agit non seulement d'une question théorique, mais également d'une question pratique.

Une réflexion en mouvement

Si les travaux d'Alvaro Pires suivent une approche profondément originale, ce qui constitue à mes yeux leur principale caractéristique, sa pensée est aussi en mouvement. Alors que beaucoup de chercheurs arrivés à ce stade de développement de leur parcours intellectuel se limitent souvent à des « variations sur un même thème », c'est-à-dire à développer des versions différentes sur des problèmes déjà abordés, il n'en est rien en ce qui concerne Alvaro. Dans tous ses travaux et toutes ses publications, il a toujours cette formidable énergie intellectuelle qui lui permet de se ressaisir des paradigmes dominants et de reprendre les débats. Je l'ai ainsi encore constaté en lisant un texte sur Edwin Sutherland qu'il a préparé pour la dernière édition (2008) de l'*Histoire des savoirs sur le crime et la peine*, une entreprise magistrale menée sous l'impulsion de Christian Debuyst et Françoise Digneffe à laquelle il a collaboré[2]. Alvaro a complètement repensé et revisité ce classique de la criminologie qui était un texte-piège par excellence.

2. DEBUYST, C., DIGNEFFE, F. et PIRES, A.P. *Histoire des savoirs sur le crime et la peine*, Vol. 3. *Expliquer et comprendre la délinquance (1920-1960)*, Larcier, Bruxelles, 2008, coll. « Crimen ».

Un éclaireur et un passeur d'idées

Le plus important est peut-être ceci. Pour les étudiants, les chercheurs et les doctorants, Alvaro Pires est un véritable éclaireur et un passeur d'idées. Il est sans doute dommage que, dans le monde universitaire, ce type d'engagements auprès des jeunes générations ne soit pas plus valorisé mais, pour Alvaro, peu importent les convenances et les reconnaissances. La force de sa pensée réside aussi dans la communication qu'il en donne, avec enthousiasme et générosité. Les discussions avec lui peuvent prendre des jours et des nuits car, si pour lui le temps ne compte pas, il ne compte pas non plus son temps. Alvaro soutient les autres dans leurs démarches, parfois même au préjudice de ses propres travaux. Mais telle est la richesse d'Alvaro et le présent ouvrage en est l'expression la plus belle et la plus forte.

Merci

Merci, mon cher Alvaro, pour tout ce que tu as donné et que tu continueras à donner pour dénouer, comme tu le dis toi-même, ce « nœud gordien » tenace autour de la peine et de l'idée de punir. J'espère de tout cœur pour la communauté nationale et internationale des chercheurs en criminologie que tu poursuivras ce que l'on peut véritablement appeler ton aventure intellectuelle profondément stimulante et exigeante. Nous avons grand besoin non seulement de ton intelligence, de ton imagination et de ta créativité, mais aussi et surtout de ton sens aigu de la justice et de ta profonde humanité.

Françoise Tulkens
Ancienne juge et vice-présidente
de la Cour européenne des droits de l'homme
Professeure émérite
de l'Université de Louvain (Belgique)

EN GUISE D'INTRODUCTION GÉNÉRALE À L'OUVRAGE

Les angles d'observation de la rationalité pénale moderne et la recherche empirique

Richard Dubé

Introduction

EN GUISE d'introduction à cet ouvrage, je présenterai brièvement 1) le rôle joué par la rationalité pénale moderne (RPM) dans les activités de recherche réalisées à la Chaire ou par ses membres, j'expliquerai 2) comment s'articule le programme de recherche que la Chaire a contribué à mettre en œuvre et préciserai ses différents axes de recherche en décrivant les contributions des collaborateurs qui ont tenu à participer à la réalisation de ce programme. Au terme de ma présentation, 3) je résumerai brièvement chacune des contributions de façon à offrir au lecteur une vue générale des thèmes et des enjeux traités dans le cadre du présent ouvrage.

Le rôle joué par la RPM dans les activités de la Chaire

Fondée en 2001, la Chaire de recherche du Canada en traditions juridiques et rationalité pénale a entamé une réflexion ordonnée sur les fondements et les caractéristiques du système de droit criminel moderne. Le but était de décrire, de comprendre et de problématiser les structures actuelles de ce système de manière à alimenter la réflexion sur ce qu'on pourrait appeler les conditions d'évolution et de créativité cognitive de ce système. À cet égard, Pires considérait comme une « nécessité urgente » d'arriver à une meilleure compréhension « de *ce qu'est* et *de ce que peut être* le système pénal dans une société qui modifie ses formes de régulations démocratiques et repense la question du lien social et des droits de la personne en vue de donner un meilleur statut à ses institutions » (Pires, 2001, p. 4).

Dans cette réflexion générale, l'accent allait être mis sur les structures cognitives du système de droit criminel moderne, et en particulier sur le rôle et l'influence du concept de *rationalité pénale moderne* dans l'orientation des opérations du système et la détermination de ses possibilités de dépassement et de transformation.

Ce concept de RPM, Pires avait commencé à l'investir théoriquement dans les années 1990 en offrant à l'analyse sociologique un outil d'observation qui devait permettre la caractérisation et la problématisation des principes directeurs et idées clés agissant sur le développement du droit criminel moderne. En ce qui concerne les structures normatives de ce système de droit criminel, l'influence de la RPM en tant que système de pensée dominant a été considérée comme plus spécifiquement névralgique sur le plan des normes de sanction. En effet, en s'appuyant sur des observations empiriques, il est possible de théoriquement concevoir la RPM comme un ordre cognitif qui, depuis le milieu du XVIIIe siècle, structure l'éventail des possibilités valorisées en matière de sanction. Le point de vue qu'instituerait ainsi la RPM à l'intérieur des frontières communicationnelles du droit criminel agirait sur la prise de décisions afin de départager ce qui peut être considérer admissible, valorisé ou toléré, de ce qui ne le peut pas. À travers le concept de RPM, l'observateur du droit peut dès lors problématiser, dans un rapport de mutuelle influence, la prise de décisions concrètes en matière de sanctions – que ce soit dans le cadre de la création de la loi (système politique) ou de celui de la détermination du droit (système juridique) – et mieux comprendre comment, sous l'influence dominante de ce système de pensée, sont reconduites de façon redondante les valeurs négatives que la RPM privilégie (affliction, exclusion sociale, etc.). Dans ce rapport de causalité circulaire qui prend ici la forme d'un « devoir être », le système de droit criminel établit par et pour lui-même, de façon tout à fait autopoïétique, sa propre représentation de ce qui constitue sa fonction différentielle et son identité systémique.

Cette manière de concevoir la fonction et l'identité du système de droit criminel s'inspire directement de la théorie des systèmes sociaux fonctionnellement différenciés de Niklas Luhmann. La théorie de Luhmann permet à l'observation – notamment sociologique – de prendre au sérieux l'hypothèse de la contingence des « choix » opérés par le système lui-même dans l'institutionnalisation de ses propres fondements identitaires. En matière de droit criminel, la contingence ainsi problématisée sur le plan des fondements identitaires peut alors servir de point d'ancrage à l'émergence d'un point de vue alternatif (même critique[1]) susceptible de prôner d'autres idées ou d'autres valeurs – *fonctionnellement* équivalentes, mais plus positives, moins hostiles – que celles traditionnellement privilégiées par la RPM[2] relativement aux peines afflictives et/ou privatives de liberté.

Le concept de rationalité pénale moderne devait ainsi permettre à Pires de mettre au premier plan de sa réflexion l'hypothèse selon laquelle le système de pensée dominant que constitue la RPM en Occident est l'un des principaux obstacles à un changement de régime en matière de droit criminel. Suivant cette hypothèse, on peut dire que si, aux XVIIIe et XIXe siècles, les théories inhérentes à la RPM ont pu permettre le développement d'un droit criminel proprement moderne qui allait à plusieurs égards se constituer en opposition aux principes directeurs qui caractérisaient le droit de l'Ancien Régime, Pires remarque aujourd'hui que, dans plusieurs pays occidentaux, ces mêmes bases cognitives sont en partie responsables de la « non-évolution » du droit criminel moderne à l'égard des normes de sanction (Pires, 2002). En témoigne, par exemple, la (sur)valorisation – du moins sur le plan symbolique – de l'emprisonnement dans la plupart des pays occidentaux, malgré les indications qui tendent à démontrer son inefficacité et sa « contre-productivité » et

1. Il serait par conséquent aventureux, à mon avis, de reprendre telles quelles les critiques qu'on a pu formuler à l'égard de la perspective fonctionnaliste des années 1950 qui témoignait, avec Talcott Parsons, d'un certain parti pris conservateur (Pfohl, 1994, p. 246). Contrairement à ce qu'a pu soutenir Friedberg, Luhmann n'envisage pas le fait organisationnel « comme un fait de nature dont il suffirait de décrire les caractéristiques et lois d'évolution » (Friedberg, 1978, p. 601). Le fait organisationnel est un fait contingent que l'on peut décrire, certes, mais que l'on peut aussi penser autrement. L'analyse des conditions d'émergence de « l'autrement » à l'intérieur même du système social étudié ne me paraît pas incompatible avec la perspective luhmannienne. Au contraire, cette perspective me paraît même la favoriser.

2. Pour en savoir plus long sur la question du rapport fonction-identité en matière de droit criminel, voir Dubé (2008) et Dubé et Pires (2009).

malgré les coûts sociaux et économiques élevés attachés à ce dispositif. En témoignent également les sanctions substitutives ou alternatives qui sont maintenues dans des bornes législatives ou judiciaires étroites et qui perdent de ce fait de leur portée[3].

Sous l'emprise du système de pensée dominant de la RPM, le constat actuel, plus spécifiquement en matière de sanctions, est celui d'un droit criminel replié sur lui-même, normativement tourné vers les expectatives du passé, cognitivement réfractaire à l'exploration de la nouveauté, de l'innovation et de l'inédit (Pires et Cauchie, 2007 ; Dubé, 2008). Nous serions en d'autres termes devant un système social qui se retrouve aujourd'hui cognitivement prisonnier de ses propres cachots conceptuels et aux prises avec un problème d'apprentissage important.

Le programme de la Chaire et ses axes de recherche

Bien que la pensée de Pires puisse parfois se déployer à un extraordinaire niveau d'abstraction théorique, la recherche empirique – et à travers elle la participation et la formation des étudiants des deuxième et troisième cycles – occupe une place de premier rang dans le déroulement des activités de la Chaire. Les travaux réalisés sous l'égide de la Chaire s'articulent autour de quatre axes de recherche : un axe théorique, un axe d'étude des transformations sociétales, un axe thématique et un axe normatif.

L'axe théorique : comment en sciences sociales observer et décrire le système de droit criminel moderne sans participer à sa reproduction ?

Le premier axe se présente comme un *axe théorique* et concerne les manières d'observer, de penser et de décrire le système de droit criminel moderne. Dans cet axe, on considère que la philosophie et les sciences sociales, au même titre que le savoir juridique, ont tendance à penser le crime et le système pénal à travers les catégories de pensée du système

3. Plusieurs sanctions substitutives, lorsqu'elles ne seront pas carrément exclues, ne seront considérées comme admissibles que pour des premières infractions ou des infractions dont les conséquences sont jugées moins graves ou moins offensantes par rapport aux « états forts et définis de la conscience collective » (Durkheim, 1893, p. 47).

observé, c'est-à-dire les idées, les concepts et les principes propres à l'« autodescription » du système, à laquelle participe évidemment la rationalité pénale moderne.

Pour Pires, « ces savoirs ne réussissent pas à prendre suffisamment de recul par rapport au système de pensée et [aux] pratiques institutionnelles qu'ils sont censés décrire et analyser » (Pires, 2001, p. 5). Dans le cadre du présent ouvrage et en ce qui a trait à la théorie de la réhabilitation, on pourra s'appuyer sur les études de Raupp qui explorent, dans le contexte de la réforme pénale brésilienne de 1984, comment les observations réalisées par les sciences sociales sur les enjeux de cette réforme participent à l'« ontologisation » des catégories de pensée du système de droit criminel et à la reproduction des obstacles cognitifs qui nuisent à l'exploration de l'« autrement ». Par rapport à ce problème – qu'il est possible de constater dans d'autres théories de la peine, comme la théorie de la dissuasion[4] –, Pires recommande une « distance critique » qui permettrait aux chercheurs de mettre en évidence l'hypothèse de la contingence et d'explorer plus sérieusement celle selon laquelle les configurations effectives du droit criminel moderne ne correspondent qu'à « une possibilité parmi d'autres (et non nécessairement la plus heureuse) d'actualisation du système » (Pires, 2001, p. 5).

Le problème concerne non seulement l'observation et la description des structures institutionnalisées, mais aussi l'observation et la description des conditions de mutation, de transformation et d'évolution du système de droit criminel moderne. Pires attire l'attention des chercheurs sur le problème récurrent constitué par le fait que bon nombre d'observateurs du droit ont tendance à associer les conditions de transformation du système à celles de son environnement, réduisant ainsi la complexité de la transformation du système de droit criminel à la transformation de la société, de l'opinion publique, de l'État, du système économique

4. Les études réalisées en sciences sociales sur la théorie moderne de la dissuasion (dont le développement, aux XVIIIe et XIXe siècles, marquait pour Pires (1998, p. 93) « un temps fort dans la formation de la rationalité pénale ») font face au même problème d'ontologisation des catégories systémiques dominantes : si on considère les savoirs accumulés sur cet objet de recherche en sciences sociales, on est frappé de constater à quel point les chercheurs chevronnés qui voulaient tester cette théorie ont le plus souvent fini par reconduire eux-mêmes ses fondements et favoriser la reproduction de ses croyances les plus douteuses (Cousineau, 1988 ; Dubé, 2012a ; Tonry, 2008).

capitaliste, etc. Pour Pires, une telle manière de concevoir le changement a non seulement eu pour effet de normaliser les formes juridiques instituées – on a alors tendance à conclure qu'elles servent au bon fonctionnement de l'ensemble dont elles font partie – mais elle a aussi contribué à occulter les moments de détermination du *système lui-même* dans l'actualisation contingente de ses propres formes, à passer sous silence la manière dont le système lui-même définit, selon ses propres traditions et ses propres structures, ses rapports avec l'environnement, notamment par l'appréciation *sélective* des possibilités nouvelles qu'il pourrait structurellement actualiser. Le concept de RPM tient compte de l'influence possible des transformations externes (voir la section traitant de l'axe d'étude des transformations sociétales), mais préconise, à l'interne, l'observation et la description des processus de sélection et de mise en forme des irritants environnementaux.

L'objectif lié à ce premier axe de recherche est, bien sûr, de mieux comprendre certains aspects d'un problème sociologique spécifique. Dans sa portée la plus générale, l'objectif poursuivi est aussi de prendre part à l'ambitieux projet de Pires qui vise à « repenser [...] la notion de système pénal [et à] élaborer une théorie générale de ce système » (Pires, 2001, p. 5).

Pour ce faire, dans une approche qui se veut *complémentaire* par rapport à celle qui donne la prédominance aux « irritants » ou aux incitatifs externes provenant de l'environnement du système, Pires propose de tirer profit de certaines contributions interdisciplinaires récentes pour mobiliser une théorie de l'observation permettant de concevoir l'*autonomie* du système de droit criminel moderne, une autonomie qui problématise les structures internes du système dans le rapport système-environnement sans pour autant perdre de vue le rapport de *dépendance* qui lie le système à son environnement. Il a déjà été dit ailleurs (Dubé, 2007, 2008), mais il peut être important de le rappeler ici, que cette conception d'un rapport d'autonomie qui n'exclut pas le rapport de dépendance ne peut être cohérent et se révéler heuristique qu'à condition de respecter le cadre d'observation que propose chacune des distinctions : ici, la notion de dépendance se distingue de la notion d'*indépendance* – ou de celle d'*autarcie*; en ce qui a trait à la notion d'autonomie, Yves Barel (1983, p. 466) faisait à juste titre remarquer que la distinction mobilisée est plutôt celle d'*autonomie / hétéronomie*. L'autonomie d'un système social par rapport à son environnement n'exclurait donc pas sa dépendance. Au contraire, on pourrait même affirmer que la dépendance d'un système social à l'égard de son environnement – ne serait-ce que pour s'en distinguer – est une condition *essentielle* de son autonomie, de sa différenciation et donc de son existence. Citant Edgar Morin, on peut dire que « contrairement à l'opposition simplifiante entre une autonomie sans dépendance et un déterminisme de dépendance sans autonomie, [...] la notion d'autonomie ne peut être conçue qu'en relation avec l'idée de dépendance » (Morin, 1983, p. 320).

Ainsi, dans l'approche préconisée par Pires, bien qu'elle requière une sociologie du droit *avec le droit* (par opposition à une sociologie du droit *sans le droit* et qui ne problématise pas le système lui-même dans ses actualisations et ses non-actualisations[5]), il ne s'agit nullement de valoriser une sociologie du droit sans environnement. Au contraire, l'étude de l'environnement du système de droit criminel moderne et de ses influences possibles occupe une place importante dans le programme de recherche de la Chaire. Elle constitue d'ailleurs le deuxième axe de recherche.

L'axe d'étude des transformations sociétales : un rapport de dépendance sans déterminisme

Amenant l'observateur du droit à examiner le stade actuel de l'évolution des sociétés dites avancées, l'axe consacré à l'étude des transformations sociétales « veut explorer et caractériser, explique Pires, certaines transformations pertinentes et significatives dans l'environnement du système pénal » (Pires, 2001, p. 5). Du point de vue de l'observation « macrosociologique », il s'agit d'analyser trois types de transformations et leurs conséquences respectives en vue de mieux comprendre, *en dégageant les structures déterminantes internes du système,* « l'énigme de l'échec (momentané ?) des tentatives de réforme pénale globale amorcées dans plusieurs pays occidentaux dans les années 1960 et 1970 » (Pires, 2001, p. 5).

Le contexte sociohistorique est celui de la « société du risque » (Beck, 1986) : la première transformation sociale crée des conditions qui favorisent l'insécurité au point de faire de celle-ci un problème social et politique sérieux. Les liens entre la rationalité pénale moderne et ce sentiment d'insécurité – qui a atteint peut-être un paroxysme avec les événements du 11 septembre 2001 – ne font plus aucun doute : si le

5. Voir Luhmann (1985).

système de droit criminel moderne considère que la protection de la société est l'une de ses principales « fonctions » ou « prestations » (voir Dubé, 2012b), la RPM, dans ce cadre, aura tendance à saisir l'occasion que lui offrent certains contextes politiques et sociaux pour faire peser plus lourdement dans la balance de la justice la protection des « objectifs de sécurité » (protection contre les incivilités) au détriment, très souvent, de la protection qu'exigent simultanément les « objectifs de liberté » (protection des individus contre les abus potentiels du pouvoir étatique). À cet égard, le texte de Piñero montre que le dilemme et le problème consistant à maintenir un équilibre entre ces deux objectifs se posent non seulement dans le domaine de la justice pénale pour adultes, mais aussi, au Canada, dans le domaine de la justice pour mineurs, car, dans ce dernier, on semble avoir de plus en plus tendance à abandonner l'optique de la réhabilitation sociale au profit de celle de la dissuasion et de l'exclusion sociale.

La deuxième transformation est liée au contexte précédent, mais, se situant dans une perspective plus précise, elle relève plus spécialement de la juridicisation intensive et récente des droits de la personne. Cette juridicisation intensive, au dire de Pires, « produit une double dislocation du législateur ordinaire (par opposition au législateur constitutionnel ou international) » (Pires, 2001, p. 5).

D'abord, une dislocation « par le haut ou vers l'extérieur » : le législateur doit alors composer avec des réalités contraignantes telles que les conventions, les chartes ou les jugements des cours internationales en matière de droits humains. Pires distingue aussi une dislocation « par le bas ou par une combinaison du législateur constitutionnel avec les tribunaux nationaux » : empiéter sur les garanties juridiques ou limiter la portée des protections accordées aux droits de la personne peut impliquer pour le législateur ordinaire de devoir rendre des comptes à des autorités non élues (du moins au Canada). Ces transformations sociales majeures obligent les tribunaux à participer de plus en plus activement et de façon de plus en plus déterminante à l'activité démocratique, notamment « par une amplification de la notion de justice » (Pires, 2001, p. 5).

S'inscrivant dans la perspective ouverte par cette deuxième transformation sociétale, la contribution de Rocha Machado étudie l'hypothèse des effets de la RPM sur la construction sociale des crimes dits « internationaux ». Le texte de Herrera-Vega et Lehalle examine, quant à lui, les enjeux sociaux, politiques et juridiques soulevés par la revivification récente de certains débats sur la torture. Il prend au sérieux le défi que peut représenter, dans ce contexte, la conciliation de valeurs communes à différents idéaux complexes, notamment celui de la protection des garanties juridiques et celui plus spécifiquement associé aux objectifs de sécurité.

La troisième transformation sociale qui est mise au premier plan dans la réflexion relative au deuxième axe de recherche concerne la conception du rôle de l'opinion publique et du public dans une société fonctionnellement différenciée. Puisque, à partir du XVIIIe siècle, le processus historique de différenciation fonctionnelle des systèmes sociaux a conduit à considérer le « public » comme une instance de légitimation du système politique démocratique (Luhmann, 2001), la question qui se pose aujourd'hui, à l'aube du XXIe siècle, est de savoir si le « public » n'est pas sur le point d'être tenu pour essentiel au bon fonctionnement du système juridique, et plus spécialement sur le plan des conditions de légitimation des opérations du système de droit criminel (notamment en ce qui a trait à la légitimation des décisions prises dans le cadre du processus de détermination de la peine).

La contribution de Xavier pose le problème sur le plan de la construction autopoïétique de ce qu'implique, *pour le système de droit criminel lui-même*, la référence à l'opinion publique et aux attentes du public à l'égard du crime et de la justice pénale. Dans l'optique suivie par Xavier, les notions d'« opinion publique » et de « public » se conçoivent comme des « réalités » contingentes, socialement construites *par un système qui observe,* c'est-à-dire par un système qui, dans le plein exercice de son *autonomie* mais toujours en relation de dépendance avec son environnement, sélectionne ce qui lui paraît pertinent pour sa reproduction tout en considérant comme « bruit » ou comme « non-information » ce qui, au contraire, lui paraît sans résonance. On pourra à cet égard observer, au sein de notre société contemporaine, l'influence de la RPM dans la sélection et la mise en forme d'une « opinion publique » et d'un « public » *répressifs* qui se caractérisent par un attachement aux peines afflictives, à la privation de la liberté, au blâme et à la stigmatisation du délinquant ; on observe *a contrario*, toujours sous l'influence de la RPM, la dévalorisation d'une « opinion publique » et d'un « public » plus modérés, plus conciliants, centrés sur l'idéal de la réparation plutôt que sur la continuation des hostilités. Une telle situation pose évidemment toute une série de « problèmes inusités et embarrassants, particulièrement par rapport aux peines et en ce qui concerne les rapports entre la démocratie, les droits de la personne et le droit pénal » (Pires, 2001, p.5).

Il importe en outre d'examiner les problèmes liés à « l'expansion des médias et à leur influence et effets en matière pénale ; [...] à l'importance politique, scientifique et juridique accordée à l'opinion publique, aux sondages d'opinion et à la victimisation ; [...] et à la participation croissante, dans le débat public, de mouvements sociaux préoccupés exclusivement par un engagement d'urgence dans des causes pénales précises (par opposition à un engagement de réforme globale) » (Pires, 2001, p. 5-6). Dans ce cadre, le chapitre que signent Cauchie et Sauvageau permet d'explorer la question du *closure*, laquelle problématise le rôle et les limites du droit criminel et de ses sanctions dans l'expérience du deuil que vivent les familles ayant perdu un être cher à la suite de la commission d'actes criminels graves.

L'axe thématique : la redondance de la RPM devant l'innovation des systèmes de pensée alternatifs

L'axe thématique comprend trois éléments : 1) la conceptualisation du système de pensée dominant et l'étude des pensées alternatives, de leurs conditions d'émergence et de leurs implications ; 2) l'activité législative, le travail de réflexion des commissions de réforme du droit et le rôle des acteurs sociaux ; 3) les décisions jurisprudentielles en relation avec le problème de l'évolution identitaire sur le plan des normes de sanction.

En ce qui a trait au premier élément, l'objectif visé est de poursuivre le développement de la théorie de la rationalité pénale moderne en tant que système de pensée dominant du droit criminel moderne, mais de le faire à partir des éclairages empiriques que nous procurent les recherches menées tant sur les réseaux de communications politiques (création de la loi pénale) que sur ceux qui caractérisent le travail de la détermination du droit à l'intérieur des frontières communicationnelles du système de droit criminel (par exemple, sur le plan de la détermination et de la motivation de la peine). Une attention toute spéciale est ici portée aux obstacles qui paraissent entraver la créativité des décideurs (le législateur, les juges, les procureurs, etc.) et qui sont souvent attribuables, en effet, à l'influence déterminante de la RPM sur l'orientation des opérations respectivement politiques et juridiques. Toujours au sujet de ce premier élément, les recherches empiriques pourront par ailleurs discerner ce qui émerge parfois de façon plus marginalisée « aux frontières » (Foucault, 1969) ou en périphérie (Dubé et Cauchie, 2007) des systèmes politique et juridique. Ces recherches permettent de mettre en évidence les idées innovatrices qui entrent en rupture avec la redondance de la RPM et qui sont susceptibles de se systématiser de façon à offrir aux décideurs politiques et juridiques la possibilité de se référer à un autre système de pensée pour communiquer ou opérer autrement, notamment en valorisant, par exemple, des possibilités inédites qui n'ont pas été stabilisées par le système de pensée dominant (Dubé, 2008).

En ce qui concerne le deuxième élément, qui est centré sur l'activité législative, la Chaire poursuit le travail amorcé par Pires et ses collaborateurs sur les « transformations apportées à la partie substantive du Code criminel canadien depuis sa création en 1892... », (Pires, 2001, p. 6). Les résultats de cette recherche portant sur la période allant de 1892 à 1954 (année de la refonte du Code criminel canadien) ont déjà fait l'objet de publications (voir Pires, Cellard et Pelletier, 2001). La collecte de données pour la période allant de 1955 à nos jours se poursuit actuellement. Puisant dans les fonds des Archives nationales du Canada, cette recherche a recueilli un imposant matériel empirique qui comprend « toutes les demandes de modification au Code (réussies ou non) adressées aux autorités bureaucratiques par les divers acteurs sociaux » (Pires, 2001, p. 6). Elle retrace aussi les lois et les projets de lois morts au feuilleton ainsi que certains types de débats parlementaires, notamment ceux abordant la question de la peine de mort (Sauvageau, 1998 ; Pires et Garcia, 2007). L'étendue de cette empirie offre à l'observateur du droit criminel canadien un point de vue privilégié permettant de mieux comprendre la problématique de la création de la loi et de mieux cerner les enjeux liés à l'influence de la RPM sur les différents ordres de discours.

Sur le plan de l'innovation, nous avons étudié aux frontières des systèmes politique et juridique le travail de réflexion de la commission Ouimet (Rapport Ouimet, 1969), laquelle, en entrant dans la deuxième modernité, a pu recommander ce qui s'est théoriquement présenté comme des transformations fondamentales et inusitées en matière de droit criminel (Dubé, 2007, 2008). Notre recherche a permis de faire avancer la réflexion sur les conditions d'émergence des idées innovatrices et nous a menés à poursuivre le travail sur la conceptualisation de la notion d'« innovation pénale » qui avait été entamé par Pires et Cauchie (2007), notamment. Les résultats obtenus pourront éventuellement être comparés avec les réflexions qu'ont pu développer, sur les mêmes thèmes, d'autres commissions de réforme canadiennes ou étrangères.

Le troisième et dernier élément de l'axe thématique nous fait pénétrer dans les réseaux de communication du système juridique et nous conduit à étudier les idées mises au premier plan dans le cadre de la détermination de la peine. À la fin de 2009, Margarida Garcia a soutenu avec succès une thèse de doctorat portant sur la réception de la sémantique des droits de la personne dans le domaine du droit criminel. Les entretiens qualitatifs réalisés auprès de juges et de procureurs canadiens et portugais montrent que, au Canada comme au Portugal, les communications juridiques réalisées par les décideurs judiciaires s'appuient sur la RPM pour encadrer, neutraliser, voire discréditer la portée *garantiste* et potentiellement innovatrice des droits de la personne dans les opérations relatives à la détermination de la peine.

L'axe normatif : l'observation des conditions de réforme

Le quatrième et dernier axe du programme de recherche de Pires apparaît d'emblée comme « normatif », car se trouvent évaluées à travers lui, dans la perspective d'un « autrement », d'une nouvelle utopie directrice ou d'un idéal de justice *encore à réaliser*, des propositions de réforme innovatrices plus proches de l'« option citoyenne » (Pires, 2001, p. 6). Comme l'explique Pires et comme le montre bien aussi la contribution de Possas sur la création de la loi brésilienne contre la torture, « le défi est d'autant plus grand que les notions de "gauche" et de "droite" [ou de "progressistes"/"conservateurs"] ne produisent pas de différences cohérentes et remarquables dans ce champ » (Pires, 2001, p. 6). La RPM et les théories de la peine que ce système de pensée admet pourraient être en partie responsables de cet intrigant « consensus » : « [N]ombre de membres de l'*interligencija* (Boborykin) croient [en effet] dans l'une ou l'autre des théories conventionnelles de la peine et [...] n'ont pas de critiques importantes à adresser au cœur même du droit pénal contemporain » (Pires, 2001, p. 6-7).

Dans cet axe, les recherches réalisées par les membres de la Chaire visent non pas à proposer un projet de réforme déjà défini, mais plus modestement à alimenter les débats concernant l'évolution du système actuel. Dans cet ouvrage, la contribution de Rodriguez de Assis Machado examine en quoi la valorisation de l'affliction par la RPM peut être tenue pour un obstacle cognitif à l'avènement d'une justice alternative. Cet axe de recherche, pris dans son ensemble, a pour but d'aider à faire émerger ce que Pires a appelé des « idées de transition » (idées innovatrices) qui permettraient de remettre en question, en matière de justice pénale, l'héritage des Lumières, notamment en ce qui a trait aux peines afflictives et à l'exclusion sociale, lesquelles semblent actuellement faire obstacle à toute pensée créative et innovatrice.

Comme la notion de rationalité pénale moderne est prise en compte dans l'ensemble des textes qui composent cet ouvrage, on a jugé qu'il convenait, afin d'éviter les redites, de prévoir, en début d'ouvrage, un texte qui définirait cette notion. Ainsi, le texte qui suit cette introduction et que signe Garcia, met en lumière l'héritage cognitif et structurel que nous a laissé la RPM et qui nous empêche encore, plus de deux cent ans après son institutionnalisation, de fonder la justice du droit criminel sur des idéaux moins hostiles et plus sensibles à la protection et au rétablissement concret des liens sociaux. Si, en ce qui concerne les normes de sanction, la contribution de Garcia à l'égard de la conceptualisation de la RPM se rapporte essentiellement aux théories de la dissuasion, de la rétribution et de la réhabilitation, celle de Lachambre, vient compléter le tableau en conduisant une réflexion sur la théorie de la dénonciation, une théorie que Pires a peu abordée dans ses travaux sur la RPM. Lachambre montre que la théorie de la dénonciation diffère des autres théories de la peine, mais qu'elle ne modifie pas de façon fondamentale et significative leurs orientations négatives au sein de la RPM. Au contraire, la théorie de la dénonciation, telle qu'elle se laisse deviner à travers les brèves descriptions dispersées ici et là dans la littérature, épouserait plutôt les orientations dominantes fondées sur les valeurs d'affliction et d'exclusion sociale et renforcerait les normes qui régissent les modes de résolution de conflits privilégiés par le droit criminel moderne.

Résumé des contributions qui composent cet ouvrage collectif sur la RPM[6]

La contribution de Margarida Garcia

La contribution de Garcia a pour but d'introduire la théorie de rationalité pénale moderne, d'indiquer les postulats fondamentaux des théories de la peine sur lesquels la RPM se fonde et de dégager les enjeux de ce système

6. Tous les résumés ont été faits par les collaborateurs. Des changements mineurs leur ont parfois été apportés afin d'harmoniser cette partie de l'introduction.

de pensée dominant sur le plan de la création de la loi, de la détermination de la peine et, de manière générale, sur le plan de l'évolution identitaire des systèmes de droit criminel occidentaux. Cette contribution peut servir de cadre de référence auquel il est possible de se rapporter pour mieux comprendre ce qui est exposé dans les contributions subséquentes.

La contribution de Sébastien Lachambre

Lachambre considère que le rapport de la *Royal Commission on Capital Punishment,* paru en 1953 en Angleterre, marque le point de départ d'une période d'autoréflexion intense sur le droit criminel, qui prendra fin dans les années 1980. Dans ce rapport, on souligne pour la première fois, dans un discours officiel de réforme du droit, la « dimension expressive » de la peine. L'idée paraissait alors familière, car elle pouvait prendre différentes formes tant dans la théorie de la dissuasion que dans la théorie de la rétribution. On comprend dès lors que la commission elle-même – et on peut en dire autant de la littérature qui a traité de ce sujet – n'ait pu la regarder comme une nouveauté. Selon l'auteur, l'analyse du rapport de la Commission royale sur la peine de mort semble pouvoir servir de point d'ancrage empirique à l'observation de nouvelles configurations théoriques qui, à la fin du XIXe siècle, pénètrent le noyau dur de la rationalité pénale moderne.

La contribution de Marta Rodriguez de Assis Machado

S'appuyant sur la description de la rationalité pénale moderne fournie par Pires, Rodriguez de Assis Machado examine l'idéal de l'affliction, un des plus importants obstacles cognitifs à l'évolution du droit criminel moderne. Cet idéal est en effet un élément fondamental de la RPM et des théories de la peine qui s'y rattachent. La réflexion menée par l'auteure a pour objectif d'explorer les possibilités d'innovation que comporte l'idée d'attribuer à la peine un rôle essentiellement communicatif. L'auteure compare, sur ce sujet, les points de vue quelque peu divergents de Günther Jakobs et de Klaus Günther.

La contribution de José Roberto Xavier

Xavier examine le « nouveau » rôle que l'opinion publique semble vouloir remplir dans l'administration de la justice pénale. Les stimuli externes auxquels est soumise celle-ci semblent en effet être pris en compte jusque dans la détermination de la peine. Xavier se donne comme tâche de déterminer comment les sciences sociales conçoivent le rapport entre les stimuli externes provenant de l'opinion publique et la détermination de la peine. Concentrant son attention sur les axes dominants de la recherche qu'il a dégagés dans sa revue de la littérature, Xavier étudie la manière dont sont traités les problèmes, met en évidence les points aveugles de ces recherches ainsi que les questions importantes qui ont jusqu'ici été laissées de côté. S'inscrivant au cœur de ces observations sur les rapports entre la justice pénale et l'opinion publique et sur leur poids dans les processus de détermination de la peine, le concept de rationalité pénale moderne et les théories de la peine permettent de modifier l'angle d'observation et de mettre en lumière certaines réalités inédites dans la recherche sur ce thème.

La contribution de Mariana Raupp

Prenant en compte certains postulats de la théorie de l'observation du sociologue allemand Niklas Luhmann, Raupp tente de montrer que la manière dont les sciences sociales décrivent le droit criminel contribue à son « ontologisation ». En recourant aux distinctions qu'utilise lui-même le droit criminel pour s'« auto-observer », les sciences sociales risquent de reproduire les mêmes obstacles cognitifs qui cristallisent certaines structures du droit criminel tout en rendant hautement improbable la possibilité de leur dépassement. Pour illustrer les enjeux de l'observation, Raupp montre que ce type de problème est présent dans le mode d'observation utilisé par les sciences sociales pour décrire la réforme du droit criminel brésilien de 1984. L'objectif est de mettre en évidence la possibilité toujours ouverte d'observer autrement et d'éventuellement contourner les obstacles cognitifs que la rationalité pénale moderne dresse devant la créativité et l'innovation.

La contribution de Jean-François Cauchie et Jean Sauvageau

Les auteurs se réfèrent à un contexte dans lequel le droit criminel moderne ne peut plus prétendre accéder à une vérité complète. Pour lui redonner de solides assises, diverses réflexions sur sa procédure et sa philosophie foisonnent depuis les années 1970. L'une d'entre elles concerne la redéfinition de la place et du statut des proches des victimes d'homicides et d'autres infractions criminelles entraînant la mort. Présente en Europe et en Amérique de Nord, tant sur le plan politique que juridique, l'idée de *closure* paraît particulièrement féconde à cet égard. Les auteurs discutent de sa portée – essentiellement au Canada et aux États-Unis – en relation avec le prononcé et les modalités d'exécution des peines (conditions essentielles pour alimenter le débat sur la rationalité pénale moderne). Pour Cauchie et Sauvageau, si l'idée de *closure* devait mener à l'élaboration d'une théorie de la peine, on pourrait y voir la trace d'une théorie néoréhabilitatrice, car il serait toujours nécessaire de soumettre l'autre à une épreuve douloureuse pour sortir soi-même de celle qu'on subit.

La contribution de Veronica Piñero

Dans son analyse, l'auteure cerne les motifs d'ordre social qui ont conduit les parlementaires canadiens à promulguer la *Loi sur les jeunes délinquants* (*Juvenile Delinquents Act*) en 1908, la *Loi sur les jeunes contrevenants* (*Young Offenders Act*) en 1982 et, enfin, la *Loi sur le système de justice pénale pour les adolescents* (*Youth Criminal Justice Act*), en 2002, loi qui est toujours en vigueur. Après avoir retracé l'évolution de la législation canadienne en matière de délinquance juvénile, l'auteure constate qu'au cours de la période 1857-2008 on est passé d'une philosophie de la « protection de l'enfant » (*child protection*) à une philosophie de la « protection de la société » (*protection of society*), qui est celle que privilégie la rationalité pénale moderne en ce qui concerne les adultes. Piñero montre que le déplacement opéré sur le plan de la sémantique entraîne une tout autre manière de concevoir, dans ce système, l'intervention auprès des jeunes : alors que la logique de la protection de l'enfant mettait l'accent sur la réhabilitation (*reintegration*) et l'inclusion, la logique de la protection de la société privilégie plutôt les notions de dissuasion et d'exclusion, chères à la RPM.

La contribution de Mariana Possas

Mariana Possas se base sur la recherche doctorale qu'elle a soutenue avec succès en juin 2009 au Département de criminologie de l'Université d'Ottawa. Sa collaboration à cet ouvrage porte sur le processus politique de création de la loi contre la torture au Brésil. L'auteure s'est fondée sur les études menées par Alvaro Pires sur la rationalité pénale moderne pour déterminer le rôle joué par ce système d'idées punitif dans la mise en forme des communications qu'a pu privilégier le système politique au moment de la prise de décision concernant la loi en question. L'auteure dégage les conséquences de cette actualisation de la RPM, notamment sur le plan de la (sur)valorisation de peines sévères en cas de transgression. Elle montre en outre que l'opposition communément admise entre « progressistes » et « conservateurs » ne permet pas à l'observation empirique de faire émerger des disparités significatives dans la manière de résoudre, de part et d'autre, ce conflit d'ordre pénal.

La contribution de Maira Rocha Machado

L'auteure met en lumière deux questions relatives à la rationalité pénale moderne. Elle considère d'abord la façon dont le système politique actualise la RPM dans les nouveaux programmes juridiques. Elle examine ensuite la thèse selon laquelle la rationalité pénale moderne n'aurait pas de « passeport » en raison du fait qu'elle concerne les aspects cognitifs du système pénal. Pour alimenter la réflexion sur ces questions, l'auteure décrit deux situations typiques qui ont renouvelé le processus classique de gestion des problèmes internationaux par l'entremise d'une communication sur le crime et la peine : les Quarante Recommandations du Groupe d'action financière sur le blanchiment d'argent (GAFI/OECD) et la Cour pénale internationale permanente (CPI).

La contribution d'Eliana Herrera-Vega et de Sandra Lehalle

Les auteures proposent une analyse des communications au sujet de la torture présentes dans les mémos de la Maison-Blanche entre 2001 et 2005. L'analyse s'inspire de la théorie des systèmes développée par Niklas Luhmann et est liée notamment à la notion de sous-systèmes de la société et de modalités de leur production, à la notion de sémantique en tant que modalité de l'« autodescription » de la société et de ses transformations, et enfin à la notion de communication en tant qu'elle correspond aux repères fournis par la structure sociale des systèmes d'expertise. La torture, telle qu'elle est actualisée dans la lutte contre le terrorisme et justifiée dans les mémos, est donc considérée ici comme faisant partie intégrante de la communication politique. Les auteures s'appliquent tout d'abord à décrire les communications politiques sur la torture pour dégager leur fonctionnalité systémique ainsi que leur ancrage dans l'antagonisme ami-ennemi théorisé par Carl Schmitt. Il s'agit ensuite de mettre la torture en rapport avec la rationalité pénale moderne décrite par Alvaro Pires. Ainsi, du fait de la nécessité de mettre un ennemi en face de la société, la sémantique de torture ne peut que s'accorder avec la rationalité pénale moderne du droit criminel.

Références

Barel, Y. (1983), « De la fermeture à l'ouverture, en passant par l'autonomie », dans P. Dumouchel et J.-P. Dupuy (dir.), *Colloque de Cerisy. L'Auto-organisation : de la physique au politique*, Paris, Éditions du Seuil, p. 466-475.

Beck, U. (1986), *La Société du risque : sur la voie d'une autre modernité,* Paris, Aubier.

Cousineau, D. (1988), *Sanctions légales et dissuasion,* Ottawa, ministère de la Justice.

Dubé, R. (2007), « Éléments de théorie sur les commissions de réforme du droit et l'innovation cognitive en matière de justice pénale. Contributions conceptuelles de M. Foucault et N. Luhmann », *Champ pénal/Penal Field*, disponible en ligne depuis le 9 mai 2007 ; [http:// champpenal. revues. org/document694. html].

Dubé, R. (2008), « Système de pensée et réforme du droit criminel : les idées innovatrices du Rapport Ouimet (1969) », thèse de doctorat (sociologie), Université du Québec à Montréal.

Dubé, R. (2012a), « La théorie de la dissuasion remise en question par la rationalité du risque », *Revue canadienne Droit et Société,* 27, 1, p. 1-29.

Dubé, R. (2012b), « La fonction du droit criminel: de la protection de la société à la stabilisation des expectatives normatives », *Droit et Société*, 82, p. 661-688.

Dubé, R. et Cauchie. J.-F. (2007), « Enjeux autour de l'évolution du droit criminel moderne : quand les variations de la périphérie défient l'autorité redondante du centre », *Déviance et Société*, 31, 4, p. 465-485.

Dubé, R. et Pires, A. P., (2009). « La refondation de la société moderne », dans R. Dubé, P. Gin, M. Moser et A. P. Pires (dir.), *Modernité en transit/Modernity in Transit*, Ottawa, Presses de l'Université d'Ottawa/University of Ottawa Press, p. 111-135.

Durkheim, É. (1893), *De la division du travail*, Paris, Presses universitaires de France.

Foucault, M. (1969), *L'Archéologie du savoir,* Paris, Gallimard.

Friedberg, E. (1978), « Les systèmes formalisés de Niklas Luhmann », *Revue française de sociologie,* XIX, p. 593-601.

Luhmann, N. (1985), *A Sociological Theory of Law,* Londres, Routledge.

Luhmann, N. (2001), *Légitimation par la procédure,* Québec, Presses de l'Université Laval.

Morin, E. (1983), « Peut-on concevoir une science de l'autonomie ? », dans P. Dumouchel et J.-P. Dupuy (dir.), *Colloque de Cerisy. L'Auto-organisation : de la physique au politique*, Paris, Éditions du Seuil, p. 317-325.

Pfohl, S. (1994), *Images of Deviance and Social Control : A Sociological History,* New York, McGraw-Hill.

Pires, A. P. (1998), « Aspects, traces et parcours de la rationalité pénale moderne », dans C. Debuyst, F. Digneffe et A. P. Pires (dir.), *Histoire des savoirs sur le crime et la peine.* Vol. 2. *La Rationalité pénale moderne et la naissance de la criminologie*, Bruxelles, De Boeck Université, p. 1-52.

Pires, A. P. (2001), « La Chaire Bijudirisme, rationalité pénale et enjeux socio-historiques dans la modernité avancée », document de travail, Ottawa.

Pires, A. P. (2002), « Codifications et réformes pénales », dans L. Mucchielli et Ph. Robert (dir.), *Crime et sécurité. L'état des savoirs*, Paris, La Découverte, p. 84-92.

Pires, A. P., A. Cellard et G. Pelletier (2001), « L'énigme des demandes de modifications législatives au Code criminel canadien », dans P. Fraile (dir.), *Régulation et gouvernance. Le contrôle des populations et du territoire en Europe et au Canada. Une perspective historique*, Barcelone, Publicacions Universitat de Barcelona, p. 195-217.

Pires, A. P. et J.-F. Cauchie (2007), « Un cas d'innovation "accidentelle" en matière de peines : une loi brésilienne sur les drogues », *Champ pénal/Penal Field,* disponible en ligne depuis le 21 juin 2007, [http://champpenal. revues. org/document1541. html].

Pires A. P. et M. Garcia (2007), « Les relations entre les systèmes d'idées : droits de la personne et théories de la peine face à la peine de mort », dans Y. Cartuyvels *et al.* (dir.), *Les Droits de l'homme, bouclier ou épée du droit pénal ?*, Belgique, Facultés universitaires Saint-Louis, Éditions Bruylant, p. 291-336.

Rapport Ouimet (1969), *Rapport du comité canadien de la réforme pénale et correctionnelle,* Canada, Imprimeur de la Reine.

Sauvageau, J. (1998), « Le discours parlementaire sur la peine de mort : essai de criminologie réflexive du passage à l'acte législatif », thèse de doctorat, Département de criminologie et droit pénal, Université catholique de Louvain, Louvain-la-Neuve, Belgique.

Tonry, M. (2008), « Learning from the limitations of deterrence research », dans Michael Tonry (dir.), *Crime and Justice. A Review of Research,* vol. 27, Chicago, The University of Chicago Press, p. 279-311.

CHAPITRE 1

La RPM : traits et aspects d'une philosophie de la peine

La théorie de la rationalité pénale moderne : un cadre d'observation, d'organisation et de description des idées propres au système de droit criminel

Margarida Garcia

Introduction

La rationalité pénale moderne (RPM) est-elle une théorie ou un concept ? Si elle est une théorie, est-elle une théorie explicative ou descriptive ? La « rationalité pénale moderne » est depuis plusieurs années l'objet de recherches et de débats au sein de la Chaire de recherche du Canada en traditions juridiques et rationalité pénale et de la part des chercheur(e)s attritré(e)s par cette théorie qui est au centre des travaux de Pires. Notre expérience individuelle et collective nous a appris que ce « thème » peut être difficile à saisir et à circonscrire. En effet, plusieurs questions ont émergé au cours de l'histoire de cette théorie, des questions aussi fondamentales que celles posées plus haut ont souvent été débattues et soumises à une analyse rigoureuse dans notre groupe de recherche. La théorie a évolué au rythme des réponses ou des tentatives de réponse apportées aux questions portant sur la théorie elle-même et aux questions suscitées *par* la théorie. La RPM est une théorie qui pose des questions, car elle est une théorie qui « observe »; elle est une théorie qui propose des réponses, car elle ordonne en un tout cohérent des données empiriques et théoriques; et, enfin, elle est une théorie qui interprète, car elle élabore un « schème d'intelligibilité » (Berthelot, 1990) du problème qu'elle a pour but de résoudre : décrire et expliciter les modes de raisonnement et les idées du système de droit criminel moderne.

Pires a toujours pris les questions touchant la RPM au sérieux et, de façon rigoureuse mais aussi généreuse, il a toujours considéré que, si des doutes subsistaient par rapport à l'un ou l'autre de ses aspects, c'est que la formulation de la théorie pouvait encore être améliorée. Il ne s'est jamais épargné aucun effort d'éclaircissement, même quand un séminaire de trois heures devait devenir pour lui un marathon intellectuel de six heures, qu'il menait d'ailleurs à terme sans aucun signe de fatigue. Il faut savoir que Pires nous avait tous encouragés à remettre sa théorie en question. Ainsi, en 2006 Pires a lancé l'invitation suivante à l'équipe de recherche : «Vous êtes une entité collective et vous êtes responsable de deux choses : (i) de trouver des questions intéressantes et *embarrassantes,* jouant envers la RPM le rôle d'"avocat du diable" ; (ii) de contribuer à leur réponse ou à une réponse chaque fois meilleure par rapport aux questions posées » (Pires, 2006, p. 1). Le nombre de problèmes et de questions soulevés par la théorie est donc étroitement lié à cette conception du travail intellectuel, si rare et si salutaire, qui est la sienne, et qui est fortement inspirée de la méthode jésuite apprise auprès de son maître et ami Joao Batista Libanio. Libanio résume ainsi sa conception du travail intellectuel :

> La pensée doit faire un retour sur la pensée, pour mieux se saisir, pour distinguer la vérité de l'erreur, juger l'erreur, la critiquer. C'est là que nous rentrons dans le champ de la réflexion. [...] Comment apprendre à rentrer dans ce champ et se soustraire à la pensée linéaire, immédiate, spontanée ? Le secret est dans la capacité de savoir poser des questions, apprendre à apprendre. [...] Le secret de la pensée : quelqu'un apprendra à penser et réfléchir dans la mesure où il sait questionner sa propre pensée. (Libanio, 2001, 39 ; notre traduction)

Cette attitude réceptive devant la connaissance qui caractérise si bien la méthode de Pires était aussi celle qu'avait Foucault, qui prônait le « travail critique de la pensée sur elle-même » :

> Quant à ceux pour qui se donner du mal, commencer et recommencer, essayer, se tromper, tout reprendre de fond en comble, et trouver encore le moyen d'hésiter de pas en pas, quant à ceux pour qui, en somme, travailler en se tenant dans la réserve et l'inquiétude vaut démission, eh bien nous ne sommes pas de la même planète. (Foucault, 1984, p. 14)

Nous étions donc imprégnés de cet esprit, fidèles à cette méthodologie du travail intellectuel, et la RPM a toujours été pour nous un

« objet d'étude », quelque chose que nous avons voulu connaître et explorer dans nos recherches, en ayant la conviction que cette théorie avait beaucoup à nous apprendre et qu'elle serait fort utile pour mieux saisir les problèmes de fond qui sont liés au système de droit criminel et à son impossible réforme.

Avec un certain recul, nous pouvons dire que nous avons découvert, dans nos efforts en vue de grouper les questions qu'elle suscitait, que la RPM donne lieu à deux types d'erreurs. D'abord, on attend trop de cette théorie, on exige qu'elle explique des phénomènes et des pratiques qui sont hors de son domaine. Ce type d'erreur est surtout présent chez ceux d'entre nous qui étudient le concept depuis un certain nombre d'années. Le deuxième type d'erreur provient de l'attitude inverse : on n'exploite pas assez la RPM et on tend à sous-estimer sa capacité à rendre compte de l'évolution du système de droit criminel, de l'échec de sa réforme, de sa résistance à l'innovation sur le plan des idées. Bref, on range de la sorte la RPM parmi les théories qui n'exercent aucun effet notable sur le fonctionnement du système de justice criminelle. Cette manière de voir est surtout présente chez ceux qui ne travaillent pas avec la théorie de la rationalité pénale moderne.

Ces deux problèmes ne sont certes pas inhérents à la théorie elle-même, ils sont plutôt liés à la façon dont celle-ci a été comprise. Voilà ce qui justifie notre tentative de clarification, laquelle comporte certains risques, notamment celui de répéter certaines erreurs que nous voulions justement éviter. Nous ne sommes pas certains d'avoir rendu compte ici avec exactitude de la « rationalité pénale moderne » telle que la conçoit Pires, nous exposons ce que nous avons compris de cette théorie et nous décrivons la façon dont nous nous la sommes appropriée. Cela dit, l'exercice a été fait avec un engagement clair de notre part d'être le plus fidèle possible à la pensée de Pires.

Notre tâche est d'autant plus complexe que, comme nous l'avons mentionné, la théorie de la rationalité pénale moderne a été remodelée au fur et à mesure que les travaux de Pires avançaient et que les recherches qui avaient adopté la RPM comme cadre théorique se multipliaient. Autant la théorie que son auteur ont intégré les ajustements exigés par les recherches empiriques conduites par le collectif de recherche. Sans cesse alimenté par des explorations empiriques, le débat sur les configurations de la théorie a toujours été intense et stimulant. Nous ne croyons pas que ce débat soit clos, il resurgit plutôt chaque fois qu'un nouvel objet lié à la théorie apparaît, ce qui témoigne de la vitalité et de la pertinence de la RPM. Mais nous pouvons dire qu'un travail de clarification a été accompli et que les éléments essentiels de la théorie ont été dégagés. Il s'agit donc ici pour nous de décrire les différentes étapes du développement de la théorie de la rationalité pénale moderne ainsi que ses éléments constitutifs. Pour ce faire, nous nous baserons sur les travaux de Pires, publiés et non publiés, sur les discussions que nous avons eues avec lui sur le sujet au cours des onze années de travail commun et sur certains résultats de notre propre recherche dont un des objectifs était de tester empiriquement la pertinence de la théorie de la rationalité pénale moderne (Garcia, 2010)[1].

La première section de ce chapitre («La rationalité pénale moderne : évolution d'une théorie») vise à donner une description de la théorie de la RPM qui soit la plus fidèle possible à celle qu'a fournie son concepteur dans ces derniers écrits, lesquels correspondent au dernier état de sa réflexion. Dans la deuxième section («Configuration et niveaux d'observation de la rationalité pénale moderne»), nous tenterons de dégager les éléments de la théorie que nous considérons comme essentiels, après avoir défini au préalable le concept de théorie de la peine, pièce centrale de la RPM. Nous ne pourrons rendre compte de toute la complexité de la théorie ni traiter de tous les éléments qui la composent, car certaines nuances, sans aucun doute essentielles, ne peuvent être établies dans le cadre de la présente contribution. La troisième section de ce chapitre («La rationalité pénale moderne comme système d'idées) porte sur la description de la RPM en tant que système d'idées. Au terme de l'analyse, nous aurons sans doute montré en quoi la RPM a joué un

1. Notre recherche a consisté à étudier le «rapport paradoxal» entre les droits de la personne et le droit criminel. Notre but a été de définir la manière actuelle de *penser* et de *décider* du système de droit criminel (en mettant l'accent sur les tribunaux) relativement aux peines et de voir la manière dont la sémantique des droits de la personne a été reçue, mise à contribution ou laissée de côté dans ce cadre. Nous sommes parties de l'hypothèse que la rationalité pénale moderne et les théories de la peine qui la composent ont joué et continuent de jouer un rôle prédominant dans la réception et la mise en forme des droits de la personne dans le domaine des peines. Nous avons mis au centre de l'analyse l'interaction entre la «sémantique» des droits de la personne et les idées et théories sur les peines qui composent la RPM et avons pu montrer le rôle essentiel que jouent ces théories dans la compréhension des obstacles cognitifs à une réception innovatrice et *garantiste* des droits de la personne dans la détermination de la peine.

rôle déterminant, bien que *contingent*, dans le processus de différenciation (cognitive) du système de droit criminel de la première modernité.

La rationalité pénale moderne : évolution d'une théorie

Pires décrit la théorie de la rationalité pénale moderne comme « une théorie sociologique systémique portant sur un *système d'idées*[2] formé par des théories de la peine et faisant référence à un "problème d'évolution" en matière de droit criminel », et considère comme possible que « ce problème d'évolution puisse affecter simultanément, mais aussi séparément, le système politique ». Comme le mentionne Pires en parlant de son travail avec Acosta, l'auteur qui en a par ailleurs suggéré l'appellation, « nous avons fini par nous référer à ce système d'idées en l'appelant "rationalité pénale moderne" (Pires et Acosta 1994) » (Pires, 2010). L'objet de la théorie est donc « un système d'idées ». Faisant un clin d'œil à Bateson, Pires dira que le programme de recherche constitué autour de la théorie de la RPM « cherche à faire des contributions sociologiques à une "écologie des idées" : à l'étude des "milieux" ("systèmes") où "vivent" certaines idées » (Pires, 2010, p. 1-2).

La théorie de la RPM a été construite progressivement pour répondre à un « problème de recherche » précis : les obstacles liés à la réforme pratique et institutionnelle du droit criminel moderne, et en particulier le caractère récurrent de la critique de la prison, « le constat d'existence d'une énorme difficulté pour *légitimer*, *généraliser* et *restabiliser* des sanctions qui ne visent pas intentionnellement (ou au premier plan) à infliger une souffrance au coupable », le débat sur le concept de crime et sur les frontières du droit criminel tel qu'il est abordé par les sciences sociales, la doctrine et la théorie du droit, l'histoire des peines retenues par le droit criminel moderne et les idées qui ont servi à les appuyer (Pires, 2010). La RPM est donc un cadre qui organise les observations

2. Dans ses travaux passés, Pires a surtout employé le concept équivalent de « système de pensée ». Il a délaissé depuis cette terminologie « simplement pour marquer davantage la différence entre les « pensées des individus » (systèmes psychiques), qui sont inaccessibles directement à l'observation, et les « idées savantes » qui circulent dans les communications prenant parfois la forme [...] de *théories* culturellement condensées et institutionnalisées dans les opérations des systèmes sociaux » (Pires, 2010). En ce qui nous concerne, nous employons indifféremment les deux concepts.

empiriques de phénomènes déterminés. En d'autres termes, elle correspond à une façon d'observer, d'organiser et de décrire les phénomènes qu'elle a sélectionnés comme pertinents et sert à caractériser, en adaptant la formulation de Teubner à notre propos, la «*stasis*» du système de droit criminel, c'est-à-dire la «remarquable stabilité de certaines structures juridiques, durant des périodes parfois très longues, en dépit d'une multitude de stimulations favorisant la variation» (Teubner, 1989, p. 84). Le problème d'évolution qui intéresse la RPM devient plus manifeste dans la seconde moitié du XXe siècle, époque où «des "efforts" ont été déployés, et des tentatives ont été faites, pour réaliser une "réforme de fond" du système de droit criminel», efforts qui ont été déclenchés «de l'extérieur (système politique et système scientifique) et de l'intérieur du système de droit, notamment par des commissions et comités de réforme du droit en plusieurs pays occidentaux» (Pires, 2010, p. 2).

Vu la portée de la théorie et des problèmes qu'elle a pour objet d'indiquer, la RPM a été développée «à l'aide de recherches empiriques et historiques (y compris, histoire des savoirs)», et c'est une des raisons pour lesquelles Pires considère que, en ce qui concerne l'opposition déduction/induction, si tant est qu'on doive l'utiliser, la RPM se place du côté de l'induction (Pires, 2010, p. 6). Les «données empiriques» pour lesquelles la RPM sert de cadre organisateur proviennent de deux sources : 1) les recherches réalisées par Pires et par ses étudiants/collaborateurs (groupés dans cet ouvrage collectif) ; 2) les recherches menées par d'autres chercheurs dont les résultats ont servi à développer la théorie de la RPM.

Rétroactivement, Pires distingue deux grandes étapes dans l'évolution de la théorie de la «rationalité pénale moderne» et dans sa formulation. Entre 1990 et 2001, elle se développe sous l'influence principale des approches systémiques de Michel Foucault et d'Yves Barel. À partir de 2001-2002, Pires fait un tournant paradigmatique vers la théorie des systèmes de Niklas Luhmann et commence à employer les outils conceptuels de cette dernière pour reformuler sa théorie sur la rationalité pénale moderne. Comme il le dit lui-même, «dans sa *forme actuelle*, la théorie de la RPM est redevable de la théorie sociologique systémique de Niklas Luhmann» (Pires, 2010, p. 3). Encadrée par la théorie des systèmes, la RPM apparaît comme une théorie «falsifiable», qui a une portée empirique et une visée critique : «elle est empiriquement construite, constructiviste, systémique mais non fonctionnaliste, et avec une portée critique», précise Pires (2010, p. 3).

Configuration et niveaux d'observation de la rationalité pénale moderne

Nous pouvons affirmer à la suite de Pires (2010) que la théorie de la rationalité pénale moderne comprend deux volets. Le premier est descriptif et porte sur les théories de la peine fondatrices du droit criminel moderne : rétribution, dissuasion, réhabilitation[3]. Est venue s'ajouter à ces dernières la théorie de la dénonciation, qui s'est stabilisée dans la seconde moitié du XXe siècle et qui fait aujourd'hui partie de la théorie de la rationalité pénale moderne[4]. Selon Pires, ces théories ont, depuis les XVIIIe et XIXe siècles et au cours de la première modernité, joué un rôle déterminant dans les processus de reproduction identitaire du système de droit criminel. Conçues par des philosophes ou par les savoirs institutionnels (dans le cas de la réhabilitation), elles ont répondu aux questions qui se posaient dans le droit pénal naissant : Pourquoi punir ? Qui punir ? Comment punir ? Jusqu'où punir ? À première vue, elles paraissent avoir des réponses différentes à ces questions : il faut punir pour réhabiliter le contrevenant (Howard), pour rétribuer le mal par le mal (Kant), pour dissuader les criminels et les autres citoyens de commettre des crimes (Bentham) et, enfin, pour dénoncer un comportement (Stephen). Les théories de la peine ont participé – sur le plan cognitif, mais en fournissant aussi un appui aux pratiques[5] – à la naissance du système de droit criminel dans sa forme proprement moderne. Vers la fin

3. Nous ne décrirons pas chacune de ces théories ici. Nous renvoyons les lecteurs aux travaux de Pires qui ont accompli cette difficile tâche (Pires, 1998a, 1998b, 1998c, etc.).

4. La théorie de la dénonciation, comme théorie à part entière, est plus tardive que les théories de la rétribution, de la dissuasion et de la réhabilitation en prison. Elle n'est apparue comme théorie autonome, dans certains textes juridiques et philosophiques que dans la seconde moitié du XIXe siècle (Lachambre, 2008). Cependant, cette théorie ne sera sélectionnée par les communications de la philosophie, du droit, de la doctrine juridique et de la jurisprudence qu'au cours de la seconde moitié du XXe siècle. Dans ses derniers ses travaux, suivant les contributions de Lachambre (2008) sur ce sujet, Pires envisage la dénonciation comme une théorie de la peine autonome et faisant partie du système d'idées dominant de la rationalité pénale moderne (2007, p. 11). Pour de plus amples précisions sur ce sujet, nous renvoyons le lecteur au texte de Lachambre figurant dans le présent ouvrage.

5. Les théories de la peine, en tant que « philosophies pénales », pour reprendre les termes de Hogarth (1971, p. 69), peuvent être conçues comme un « *frame of reference around which decisions are made...* ».

du XVIIIe siècle, se fondant sur elles, le système s'autodécrit comme un sous-système juridique différent des autres (droit civil, droit administratif) (Pires, 1998a). Muni des théories de la peine, le système se différencie, « communicationnellement », à l'intérieur même des frontières communicationnelles du système juridique général de la société. De ce point de vue, il est possible d'affirmer, en empruntant l'expression de Luhmann, que les théories de la peine sont des « théories du système dans le système » (Luhmann, 1990). Malgré les diverses raisons pour punir, aucune des théories de la peine n'a critiqué la peine afflictive et elles ont toutes mis l'accent, au premier plan, sur l'exclusion sociale du contrevenant (Pires, 2007, p. 11). Ces théories, profondément enracinées dans la culture juridico-pénale occidentale, seraient donc, selon Pires, à la fois les plus anciennes et les plus utilisées dans le système de droit criminel (Pires, 2008a).

Le deuxième volet de la théorie de la RPM est à la fois descriptif et explicatif et concerne les problèmes d'évolution du droit criminel et les conditions d'émergence, de sélection et de stabilisation des idées innovatrices. La théorie part ici de l'hypothèse directrice selon laquelle le système d'idées constitué par les théories modernes de la peine constitue un obstacle épistémologique ou cognitif majeur à la réception de sanctions non carcérales en matière de droit criminel et à la diminution du recours à l'incarcération (durée et fréquence) (Pires, 2010).

Avant de caractériser la RPM et de mettre en évidence les points communs entre les différentes théories qu'elle a sélectionnées, nous allons examiner brièvement le concept de « théories de la peine ». Comme nous pourrons le constater dans ce qui suit, ce concept occupe en effet une place centrale dans la théorie de la rationalité pénale moderne.

Le concept de « théorie de la peine »

Rappelons que, selon Pires (2008a), la sociologie dispose d'au moins cinq concepts pour caractériser les théories de la peine : 1) celui de « théories pratiques » de Durkheim (1922) ; 2) celui de « théories de la réflexion » de Luhmann (1993) ; 3) celui de « formations discursives » de Foucault (1969) ; 4) celui de « vocabulaires de motifs » de Mills (1940) et 5) celui de « cadres de l'expérience » de Goffman (1974). À notre avis, ces concepts ont chacun leur utilité, car, appliqués au concept de théories de la peine, ils privilégient différentes dimensions de ces théories. Par exemple, le concept de « théorie de la réflexion » convient plus que les autres pour définir les théories de la peine comme des théories qui ont accompagné la différenciation cognitive du droit criminel moderne, celui de « théorie pratique » est plus utile que les autres pour comprendre la relation entre les théories de la peine et l'exercice de détermination de la peine, etc. Nous n'examinerons pas ici en détail chacun de ces concepts, car nous l'avons fait ailleurs[6] ; nous concentrerons notre attention sur les théories de la peine en tant que « théories pratiques ».

S'inspirant des travaux de Durkheim, Pires a défini les théories de la peine comme des « théories pratiques » (Durkheim, 1922), c'est-à-dire « des théories qui proposent [sans néanmoins déterminer] certaines pratiques » (Pires, 2008a, p. 5). Dans le cadre d'une réflexion sur la pédagogie, Durkheim a utilisé le concept de « théories pratiques pour désigner les théories qui se trouvent à mi-chemin entre la science et la pratique[7]. Pour Durkheim, les théories pratiques sont :

> [...] des combinaisons d'idées, non des combinaisons d'actes, et, par là, elles se rapprochent de la science. Mais les idées qui sont ainsi combinées ont pour objet, non d'exprimer la nature des choses données, mais de diriger l'action. Elles ne sont pas des mouvements, mais sont toutes proches du mouvement, qu'elles ont pour fonction d'orienter. Si ce ne sont pas des actions, ce sont, du moins, des programmes d'action [...] (Durkheim, 1922, p. 69)

En suivant Durkheim repris par Pires, nous avons représenté ainsi les deux dimensions des théories de la peine en tant que théories pratiques :

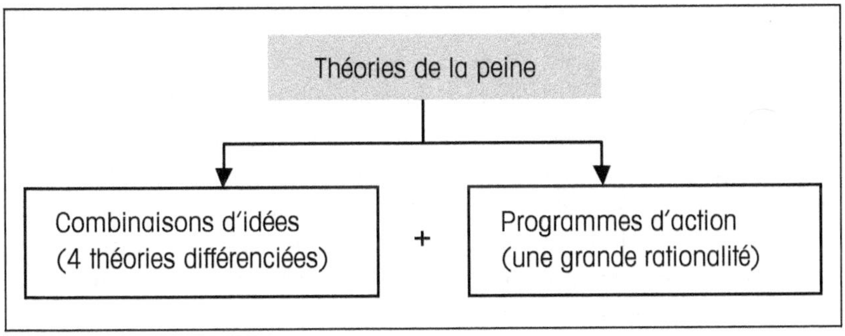

Figure 1. Les théories de la peine en tant que théories « pratiques » (Garcia, 2010)

6. Pour en savoir plus sur cette question, voir Garcia (2010).

7. Appartiennent aussi à ce groupe, selon Durkheim, les théories médicales et les théories politiques (Durkheim, 1922, p. 69).

Les théories de la peine (qui proposent des combinaisons d'idées) guident l'acteur dans sa prise de décisions et ont donc rapport à l'action (ou à la sélection). Les théories de la peine servent le système pénal de la même manière que la pédagogie sert le système de l'éducation : « elle y réfléchit en vue de fournir à l'activité de l'éducateur des idées qui le dirigent » (*Ibid.*), elle permet dans une certaine manière de réfléchir « aux choses de l'éducation » (*Ibid.*, p. 71). Comme les théories de la peine, les théories pédagogiques sont, elles, « des manières de concevoir l'éducation, non des manières de la pratiquer » et elles peuvent même différer des « pratiques en usage au point de s'y opposer » (*Ibid.*, p. 59). Il importe de retenir ce qui suit au sujet des théories pratiques :

> Leur objectif n'est pas de décrire ou d'expliquer ce qui est ou ce qui a été, mais de déterminer ce qui doit être. Elles ne sont orientées ni vers le présent, ni vers le passé, mais vers l'avenir. Elles ne se proposent pas d'exprimer fidèlement des réalités données, mais d'édicter des préceptes de conduite. Elles ne nous disent pas : voilà ce qui existe et quel en est le pourquoi, mais voilà ce qu'il faut faire. (Durkheim, 1922, p. 67)

De même, les théories de la peine, en matière de sanctions, indiquent aux autorités les possibilités admissibles ou valorisées et les possibilités non admissibles ou non valorisées, les possibilités à privilégier par rapport à d'autres « possibilités possibles ». Durant toute la première modernité, les théories de la peine ont à cet égard contribué à « justifier la punition au sens fort et [à] faire obstacle aux mesures de rechange et aux philosophies d'intervention qui n'exigent pas l'obligation de punir » (Pires, 1998a, p. 10).

Il ne s'agit pas ici d'adopter une perspective déterministe et d'établir un lien de causalité directe entre les théories (de la peine) et les pratiques (le choix des sanctions). Il convient plutôt d'adopter une attitude plus prudente sur le plan théorique et épistémologique et se contenter d'affirmer que les théories de la peine, sans déterminer quoi que ce soit, fournissent néanmoins aux acteurs – et en particulier aux acteurs judiciaires – des raisons et des motifs permettant d'orienter et de justifier tout un ensemble de pratiques qui se rapportent notamment à la sélection et à la stabilisation de certaines sanctions au détriment d'autres qui seraient, d'un point de vue opérationnel, possibles[8].

8. Cet aspect a été amplement démontré par notre recherche auprès des acteurs judiciaires (Garcia, 2010).

Cela dit, il faut reconnaître qu'en tant que constructions « savantes » ces théories de la peine groupent un certain nombre d'idées et établissent un certain nombre de principes qui jouissent d'une autorité particulière ne serait-ce que parce qu'ils ont été reconnus valables (depuis des siècles) et ont fait l'objet d'une constance presque cristallisante[9] dans les modes de pensée du système de droit criminel. Autrement dit, bien qu'il existe d'autres idées et principes dans le droit criminel moderne, les idées et les principes contenus dans les théories de la peine constituent, pour utiliser une expression de Foucault, une « formation discursive » hégémonique (1969, p. 44)[10], elles forment depuis le début de la modernité jusqu'à nos jours le « système de pensée » *dominant* du droit criminel moderne. Pour apercevoir cela, il faut observer les théories de la peine à un certain niveau, celui du système d'idées, celui où, ensemble, elles forment la rationalité pénale moderne.

Les niveaux d'observation de la rationalité pénale moderne

Selon Pires, pour ce qui est de l'observation des théories de la peine, on a sans doute trop insisté sur leurs points de divergence ou, à tout le moins, on a trop peu insisté sur les points qu'elles ont en commun et qui font de la RPM un système d'idées cohérent :

> Il me paraît de plus en plus clair que l'enjeu théorique fondamental du débat sur la pénalité aux XVIIIe et XIXe siècles consiste moins dans les éléments d'opposition (interne réelle) entre les [théories de la peine] que dans les rapports non problématisés [qu'elles] entretiennent ensemble avec le droit pénal ou la rationalité pénale. Cela veut dire,

9. Luhmann y voit un trait typique des théories de la réflexion. Il les présente en effet comme des « *formulae for redundancy* », en raison du fait qu'elles fournissent notamment des « *seemingly compelling reasons for decisions* » (Luhmann, 1993, p. 312-313).

10. Le parallèle avec la notion de « formation discursive » chez Foucault est intéressant. En effet, chez Foucault, la « formation discursive » n'est pas *un* « discours », mais plutôt le résultat du fait qu'un ensemble de discours, sur un objet précis, produit un ordre et un rapport de forces entre divers éléments constitutifs de l'ensemble. Ici l'idée d' « ordre » et celle d'un rapport ou d'une interaction entre divers éléments constitutifs d'un même ensemble ne sont pas sans rappeler les fondements même de la notion de « système ». Le rapprochement entre « formation discursive » et « système de pensée » – notion qui par ailleurs apparaît aussi chez Foucault – n'est donc pas nécessairement forcé ni sans intérêt sur le plan heuristique.

entre autres choses, que ces [...] perspectives *ne sont pas de véritables alternatives l'une à l'autre*; elles ne sont même pas *véritablement en opposition*; en tout cas, la signification théorique et pratique de cette opposition a été largement gonflée et elle n'en vaut pas la chandelle. (Pires, 1998a, p. 16)

Avant Pires, Van de Kerchove avait formulé la même hypothèse. Il ne problématisait pas encore la convergence en matière de « système de pensée », mais il insistait sur l'effet de « clôture » que Pires allait lui-même placer par la suite au centre de sa théorie de la rationalité pénale moderne.

[...] au-delà des controverses – sans doute réelles – qui les opposent, ces courants partagent secrètement certains présupposés communs [...] Se définissant toujours en opposition l'un à l'autre, ils parviennent à occulter la « clôture » dans laquelle s'inscrit leur débat et à faire perdre de vue ce qu'ils éliminent l'un et l'autre. (Van de Kerchove, 1981, 291[11])

Le processus d'émergence de ce que l'on observe ici sur le plan cognitif s'est enclenché à la même époque que le processus d'autonomisation du droit criminel en tant que sous-système différencié du système juridique. Au terme de ce double processus (milieu du XIXe siècle), le droit criminel va alors s'auto-observer et s'autodécrire (par la communication) comme un système radicalement différent des autres systèmes de résolution de conflits (juridiques et non juridiques). Il postule une différence de nature entre l'illicite pénal (public) et l'illicite civil (privé) (Pires, 1998a, 2004). Il va considérer que la loi pénale est le seul mécanisme de contrôle pouvant encore, en dernière instance, protéger efficacement les valeurs fondamentales de la société. Il va par ailleurs s'attribuer une fonction sociale précise, la protection de la société, et affirmer, à une époque de désenchantement général, qu'il est la seule entité institutionnelle suffisamment stable et solide pour pouvoir le faire. Pour Pires, Cellard et Pelletier (2001, p. 198), vu l'emprise des théories de la peine et de la rationalité pénale moderne, la manière d'assurer cette fonction de protection sera conçue de façon hostile, abstraite, négative et atomiste :

Hostile, parce qu'on représente le déviant comme un ennemi du groupe tout entier [...]. Abstraite, parce que le mal (concret) causé

11. Van de Kerchove se réfère dans son hypothèse aux théories classiques et aux théories positivistes.

> par la peine est reconnu mais conçu comme *devant causer* un bien moral immatériel («rétablir la justice par la souffrance», «renforcer la moralité des gens honnêtes», etc.) ou encore un bien pratique invisible et futur (la dissuasion). Négative, puisque ces théories *excluent toute autre sanction* visant à réaffirmer le droit par une action positive (le dédommagement, etc.) et stipulent que *seul le mal* concret et immédiat causé au déviant peut produire un bien-être pour le groupe ou réaffirmer la valeur de la norme. Et enfin, atomiste, parce que la peine – dans la meilleure des hypothèses – n'a pas à se préoccuper des liens sociaux concrets entre les personnes sauf d'une façon tout à fait secondaire et accessoire. (Pires, Cellard et Pelletier, 2001, p. 198)

À partir du milieu du XIXe siècle, ce système d'idées s'est stabilisé en Occident et, malgré les transformations des dernières décennies, les recherches de Pires concluent que le système de droit criminel n'a pas changé qualitativement son système d'idées dominant ni ses formes principales d'intervention. Pour Pires, la rationalité pénale moderne a sur la cognition le même effet que la «bouteille à mouches» de Watzlawick (1988, p. 269). Voyons comment Pires résume la pensée de Watzlawick et établit la comparaison :

> Ces bouteilles, raconte Watzlawick, «avaient une large ouverture, en forme d'entonnoir, donnant une apparence de sécurité aux mouches qui s'aventuraient dans le col toujours plus étroit du récipient. Une fois dans le ventre de la bouteille, la seule façon pour la mouche d'en sortir était d'emprunter le même conduit étroit par lequel elle était rentrée. Mais, vu de l'intérieur, il lui paraissait encore plus étroit et dangereux que l'espace dans lequel elle se trouvait prisonnière.» Elle cherchait alors la sortie là où elle n'était pas, en l'occurrence, dans l'espace apparemment plus ouvert et plus rassurant du fond de la bouteille, et finissait par mourir dans la bouteille même si la sortie n'était pas bouchée. Or, [...] continue Watzlawick, «il aurait fallu, dans une pareille situation, convaincre la mouche que la seule solution à son dilemme était en fait celle qui semblait la moins appropriée, et la plus dangereuse» : il fallait reprendre le chemin inverse, s'aventurer dans le col de la bouteille, pour reconquérir sa liberté. (Pires, 1998a, p. 7-8)

Utilisant cette comparaison, Pires considère qu'avec la formation de la rationalité pénale moderne «on peut dire qu'on a construit progressivement en Occident quelque chose de semblable à une "bouteille à mouches" en ce qui concerne la justice criminelle» (Pires, 1998a, p. 7-8).

La question pour Pires devient alors la même que celle qu'avait posée Watzlawick sur le plan plus général de la connaissance :

> [...] comment trouvons-nous le moyen de sortir de la bouteille à mouches d'une réalité que nous avons construite et qui ne convient pas ? [...] Avons-nous quelque espoir de nous libérer si toutes les solutions que nous imaginons ne mènent jamais qu'"à plus de la même chose"[...] ? (Watzlawick, cité dans Pires, 1998a, p. 7-8)

Non seulement les acteurs politiques ou judiciaires, mais aussi quiconque « pense » ou « observe » les objets qui ont été traditionnellement associés au droit criminel – crime, peine, prison, protection de la société, victime, etc. – font face à cette difficulté. Elle guette même les savoirs juridiques, philosophiques et des sciences sociales : « [C]es savoirs ne réussissent pas à prendre suffisamment de recul par rapport au système de pensée et aux pratiques institutionnelles qu'ils sont censés décrire et analyser » (Pires, 2001a, p. 184). Pires en appelle au développement d'une pensée critique qui mette en lumière le caractère contingent, parfois même accidentel, des formes pénales institutionnalisées.

> Cette distance critique exige la possibilité théorique de pouvoir décrire la configuration effective de ce système comme étant une *possibilité parmi d'autres* (et non nécessairement la plus heureuse) d'actualisation du système. (Pires, 2001a, p. 184)

Cette distance critique s'établit sans doute, mais elle s'établit lentement et de façon inégale dans les différents savoirs. De sorte que nous ne nous sommes pas encore libérés du connu en droit criminel et, en attendant, ce qui caractérise nos modes de pensée en cette matière, c'est davantage la non inventivité que l'innovation cognitive. Au fondement de cet immobilisme, on peut effectivement affirmer, avec Pires, que « la rationalité pénale moderne constitue [...] un obstacle épistémologique à la connaissance de la question pénale et, en même temps, à l'innovation, c'est-à-dire à la création d'une nouvelle rationalité et d'une autre structure normative » (Pires, 2001a, p. 184). Pour bien comprendre cet effet de la RPM, il est essentiel, encore une fois, de l'envisager comme un système d'idées et de distinguer, au préalable, les différents niveaux d'observation de la rationalité pénale moderne.

Pour conclure sur ce point, en nous appuyant sur les travaux de Pires et en mettant en œuvre certains outils conçus par Luhmann (1993), nous pouvons dire, d'un point de vue analytique, que la description de la

RPM peut s'élaborer à partir de trois différents niveaux : nous pouvons diriger l'observation vers un niveau micro, le niveau des idées, vers un niveau meso, celui des théories de la peine ou vers un niveau macro, celui où les théories se lient les unes aux autres pour former un système d'idées. La prochaine figure développée par Pires adapte ces considérations aux trois niveaux d'observation sociologique de la cognition pénale :

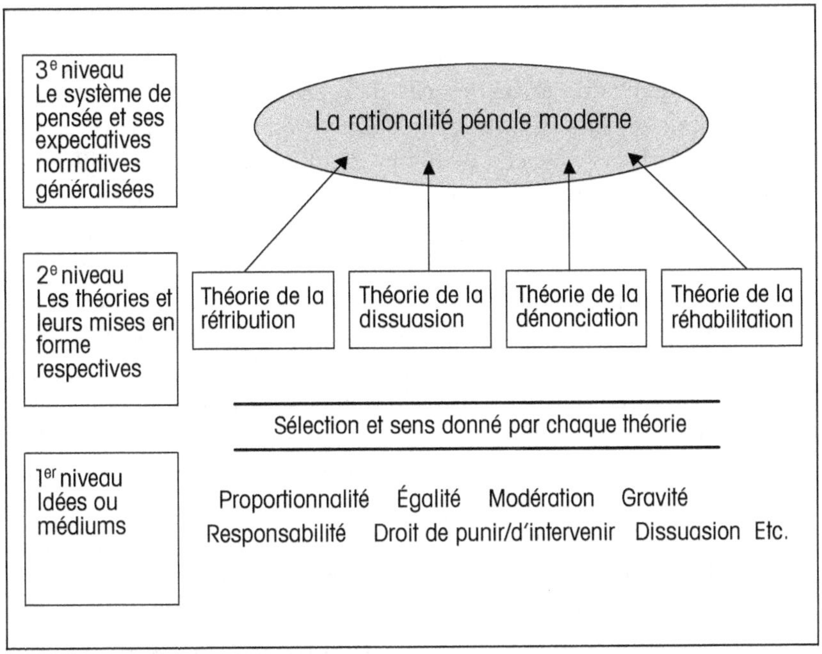

Figure 2. Trois niveaux d'observation de la RPM (adapté de Pires, 2008a)[12]

Au premier niveau, on trouve des idées, des médiums abstraits auxquels ont pu se référer les théories de la peine. Par exemple, toutes les théories investissent le médium droit de punir/intervenir. Si on considère le médium dans l'abstrait, c'est-à-dire sans le rattacher à une théorie, le sens n'est pas donné. Dire que l'autorité a le droit de punir/intervenir (énoncé commun à toutes les théories) ne nous apprend encore

12. Cette représentation des trois niveaux d'observation et d'analyse d'un système de pensée a été présentée par Pires (2008a) au cours d'un séminaire sur les théories de la peine tenu à l'Université d'Ottawa pendant la session d'hiver 2008. Nous avons changé certains détails pour mieux l'adapter à notre objectif.

rien sur la mise en forme du médium « droit » : s'agit-il d'une forme prescriptive (obligation) ou d'une forme permissive (autorisation) ? Cela ne nous apprend rien non plus sur les fondements de ce droit : est-il moral, pratique, etc.? Rien non plus sur les buts à considérer dans la détermination de la sanction : faut-il punir pour dissuader, rétribuer, etc.? Rien sur le choix de la sanction : la prison, l'amende, le dédommagement, etc.? Rien encore sur le cadre à privilégier pour l'administrer : milieu ouvert ou fermé, carcéral, psychiatrique ou autres ?

Au deuxième niveau, les théories de la peine peuvent être observées comme des « vocabulaires de motifs » distincts les uns des autres (on peut observer leurs mises en forme particulières à partir des différents médiums observables au premier niveau[13]). En nous basant sur les distinctions établies plus haut, on peut dire qu'à ce niveau les théories diffèrent entre elles sur le plan des « combinaisons d'idées ». À ce niveau, la théorie a donc pour objet de caractériser sociologiquement les théories de la peine, de les décrire individuellement et de montrer *comment* elles constituent *ensemble* un « système d'idées ». Aujourd'hui, la théorie emploie la distinction directrice inclusion/exclusion (ou indifférence à l'inclusion) pour observer et décrire ce système d'idées (Pires, 2006, 2008b, 2010). Cette distinction permet de voir que toutes les théories de la peine sont, au premier plan, indifférentes à l'inclusion sociale. Même la théorie de la réhabilitation en détention, qui est la seule à tenir relativement compte de l'inclusion sociale des contrevenants et des détenus, recommande *d'abord* l'exclusion et préconise ensuite des programmes d'inclusion. Bref, il faut « exclure (détention) pour inclure ». Cette distinction inclusion/exclusion est ainsi destinée à remplacer la distinction classique utilitarisme/rétributivisme dont se sert la philosophie pour construire les théories de la peine. Selon Pires, les deux principaux inconvénients de la distinction classique est qu'elle ne permet pas de déceler le contenu essentiel de ce que *toutes* ces théories prescrivent aux autorités (l'idée d'exclusion) et qu'elle empêche de considérer ces théories comme formant un système d'idées. La distinction classique met l'accent sur les divergences (philosophiques) *internes* entre deux groupes de théories, laissant de côté les *convergences* dans ce qui est prescrit sur

13. Par exemple, le principe de proportionnalité n'est pas investi de la même manière selon que le sens est donné par la théorie de la dissuasion ou par la théorie de la rétribution.

les peines (Pires, 2006, 2008b). Ces convergences nous amènent au troisième niveau d'observation, celui que veut caractériser la rationalité pénale moderne.

Pour le système (troisième niveau d'observation), on observe dans les théories des mises en forme dominantes qui sont soit partagées, soit communes ou compatibles. L'accord des théories sur certains principes ou certaines idées aboutit à des expectatives normatives. Ainsi, toutes les théories de la peine ont privilégié le sens *obligatoire* du médium « droit de punir », mettant de côté, du coup, le sens *permissif*. Ainsi, pour le système de pensée se trouve établie l'expectative normative voulant que, en cas de transgression de la loi, on *doive* punir pour différentes raisons (discernables au deuxième niveau), mais toutes s'accordent sur l'obligation de punir (observable comme expectative généralisée au troisième niveau). Par ailleurs, si relativement à certains médiums les mises en forme effectuées par les théories peuvent différer par le sens, elles peuvent cependant s'accorder sur la manière de les opérationnaliser : elles peuvent, par exemple, considérer la durée de la peine privative de liberté comme la variable idéale pour l'opérationnalisation du principe de proportionnalité.

Pour le système de pensée, ce qu'on observe par-delà les différents « vocabulaires de motifs » établis par les théories de la peine, c'est une certaine cohésion cognitive qui tend à induire une certaine normativité opérationnelle.

Nous n'insisterons pas ici sur le deuxième niveau, qui correspond à la caractérisation de chacune des théories, étant donné que ce niveau d'observation a été étudié de façon rigoureuse par Pires et d'autres chercheurs et qu'il pose moins de problèmes d'observation que le troisième niveau. Le troisième niveau est constitué par les points de convergence des quatre théories de la peine intégrées dans la RPM. Ce sont en effet ces aspects fédérateurs de toutes les théories qui permettent de les concevoir théoriquement comme participant à la formation et à la stabilisation d'un système d'idées dominant en matière de peines.

Plus précisément, nous décrirons uniquement les quatre composantes principales de la RPM : le droit de punir défini comme *obligation* de punir ; la valorisation des peines afflictives ou entraînant l'exclusion sociale ; la survalorisation de la peine privative de liberté ; enfin, son corollaire, la dévalorisation des sanctions alternatives.

La rationalité pénale moderne comme «système d'idées» : principaux aspects fédérateurs des théories de la peine de la première modernité

Au troisième niveau d'observation, correspondant au système d'idées, la rationalité pénale moderne laisse supposer que les idées qui forment les théories de la peine peuvent uniquement produire de la «divergence convergente» : elles se présentent dans leur différence (divergence des motifs) pour produire et reproduire de la redondance (convergence des pratiques). En tant que «programmes d'action» généralisés, les idées qui encadrent le choix des sanctions et celles qui fondent leur légitimité convergent vers les mêmes expectatives normatives, de sorte que la spécificité de chaque théorie de la peine devient moins déterminante dans la description sociologique de ce troisième niveau. En tant que «programmes d'action», les théories sont solidaires les unes des autres et se renforcent mutuellement tant par leurs exclusions que par leurs inclusions (au plan cognitif). Sous cette forme, les théories de la peine deviennent la «bouteille à mouches» évoquée dans la section précédente. La figure 3 illustre les «points de cohésion» qui lient entre elles chacune des théories de la peine et qui forment ainsi, à l'intérieur des frontières communicationnelles du système, cet espace cognitif fermé qu'est la RPM.

Cet espace fermé contient les aspects fédérateurs de toutes les théories de la peine, ceux qui marquent leur «clôture» et qui, par là, tracent la frontière entre ce qui appartient à la rationalité pénale moderne (le *in*) et ce qui reste en dehors de cette rationalité (le *out*). Cette «clôture» dont parle Van de Kerchove (1981, p. 291) est en effet un point aveugle commun dans le débat sur le crime et sur la peine.

Nous tenterons de donner une certaine épaisseur à ce cadre cognitif souvent négligé et dont il faut examiner les fondements peu problématisés. À force de penser «dans le cadre», nous avons oublié de penser «sur» le cadre qu'est la RPM (Pires, 2006, p. 24). Cette dernière comporte certaines idées fondamentales qui dirigent la façon d'envisager les peines et sur lesquelles elle ne transige pas : au centre se trouvent les idées que punir/intervenir est obligatoire, que le pardon ne résout pas le conflit pénal, que les peines doivent provoquer de la souffrance ou de l'exclusion sociale, que la sévérité ou la durée des sanctions sont des éléments fondamentaux et que les peines alternatives, n'étant prescrites dans aucune théorie, suscitent de la méfiance. Ces idées fondamentales étant partagées par toutes les théories de la peine, nous pouvons conclure que nous sommes en présence d'un système de pensée rigide dans son organisation.

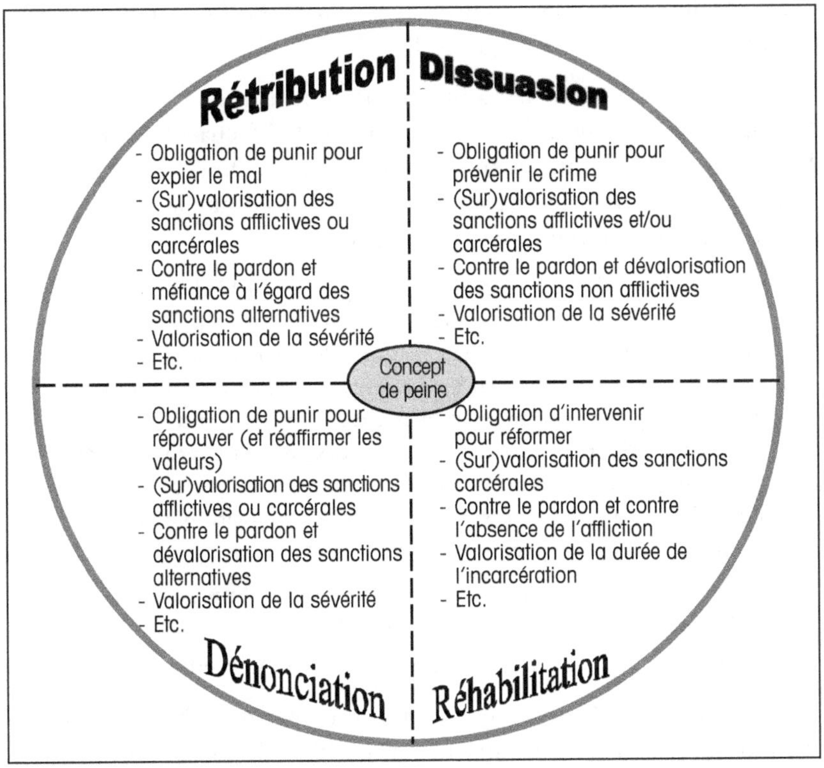

Figure 3. La RPM comme espace cognitif fermé (Garcia, 2010)

Nous examinerons successivement quatre traits fondamentaux de la RPM : 1) l'obligation de punir et la critique du pardon; 2) les théories de la peine et la sévérité : la valorisation de l'affliction ou de l'exclusion sociale 3) la prison comme peine de référence; 4) la dévalorisation des peines alternatives.

1) *L'obligation de punir (par des peines afflictives) et la critique du pardon*

L'obligation de punir fait partie des traits caractéristiques de la rationalité pénale moderne qui n'ont pas connu d'évolution significative sur le plan sémantique, et ce, malgré le fait que l'on reconnaisse, tant sur le plan politique que sur le plan juridique, que le droit criminel et ses peines privatives de liberté doivent demeurer des armes de dernier recours. Rappelons la formule de Kellens : « Le droit pénal ayant pour projet de distribuer des souffrances, il est une anomalie et doit intervenir à titre exceptionnel » (1981, p. 320).

Les travaux de Pires ont amplement montré que toutes les théories fondatrices du droit criminel moderne ont renforcé, chacune à sa manière, l'obligation de la punition en réponse au crime. Du côté de la théorie rétributiviste, le passage de Kant sur l'Île est sans doute le plus convaincant quant à l'importance de la punition.

> [...] la loi pénale est un impératif catégorique. Même si la société civile devait se dissoudre avec le consentement de tous ses membres (si, par exemple, un peuple, habitant une île, décidait de se séparer et de se disperser dans le monde tout entier), le dernier meurtrier se trouvant en prison devrait préalablement être exécuté, afin que chacun éprouve la valeur de ses actes, et que le sang versé ne retombe point sur le peuple qui n'aurait point voulu ce châtiment, car il pourrait alors être considéré comme complice de cette violation de la justice publique. (Kant, cité par Pires, 1998, p. 179)

Du côté de la dissuasion, on considère par exemple que le fait que la punition prive les êtres humains de leurs droits et impose de la souffrance est essentiel pour que l'on veuille éviter d'être puni (Bedau, 1974, p. 142).

Du côté de la dénonciation, c'est la confiance du public dans l'administration de la justice qui réclame la punition de toutes les transgressions (Lachambre, 2008, p. 29).

Du côté de la réhabilitation, on considère que le meilleur moyen de protéger la société est la réhabilitation de l'individu. La théorie insiste non pas tant sur l'obligation de punir, mais certes sur l'obligation d'intervenir. Or, l'intervention par la voie du traitement plutôt que par la voie de la punition perd concrètement de sa particularité dans la mesure où la théorie elle-même ne peut pas dissocier l'intervention du cadre institutionnel offert par un milieu carcéral et dont la vocation première est celle de faire souffrir. La théorie de la réhabilitation ne tient pas compte des souffrances humaines qu'implique le choix du carcéral comme lieu de traitement.

La récurrence énonciative de cette idée d'obligation que l'on place ici au fondement du droit de punir a stabilisé l'identité proprement *pénale* du système de droit criminel moderne. Il devient dès lors difficile, lorsqu'on s'inscrit dans les réseaux de communication de ce système de pensée, de trouver un vocabulaire de motifs nous autorisant à dissocier ce que les théories de la peine ont rendu quasi indissociable, en l'occurrence, le rapport « crime-peine ».

Dans les propos de Carrara qui nous paraissent ici représentatifs d'un mode de pensée encore généralisé dans nos sociétés contemporaines ; le lien « crime-peine » se présente avec une telle force qu'on nous donne l'impression qu'il est naturel et dès lors nécessaire.

> [...] la puissance de punir a conservé à travers toutes les idées et tous les systèmes une autorité devant laquelle les passions humaines se sont toujours et partout inclinées. Cela montre, je le répète, que s'il est un principe révélant avec évidence qu'il émane de la loi éternelle qui régit l'humanité, c'est celui de la punition du coupable sur la terre. (Carrara, 1876, p. 312)

Carrara écrivait au XIXe siècle, mais encore aujourd'hui, sous l'influence des mêmes théories de la peine et malgré les problèmes et les échecs cumulés en matière de châtiment, il reste difficile de penser « un monde sans punition » (Bedau, 1974, p. 143). Dans les termes de Bedau : « *[W]hereas the grievances against the present system of punishment are genuine and legitimate, other considerations show that a world without punishment is both unattainable and undesirable* » (*Ibid.*).

Comme cette idée est présente dans toutes les théories de la peine, aucune d'entre elles n'estime que le pardon soit une réponse légitime au conflit. Nussbaum déplore l'obstacle que cela constitue, car il nous empêche, dans nos modèles de justice, de reconnaître et de valoriser la compassion et le pardon même quand l'acte est répréhensible et condamné. Voici comment l'auteure décrit l'obstacle :

> *[...] the merciful attitude to punishment still comes in for ridicule, as the notion of deliberation based on sentiment still gets repudiated and misunderstood, as a simple form of retributivism has an increasing influence on our legal and political life. [...] As judges, as jurors, as feminists, we should [...] while judging the wrong to be wrong, still cultivate the perceptions, and the gentleness, of mercy.* (Nussbaum, 1993, p. 125)

Cette idée que le pardon fait partie d'un idéal de justice est très importante, car elle ouvre des possibilités en ce qui concerne la détermination de la fonction du droit criminel. En effet, Nussbaum attire l'attention sur le besoin de distinguer notre désapprobation du comportement d'avec la manière de réagir à ce dernier et de la nécessité de le punir. Rien n'empêche que la réaction puisse inclure la possibilité du pardon et comporter des exigences de modération, en même temps que la désapprobation du comportement demeure forte et vigoureuse sur le plan communicationnel et symbolique. Bien sûr, une telle conception de la justice impliquerait que l'on se libère de l'immuable relation crime-peine et des impératifs qui l'accompagnent sur le plan de l'intervention. D'ailleurs, comme que nous le verrons dans la sous-section suivante, toutes les théories de la peine définissent, d'une façon ou d'une autre, l'affliction ou l'exclusion comme buts de la punition.

2) Les théories de la peine et la sévérité : la valorisation de l'affliction ou de l'exclusion sociale

En appliquant le système de pensée de la rationalité pénale moderne pour déterminer le rapport « crime-peine », on fait appel à un ensemble de théories qui, chacune à leur manière, « mettent l'accent sur l'exclusion sociale, restent indifférentes sur le plan décisionnel à l'inclusion sociale des coupables d'un crime ou accordent une préséance à l'idée selon laquelle, en droit criminel, il faut privilégier les sanctions qui montrent l'intention d'infliger une souffrance au coupable d'un crime » (Pires et Garcia, 2007, p. 293-294).

Par rapport à la souffrance, la position de Carrara peut servir d'illustration, car elle est encore d'actualité. Pour Carrara, une des conditions essentielles de la peine est qu'elle soit « *afflictive* pour le coupable, soit *physiquement*, soit au moins *moralement* » (Carrara, 1876, p. 329).

Bentham lui-même, grand penseur anglais de la dissuasion, convient que « toute peine par elle-même est nécessairement odieuse », que punir implique forcément d'« infliger un mal à un individu, avec une intention directe par rapport à ce mal » (Bentham, cité dans Van de Kerchove, 2007, p. 338-339).

Suivant la théorie rétributiviste et son interprétation de la loi du talion, le mal se guérit par le mal : « [L]e mal immérité que tu fais à un autre d'entre le peuple, tu te le fais à toi-même » (Kant, 1853, p. 199). Si le mal immérité prend la forme du meurtre, alors l'expiation passe par la plus absolue et définitive des exclusions sociales : la peine de mort.

Dans la théorie de la dénonciation, la prise en compte d'une opinion publique que le système se représente à son image, c'est-à-dire punitive, exige elle aussi une réaction au crime, passionnelle, intense et indifférente à l'inclusion sociale du contrevenant (Pires, 2001a, 2004).

En ce qui a trait à la théorie de la réhabilitation, l'indifférence à la souffrance et le fait de voir dans l'exclusion sociale une condition nécessaire du traitement nous conduit à la considérer comme une théorie qui établit les mêmes prescriptions que les trois autres et qui peut aller jusqu'à les renforcer.

Au chapitre de la sévérité, la préoccupation première des théories de la peine concerne alors les degrés de sévérité, les limites maximales ou minimales de l'affliction pouvant être légitimement distribuée. Toutes ces théories – mis à part, peut-être, la théorie de la réhabilitation, qui insiste moins sur la sévérité de la peine que sur la durée de l'incarcération – accordent à la sévérité une place de choix dans les motifs justifiant les modes d'intervention répressifs du droit criminel moderne. Au-delà des désaccords concernant la question du *quantum*, le consensus autour de la sévérité en tant que valeur crée un effet de système dans la rationalité pénale moderne. En d'autres mots, la sévérité est un thème fédérateur de toutes les théories de la peine. Sur cette question de la valeur de la sévérité, aucune théorie ne peut par rapport aux autres se présenter comme une alternative, pas même la théorie de la réhabilitation, qui, sans préconiser la sévérité au moment de l'imposition des peines, la tolère et même l'applique dans la mesure où cette sévérité se traduit généralement par de longues périodes d'incarcération et donc par de plus longues périodes de traitement en milieu correctionnel.

Pour résumer, chacune des théories contient des règles concernant la distribution de la sévérité ou la justification de son application : dans la théorie de la réhabilitation, il y a le cas des personnes jugées « irrécupérables » ; dans la théorie de la rétribution, l'obligation que la peine corresponde le plus possible au crime selon un concept horizontal de proportionnalité ; dans toutes les théories, le concept de gravité du crime[14],

14. Roberts considère qu'il y a deux principes universels dans la détermination de la peine qui unissent toutes les juridictions pénales : la prise en compte de la récidive (que nous venons d'analyser) et le principe de la proportionnalité de la peine à la gravité de l'infraction. Prise dans un sens assez large, l'idée est que la peine doit être d'autant plus sévère que l'infraction est jugée plus grave (Roberts, 2008, p. ix).

le potentiel de récidive, etc. Chaque théorie de la peine fournit des motifs particuliers pour justifier ou même valoriser la sévérité des peines, et il y a un effet systémique du fait que toutes affirment que les peines doivent être sévères.

3) La prison comme «peine de référence»

Toutes les théories de la peine ont créé des vocabulaires de motifs qui ont, selon des raisons qui varient d'une théorie à l'autre, conduit à regarder la prison comme «la forme essentielle du châtiment» (Foucault, 1975, p. 136).

Le succès de la prison est sûrement en partie dû au support cognitif que cette solution institutionnelle a reçu de la part de toutes les théories de la peine de la première modernité. Pires remarque en effet que :

> [...] *toutes* les théories de la peine justifient cette peine, souvent à l'exclusion d'autres sanctions. Nous avons donc cinq – ou plutôt quatre (puisque le rétributivisme pur et le juste dû donnent, dans leurs grandes lignes, une seule et même raison) – «bonnes» raisons pour envoyer quelqu'un en prison : pour le punir, pour le dissuader ou dissuader les autres, pour le neutraliser ou pour le réadapter. (Pires, 1990, p. 448)

Cette dernière citation de Pires date de 1990; l'auteur n'estimait pas encore, à cette époque, que la théorie de la dénonciation fournissait une autre «bonne» raison de punir quelqu'un en le privant de sa liberté. Aujourd'hui Pires n'hésiterait pas à reconnaître la contribution autonome de la dénonciation dans les vocabulaires de motifs nous permettant de valoriser l'incarcération. Nous pensons qu'il s'accorderait avec Feinberg, qui note : «*[I]mprisonment in modern times has taken on the symbolism of public reprobation*» (Feinberg, 1981, p. 31).

Pourtant la prison n'a pas toujours été à la hauteur des attentes qu'on a pu avoir à son sujet. En fait, comme l'a bien fait remarquer Foucault,

Se basant sur un certain nombre de recherches empiriques, cet auteur considère que la gravité de l'infraction est le facteur le plus important dans la détermination de la peine (2008, p. 2). Ce principe est par ailleurs codifié aujourd'hui. L'article 718.2 du Code criminel stipule : «La peine est proportionnelle à la gravité de l'infraction et au degré de responsabilité du délinquant.»

dès sa naissance au XVIIIe siècle la prison a été l'objet de critiques. La plupart d'entre elles nous sont aujourd'hui devenues familières :

> L'idée d'un enfermement pénal est explicitement critiquée par beaucoup de réformateurs. Parce qu'il est incapable de répondre à la spécificité des crimes. Parce qu'il est dépourvu d'effets sur le public. Parce qu'il est inutile à la société, nuisible même : il est coûteux, il entretient les condamnés dans l'oisiveté, il multiplie leurs vices. Parce que l'accomplissement d'une telle peine est difficile à contrôler et qu'on risque d'exposer les détenus à l'arbitraire de leurs gardiens. Parce que le métier de priver un homme de sa liberté et de le surveiller en prison est un exercice de tyrannie. (Foucault, 1975, p. 135)

Ainsi, déjà au XIXe siècle « la prison demeurait la grande promesse du siècle, mais également son plus grand échec », même du point de vue des réformateurs (Pires, 1991, p. 64). Depuis la naissance de la prison, de nombreux projets de réforme ont été mis en place pour trouver des solutions au problème, mais, comme le fait remarquer Cartuyvels, il semble que les fruits de cette réflexion critique n'ont pas encore mûri :

> Au fil des ans, réformes et débats sur l'institution pénitentiaire se croisent et se ressemblent : pour l'essentiel, il s'agit de dénoncer le système pénitentiaire, d'en améliorer le fonctionnement, de rechercher des solutions plus efficaces ou plus humaines et, bien souvent, de constater l'échec des réformes sans que l'institution prison ne soit véritablement remise en question. (Cartuyvels, 2002, p. 116)

Il semble qu'encore ici, dès qu'il s'agit de remettre en question quelque chose qui est jugé important par les théories de la peine, comme la généralisation de la peine privative de liberté, la rationalité pénale moderne intervient pour nous empêcher d'innover et nous maintenir dans la bouteille à mouches. Sans le formuler explicitement, Rothman nous paraît attribuer le problème à des obstacles cognitifs : « *Whatever skills we have in problem solving, whatever ability we possess to calculate and act in a reasoned manner, are suspended when we approach incarceration* » (Rothman, 1981, p. 374).

Parmi les obstacles cognitifs susceptibles de nous rattacher normativement à la prison, coûte que coûte, mentionnons celui qui associe la survie de la société à la survie de la prison. Cette idée est appuyée par les théories de la peine : en couplant chacune de leurs logiques respectives à l'idée de l'incarcération, nous sommes conduits à penser que, sans l'incarcération, la Moralité se dissout, que rien ne peut empêcher le passage à l'acte, que les états forts de la conscience collective ne peuvent se resserrer et que le traitement est impossible. Bref, à la question de savoir si la prison est nécessaire, toutes les théories de la peine répondent par l'affirmative.

En ce qui concerne la question de savoir si la prison est humaine, les théories de la peine affirment qu'elle est humaine dans la mesure où elle est nécessaire à la protection de la société, dans la mesure où les souffrances provoquées sont moins barbares que celles qu'engendrent les supplices et aussi dans la mesure où elle remplace la peine de mort. Sur ce dernier point, nous rejoignons Rothman lorsqu'il dit :

> *[...] when viewed from the perspective of the death penalty, even the longest sentence seemed humane and progressive. Codes established ten years for assault, twenty years for arson, and life for murder, but legislators perceived these measures not as harsh sentences but as wonderfully humane alternatives to the death penalty.* (Rothman, 1981, p. 376)

Plus humaine ou moins humaine : tout dépend évidemment du point de vue et de ce avec quoi on compare la prison. La comparer aux supplices ou à la peine de mort est une option d'observation qui, à certains égards, nous permet sans doute de la mettre en valeur, mais il suffira alors de privilégier une autre option d'observation et le débat est relancé : la prison est-elle plus humaine par rapport à ce qu'elle pourrait devenir, est-elle plus humaine par rapport à ce qui pourrait la remplacer ou lui servir d'alternative ?

Ce qu'il y a de plus inquiétant en ce qui concerne le problème que représentent les solutions de remplacement, c'est non pas leur absence totale, mais plutôt l'absence de vocabulaires des motifs susceptibles de les valoriser. Les théories dominantes renforcent normativement l'idéal de la prison. Y a-t-il des théories capables de justifier les solutions de remplacement et, s'il n'y en a pas, est-il possible d'en créer une ? Une mise en forme plus positive du médium « droits de la personne » pourrait-elle servir de vocabulaire de motifs pour la sélection et la stabilisation des sanctions alternatives ? Ces diverses considérations nous paraissent faire partie de la solution au problème que pose ici Rothman :

> *Long after the failure of the prison to fulfill the rather noble goals of its founders was apparent, incarceration lived on. How is one to account for this persistency ? Why did not our predecessors in the 1890s label incarceration a useful experiment gone bad and search for alternatives ? Why did not our predecessors in the 1930's finally decide that institutions that were marked by riots, corruption*

> *and inhumanity had to be abolished ? How did society come to grips with funding such terrible places ? And how, given all these circumstances, could we keep incarcerating people for such extended periods of time ?* (Rothman, 1981, p. 378)

À toutes ces questions, nous répondons : parce que nous n'avons pas encore appris à penser autrement en matière de droit criminel. Par conséquent, même la reviviscence des droits de la personne, dans la seconde moitié du XXe siècle, ne nous a pas convaincus de la nécessité d'appliquer des peines plus humaines, non afflictives, non privatives de liberté.

La prison semble être parvenue à nous donner l'illusion qu'elle est le dernier arrêt du train de la pénalité moderne, qu'il n'y a rien au-delà. Nous avons oublié que la prison a été une solution contingente, qu'elle n'a pas toujours existé, qu'au contraire elle est une invention récente, elle-même ayant joué le rôle de peine alternative (aux supplices) au moment de son invention. Cependant, peu de temps après sa généralisation il s'est produit ceci : « Elle sembla sans alternative, et portée même par le mouvement de l'histoire » (Foucault, 1975, p. 268). Foucault ajoute que le fait que l'emprisonnement est devenu « la base et l'édifice presque entier de notre échelle pénale actuelle » trouve son explication non pas dans les « caprices du législateur », mais ailleurs : « [C]'est le progrès des idées et l'adoucissement des mœurs. » En conclusion, si, en ce qui concerne la prison, le « climat d'évidence s'est transformé, il n'a pas disparu » : « [O]n ne "voit" pas par quoi la remplacer » (Foucault, 1975, p. 268).

Résultat ? En dépit des critiques, des projets de réforme et des principes suivant lesquels la prison est une peine exceptionnelle, elle demeure la « peine de référence » et continue de servir de boussole pour l'identité du système de droit criminel moderne.

4) La dévalorisation des peines alternatives

Dans le même ordre d'idées, la survalorisation de l'enfermement punitif par les théories de la peine s'est accompagnée d'une dévalorisation des sanctions alternatives par ces mêmes théories. Pires affirme :

> [...] les théories de la peine font l'apologie de la peine à un point tel qu'elles *refusent* toutes (dans leur formulation des XVIIIe et XIXe siècles), et *dans quasiment toutes les circonstances*, le bien comme alternative autonome. (Pires, 2001b, p. 154)

Mais qu'entend-on par « sanctions alternatives » (aussi appelées « mesures de rechange » ou « peines substitutives ») ? Quel est l'autre côté de la distinction ? À quoi les oppose-t-on ?

Il est difficile de donner un contenu fixe au concept de sanctions alternatives, car ce qui est alternatif relève d'une appréciation comparative, donc relative. L'appréciation implique un point de comparaison qui est la plupart du temps constitué par ce qui apparaît comme dominant, généralisé ou central à une époque donnée. Ainsi, la prison, qui aujourd'hui apparaît comme la peine de référence dominante, a été longtemps considérée dans les systèmes pénaux occidentaux comme une peine alternative (Legeais, 1990, p. 129) : elle se présentait comme une autre option par rapport à celle des châtiments corporels et de la peine de mort. C'est ainsi, explique Legeais, qu'« à un droit pénal d'exécutions capitales et de châtiments corporels, on a fait se succéder au XIXe siècle un droit reposant d'abord sur les peines privatives de liberté » (*Ibid.*).

On peut dire ainsi que, dans une acception large, le concept de sanction alternative désigne une sanction – plutôt qu'une « peine » – qui semble être en opposition et destinée à remplacer les sanctions traditionnellement valorisées par le système de pensée dominant. Par rapport aux solutions préconisées et stabilisées dans l'historicité du système, les sanctions dites « alternatives » peuvent être – contrairement aux prescriptions de la rationalité pénale moderne – un mode de résolution de conflits qui ne recourt pas nécessairement à l'affliction ou à l'exclusion sociale. Ces sanctions s'appuieront par ailleurs sur un vocabulaire de motifs adapté qui se référera ainsi à une théorie – non formulée – de la sanction qui sera plus pacifique que guerrière ou hostile dans sa représentation du rapport société-délinquant, plus concrète qu'abstraite dans sa poursuite du « bien » collectif ou individuel, plus positive que négative dans sa manière de déterminer la validité des modes de résolution de conflit, plus intégrative qu'atomiste dans sa prise en compte des effets directs ou indirects de l'intervention sur le plan de la préservation/réparation des liens sociaux.

Il n'est pas question ici d'énumérer chacune des dispositions qui, dans la loi, limitent la portée des sanctions alternatives. Nous nous contenterons de souligner que ce qui est légalement permis sur le plan des mesures alternatives est aussi rigoureusement balisé. Cela laisse à penser que, même sur le plan législatif, la possibilité que les mesures de rechange

– bien qu'elles existent – puissent se généraliser et conquérir des lieux traditionnellement réservés à l'emprisonnement, une possibilité qui se trouve bien souvent éliminée du fait de l'application de critères aussi vagues que « la protection de la société ». Ces mesures de rechange semblent en effet susciter la crainte et la méfiance et donnent l'impression qu'il faut politiquement agir avec prudence en matière de sanctions alternatives.

Étant donné l'importance que revêt toujours la protection de la société, la possibilité d'envisager des sanctions alternatives n'a pas à être sérieusement prise en compte. En effet, lorsque le législateur crée un délit par l'entremise du droit criminel, la rationalité pénale moderne statue que le comportement visé représente une menace pour l'ordre public. Autrement dit, cette rationalité affirme que tous les crimes menacent l'ordre public, que la société doit chercher protection contre tous les délits. Cette autodescription de la fonction du droit criminel atténue ainsi la portée des sanctions alternatives. Elle favorise par ailleurs l'apparition de théories de la « protection » telles que la théorie de la dissuasion, qui insiste sur la nécessité de punir pour empêcher toute récidive et dissuader les autres de commettre le même crime.

En somme, les obstacles aux sanctions alternatives sont multiples et se distinguent par leur nature. Cela étant dit, sans aller jusqu'à affirmer que ce problème très complexe peut se régler sur le plan cognitif, nous pouvons du moins supposer que les choses sont en partie liées entre elles et qu'alors l'utilisation d'une base théorique plus étendue et spécialement conçue pour stabiliser les sanctions alternatives pourrait sans doute non seulement encourager les décideurs à agir avec plus d'assurance, mais également inciter le pouvoir politique à augmenter les ressources, à créer les conditions *matérielles* nécessaires à la diversification, à l'enracinement et à la valorisation de ces sanctions. En outre, les investissements matériels, joints à un investissement sur le plan de la théorie et à une application concrète et récursive des sanctions alternatives par les décideurs pourraient amener progressivement les acteurs sceptiques ou hésitants à modifier leurs attentes[15].

---

15. Et même si tel n'était pas le cas, le système judiciaire aura toujours la possibilité d'affirmer son autonomie en décidant si les attentes externes et la manière dont est reçue la décision dans la société doivent ou non faire partie des critères de légitimation décisionnelle d'un système juridique moderne.

Ce qui frappe sur le plan des idées, c'est, d'une part, l'absence de théories *alternatives* et spécialement conçues pour justifier les sanctions non carcérales – on ne trouve pas aux sanctions alternatives l'équivalent de la relation entre théories négatives de la peine et incarcération – et, d'autre part, la présence d'un discours qui préconise de nouvelles sanctions alternatives, mais qui se fonde sur les théories de la peine de la première modernité.

Un système d'idées détermine les inclusions mais aussi les exclusions sur le plan cognitif. Sur ce plan, nous pouvons dire que la RPM accomplit deux opérations : elle atténue ou élimine la pertinence de certains renseignements (décisions, prémisses décisionnelles, valeurs, etc.) et elle stabilise et renforce l'utilisation récursive de certains autres renseignements.

Alors que les peines afflictives et génératrices d'exclusion sociale ont toujours pu compter sur les théories modernes de la peine, les sanctions alternatives n'ont pu, jusqu'à maintenant, se fonder sur une théorie adaptée. Par conséquent, leur statut reste précaire et incertain. Tant qu'une nouvelle théorie positive de la sanction ne viendra pas asseoir les sanctions alternatives sur un fondement solide, celles-ci ne pourront sans doute fournir un apport alternatif sur le plan des idées ou du système de pensée. Il importe de souligner que le problème pour le système de pensée n'empêche pas que les sanctions alternatives puissent sporadiquement, au niveau « micro », contribuer à rendre de meilleures décisions dans des cas concrets. Mais ce qui continuera d'être une « vraie sanction » à un niveau plus « macro » risque d'être encore et toujours déterminé par une seule et même représentation *du système dans le système*, c'est-à-dire une représentation de la rationalité pénale moderne entretenant, dans la structure des communications internes du système de droit criminel moderne, une vision identitaire qui favorise la souffrance, l'exclusion sociale et la poursuite des hostilités *dans le cadre carcéral*. En somme, les théories de la peine se fédèrent derrière l'idée de la prison. Les fondements du droit de punir sur lesquels sont assises ces théories peuvent rester différents, voire être incompatibles entre eux, mais sous le rapport de l'ontologisation de l'idéal punitif ou réhabilitatif, elles s'accordent pour préconiser le cadre carcéral.

Les théories de la peine en tant que théories de la réflexion du droit criminel, ont produit un ensemble d'éléments solidaires les uns des autres qui ont accompagné des idées l'évolution structurale qu'a subie le système de droit criminel.

Conclusion

Nous fondant sur les travaux de Pires et notre propre recherche, nous pouvons dire pour conclure qu'il y a eu une fusion (contingente) des autodescriptions fondatrices des théories de la peine et de l'identité systémique (Garcia, 2010). La sélectivité du système a alors perdu en flexibilité et en créativité. Le système ne perçoit plus la possibilité de se référer à soi (autoréférence) qu'à travers les dogmes identitaires des théories de la peine (Garcia, 2010, p. 357-358). Il en résulte que la possibilité même de s'orienter autrement sur le plan opérationnel et d'instituer pour ce faire d'autres « théories de la réflexion » menace l'identité du système : il risque de se dédifférencier et il se replie sur les autodescriptions pour maintenir l'opposition « système/environnement » sur laquelle il s'est constitué.

Comme l'expliquait Niosi, un grand attachement à une identité ancienne peut empêcher le système de « réfléchir » et de chercher à « adopter des meilleures pratiques », des pratiques plus adaptées à une phase ultérieure de son existence et aux nouveaux défis qui se présentent à lui (2002, p. 295).

En ce sens, nous pouvons considérer les théories de la peine comme des «*formulae for redundancy*» (Luhmann, 1993, p. 312-313) susceptibles d'entraver l'évolution du système.

Les autodescriptions fondatrices qui forment la rationalité pénale moderne ont été le moteur en même temps que le produit du développement identitaire du système de droit criminel au XVIIIe siècle. Elles ont fourni des solutions aux problèmes (relatifs aux sanctions) auxquels se heurtait la justice criminelle de cette époque, elles ont fait face aux enjeux du moment (une refondation du droit de punir, ce dernier devant s'éloigner de celui de l'Ancien Régime) et elles ont apporté des solutions juridiques, normatives et institutionnelles propres à maintenir le système. Or, tout se passe comme si, depuis, le système ne « voyait » pas que ces théories ne sont que des autodescriptions fondatrices et contingentes et qu'elles peuvent se modifier ou à la limite être abandonnées et remplacées par d'autres, et ce, sans que le système perde son identité.

À l'heure actuelle, le système n'a pas encore tiré profit de ces distinctions. Il continue de penser et de *se* penser en fonction des théories négatives de la peine et de considérer comme « étrange », voire suspecte, la possibilité d'utiliser des théories qui comportent des autodescriptions identitaires plus positives. Il faut sans doute souligner ici que, en se limitant de la sorte, c'est bel et bien le système qui s'autolimite; cette limitation n'est pas le fait d'une quelconque obligation naturelle qui lui échapperait.

En somme, la résistance à l'évolution ou à la sélection – dans l'environnement ou encore, à l'interne, dans la variété « dormante » du système – d'éléments susceptibles de renouveler des façons de penser et de faire peut donc être plus facilement comprise si on a conscience de cette conception rigide de l'identité pénale. En ce sens, il est possible de dire que le système de pensée du système de droit criminel est un « système qui se pense pensé » (Gauchet) : il ne voit pas qu'il a le pouvoir de modifier les idées qui le composent et de changer ses valeurs actuelles pour des valeurs (ou des formes) moins guerrières et plus garantistes sur le plan de la conception des normes de sanction.

Références

Bedau, H. (1974), «A world without punishment? », dans M. Goldinger (dir.*), Punishment and Human Rights,* Cambridge (Mass.), Schenkman Publishing, p. 141-161.

Berthelot, J. -M. (1990), *L'Intelligence du social : le pluralisme explicatif en sociologie*, Paris, Presses universitaires de France.

Carrara, F. (1876), *Programme du cours du droit criminel,* Paris, Marescq Ainé, Librairie-Éditeur.

Cartuyvels, Y. (2002), « Réformer ou supprimer : le dilemme des prisons » dans O. Schutter et D. Kaminski (dir.), *L'Institution du droit pénitentiaire. Enjeux de la reconnaissance de droits aux détenus,* Bruxelles, Bruylant, L. G. D. J., p. 113-132.

Durkheim, É. (1922), *Éducation et sociologie,* Paris, Presses universitaires de France, 1966.

Feinberg, J. (1981), «The expressive function of punishment », dans A. Von Hirsch et H. Gross (dir.), *Sentencing,* New York, Oxford University Press, p. 23-36.

Foucault, M. (1969), *L'Archéologie du savoir,* Paris, Gallimard.

Foucault, M. (1975), *Surveiller et punir : naissance de la prison,* Paris, Gallimard.

Foucault, M. (1984), *Histoire de la sexualité.* II : *L'Usage des plaisirs,* Paris, Gallimard.

Garcia, M. (2010), « Le rapport paradoxal entre les droits de la personne et le droit criminel : les théories de la peine comme obstacles cognitifs à l'innovation », thèse de doctorat, Université du Québec à Montréal.

Gauchet, M. (1979), « De l'avènement de l'individu à la découverte de la société », *Annales,* 34 3, p. 451-463.

Goffman, E. (1974), *Frame Analysis: An Essay on the Organization of Experience,* New York, Harper & Row.

Hogarth, J. (1971), *Sentencing as a Human Process,* Toronto, University of Toronto Press.

Kant, E. (1853), *Éléments métaphysiques de la doctrine du droit,* Paris, Auguste Durand (traduction de l'allemand par Jules Barni).

Kellens, G. (1981), « La problématique de la réforme », dans C. Debuyst et F. Tulkens (dir.), *Dangerosité et justice pénale. Ambiguïté d'une pratique,* Genève, Masson, coll. « Médecine et hygiène », p. 319-324.

Lachambre, S. (2008), « À propos de la théorie de la dénonciation en droit criminel », travail de doctorat, Laboratoire de la CRC en traditions juridiques et rationalité pénale, Université d'Ottawa.

Legeais, R. (1990), « Pourquoi ne parvient-on pas à supprimer la prison », *Pouvoir. Revue française d'études constitutionnelles et politiques),* 55, p. 123-132.

Libanio, J. B (2001), *Introduçao à vida intelectual,* Sao Paulo, Ediçoes Loyola.

Luhmann, N. (1990), *Political Theory in the Welfare State,* translated and introduced by John B. Berlin, Jr., New York, Walter de Gruyter.

Luhmann, N. (1993), *Law as a Social System.* Oxford, Oxford University Press, 2004.

Luhmann, N. (2001), *Légitimation par la procédure*, Québec, Presses de l'Université Laval.

Mills, W. (1940), « Situated action and vocabularies of motive », *American Sociological Review,* 5, 6, p. 904-913.

Niosi, J. (2002), « National systems innovations are "x-efficient" (and x-effective). Why some are slow learners », *Research Policy,* 31, p. 291-302.

Nussbaum, M. (1993), « Equity and mercy », *Philosophy and Public Affairs,* 22, 2, p. 83-125.

Pires, A. P. (1990), « Le devoir de punir : le rétributivisme face aux sanctions communautaires », *Revue canadienne de criminologie* (numéro spécial sur la détermination de la peine), 32, 3, p. 441-460.

Pires, A. P. (1991), « Éthiques et réforme du droit criminel : au-delà des philosophies de la peine », *Ethica,* 3, 2, p. 47-78.

Pires, A. P. (1998a), « Aspects, traces et parcours de la rationalité pénale moderne ». dans C. Debuyst, F. Digneffe et A. P. Pires (dir.), *Histoire des savoirs sur le crime et la peine.* Vol. 2. *La Rationalité pénale et la naissance de la criminologie* Bruxelles, De Boeck Université, Presses de l'Université de Montréal et Presses de l'Université d'Ottawa, p. 1-52.

Pires, A. P. (1998b), « Beccaria, l'utilitarisme et la rationalité pénale moderne », dans C. Debuyst, F. Digneffe et A. P. Pires (dir.), *Histoire des savoirs sur le crime et la peine.* Vol. 2. *La Rationalité pénale et la naissance de la criminologie,* Bruxelles, De Boeck Université, Presses de l'Université de Montréal et Presses de l'Université d'Ottawa, p. 83-144.

Pires, A. P. (1998c), « Kant face à la justice criminelle », dans C. Debuyst, F. Dignffe et A. P. Pires (dir.), *Histoire des savoirs sur le crime et la peine.* Vol. 2. *La Rationalité pénale et la naissance de la criminologie,* Bruxelles, De Boeck Université, Presses de l'Université de Montréal et Presses de l'Université d'Ottawa, p. 145-206.

Pires, A. P. (1998d), « Un nœud gordien autour du droit de punir », dans C. Debuyst, F. Digneffe et A. P. Pires (dir.), *Histoire des savoirs sur le crime et la peine.* Vol. 2. *La Rationalité pénale et la naissance de la criminologie,* Bruxelles, De Boeck Université, Presses de l'Université de Montréal et Presses de l'Université d'Ottawa, p. 207-220.

Pires, A. P. (2001a), « La rationalité pénale moderne, la société du risque et la juridicisation de l'opinion publique », *Sociologie et sociétés,* XXXIII, 1, p. 179-204.

Pires, A. P. (2001b), « La "ligne Maginot" en droit criminel : la protection contre le crime versus la protection contre le prince », *Revue de droit pénal et de criminologie,* 81, 2, p. 145-170.

Pires, A. P. (2004), « Racionalidade penal moderna, o publico e os direitos humanos na modernidade tardia », *Novos Estudos (CEBRAP),* 68, p. 39-60.

Pires, A. P. (2006), « Questions et réponses sur la rationalité pénale moderne », document de travail inédit, Chaire de recherche du Canada en traditions juridiques et rationalité pénale, Université d'Ottawa.

Pires, A. P. (2007), « Une "utopie juridique" et politique pour le droit criminel moderne ? », *Criminologie,* 40, 2, p. 9-18.

Pires, A. P. (2008a), « Introduction aux théories de la peine. Résumé du cours CRM 6760 (Philosophie pénale), hiver 2008 », document inédit, Département de criminologie, Université d'Ottawa.

Pires, A. P. (2008b), « Nouvelles questions et réponses sur la rationalité pénale moderne », document de travail inédit, Chaire de recherche du Canada en traditions juridiques et rationalité pénale, Université d'Ottawa.

Pires, A. P. (2010), « Esquisse d'une théorie systémique sur les théories de la peine et sur un problème d'évolution », document de travail inédit, Chaire de recherche du Canada en traditions juridiques et rationalité pénale, Université d'Ottawa.

Pires, A. P. et F. Acosta (1994), « Les mouches et la bouteille à mouches : utilitarisme et rétributivisme classiques devant la question pénale », *Carrefour,* XVI, 2, p. 8-39.

Pires, A. P., A. Cellard et G. Pelletier, G. (2001), « L'énigme des demandes de modifications législatives au Code criminel canadien », dans P. Fraile (dir.), *Régulation et gouvernance. Le contrôle des populations et du territoire en Europe et au Canada. Une perspective historique,* Barcelone, Publicacions Universitat de Barcelona, p. 195-217.

Pires, A. P. et M. Garcia (2007), « Les relations entre les systèmes d'idées : droits de la personne et théories de la peine face à la peine de mort », dans Y Catuyvels *et al.* (dir.), *Les Droits de l'homme, bouclier ou épée du droit pénal ?,* Belgique, Facultés universitaires Saint-Louis, Éditions Bruylant, p. 291-336.

Roberts, J. (2008), *Punishing Persistent Offenders: Exploring Community and Offender Perspectives,* Oxford, Oxford University Press.

Rothman, D. J. (1981), « Doing time: Days, months and years in the criminal justice system », dans A. Von Hirsc h et H. Gross (dir.), *Sentencing,* New York, Oxford University Press, p. 374-385.

Teubner, G. (1989*), Le Droit : un système autopoïétique*, Paris, Presses universitaires de France.

Van de Kerchove, M. (1981), « Culpabilité et dangerosité. Réflexions sur la clôture des théories relatives à la criminalité », dans C. Debuyst et F. Tulkens (dir.), *Dangerosité et justice pénale. Ambiguïté d'une pratique,* Genève, Masson, coll. « Médecine et Hygiène », p. 291-309.

Van de Kerchove, M. (2007), « Les caractères et les fonctions de la peine, nœud gordien des relations entre droit pénal et droits de l'homme », dans Y. Cartuyvels *et al.* (dir.), *Les Droits de l'homme, bouclier ou épée du droit pénal ?,* Belgique, Facultés universitaires Saint-Louis, Éditions Bruylant, p. 337-361.

Watzlawick, P. (1988), « La mouche et la bouteille à mouches », dans P. Watzlawick (Ed.), *L'invention de la réalité. Contributions au constructivisme,* Paris, Seuil, p. 269-276.

La théorie de la dénonciation : nouvelles configurations théoriques de la rationalité pénale moderne

Sébastien Lachambre

IL A ÉTÉ dit et même souvent répété que la société pouvait se servir de la peine pour exprimer sa désapprobation à l'égard du crime, autrement dit pour dénoncer le crime à travers la peine. C'est ce que Feinberg (1965) a appelé la « fonction expressive de la peine ». À cet égard, il semble, selon toute vraisemblance, que cette idée a trouvé une assez large audience à la suite de l'allocution de Lord Denning devant la Royal Commission on Capital Punishment[1]. La parution de son rapport en 1953 en Angleterre marque le début d'une période d'autoréflexion intense sur le droit criminel qui se poursuivra jusque dans les années 1980. Cette période charnière en ce qui concerne les réflexions portant sur l'orientation à donner aux politiques criminelles aurait vu, selon plusieurs sources, la théorie de la réhabilitation avoir le plus d'influence dans les discours sur les peines appliquées en droit criminel et être progressivement abandonnée après 1970 (Garland, 2001 ; Cohen, 1985). La théorie du juste dû (Von Hirsch, 1976) et le droit pénal classique auraient à cette époque retrouvé la faveur des juristes, des philosophes, etc.

Il y a évidemment du vrai dans cette manière d'envisager l'évolution des idées, mais elle est loin d'être suffisamment complexe. En effet, le fait d'affirmer que cette période a été marquée par une suite de ruptures, que l'on aurait rompu avec le droit pénal classique avant 1970 et avec la réhabilitation après 1970 et que l'on serait revenu alors au droit

1. Désormais, la Commission royale sur la peine de mort et RCCP.

pénal classique, simplifie la manière dont on a pu voir le système de droit criminel et la peine durant cette période (Lachambre, 2011). D'ailleurs, résumer cette période clé pour la réforme du droit criminel à la promotion puis au rejet de la réhabilitation (et inversement en ce qui concerne le droit pénal classique et la théorie du juste dû) met dans l'ombre l'institutionnalisation du public dans la manière de penser les peines. À cet égard, le rapport de la Commission royale sur la peine de mort est un terrain d'observation clé.

Cette commission, comme la littérature d'ailleurs, n'a pas nécessairement observé l'idée de dénoncer le crime par l'imposition d'une peine comme une nouveauté. Cette idée semblait familière tant du point de vue de la théorie de la dissuasion que de celui de la rétribution. On la confond par moment avec l'une et l'autre de ces théories de la peine. Le rapport de la Commission royale sur la peine de mort est à cet égard assez explicite. Des confusions ont pour ainsi dire empêché l'observation de la dénonciation comme une théorie de la peine distincte. Il n'en reste pas moins que la dénonciation constitue bel et bien une de ces théories (Lachambre, 2011).

Il existe effectivement un lien entre les théories de la dénonciation, de la rétribution et de la dissuasion, mais il se trouve non à l'intérieur des théories de la peine à proprement parler, mais plutôt à l'intérieur du système d'idées qu'Alvaro Pires a appelé « rationalité pénale moderne » (désormais abrégée en RPM). En d'autres termes, ces théories de la peine, par ailleurs distinctes, forment un système d'idées à l'intérieur duquel elles se complètent les unes les autres pour former et maintenir en place un « obstacle épistémologique » (Bachelard) à l'innovation en matière de droit criminel. Les discours sur la réforme du droit criminel, qui, pendant plus d'un siècle et demi, se sont constitués principalement autour des théories de la rétribution et de la dissuasion – avec l'apport secondaire de la théorie de la réhabilitation –, ont progressivement incorporé l'idée que le droit criminel *peut et doit*, entre autres, *dénoncer le crime pour le public au moyen de l'imposition d'une peine*. La Commission royale sur la peine de mort a entériné une modification majeure apportée à la RPM plus d'un demi-siècle plus tôt en introduisant la théorie de la dénonciation au cœur de sa proposition de réforme (Lachambre, 2011).

L'examen de ce rapport permet donc de voir non seulement les remaniements dont le noyau dur de la RPM a été l'objet, mais aussi les ambiguïtés inhérentes à la théorie de la dénonciation en tant que théorie de la peine distincte. Au-delà des recommandations particulières concernant la peine de mort, le rapport de la Commission royale est le premier discours notable sur la réforme du droit à évoquer la « fonction expressive de la peine », c'est-à-dire la présomption que la peine peut exprimer la désapprobation du public pour le crime.

• • •

Ma contribution au présent ouvrage consistera à examiner la nouvelle configuration théorique prise par la RPM à la suite de l'intégration de la théorie de la dénonciation. À travers l'analyse du rapport de la Commission royale sur la peine de mort (1953), j'ai l'intention de montrer comment cette dernière a intégré l'idée de dénoncer le crime par l'imposition d'une peine dans sa réflexion générale sur l'orientation à donner aux peines. En outre, je veux expliquer comment il a été possible, dans un seul et même rapport (et aussi dans de multiples études, d'ailleurs), de confondre la dénonciation avec les théories de la rétribution et de la dissuasion. Avant d'amorcer ma réflexion, je crois indispensable de décrire brièvement la théorie de la dénonciation et de replacer le rapport dans son contexte.

Les théories de la peine : la théorie de la dénonciation, une théorie distincte des théories de la rétribution et de la dissuasion

On doit à Alvaro Pires de nous avoir aidés à mieux comprendre les théories de la peine. Pendant plus de vingt ans, Pires est allé à contre-courant puisque, si étonnant que cela puisse paraître, malgré l'importance des quelques théories de la peine présentes dans la philosophie pénale et les réflexions sur le droit criminel menées depuis plus de 200 ans (et spécialement sur les théories de la rétribution et de la dissuasion), on se limite souvent à discuter des « théories de la peine » sans plus, comme si cette notion allait de soi. Sans compter la quantité considérable de discussions sur les peines imposées en droit criminel dans lesquelles on se contente de parler des « objectifs » de la peine.

Le fait que la réflexion se concentre sur l'*objectif* ou le *but* de la peine détachée de la *théorie de la peine* signifie ou bien que les termes « objectif » et « théorie » sont interchangeables (parler de l'objectif de la peine, ce serait parler aussi de la théorie de la peine), ou bien qu'on considère que la notion d'« objectif » de la peine se suffit à elle-même, que l'objectif est complet en lui-même et qu'il n'est pas nécessaire de le déterminer davantage.

Par exemple, en ce qui concerne la dissuasion, considérer la notion d'objectif de la peine comme autosuffisant laisse à penser qu'il n'y a qu'une seule façon de dissuader du crime par l'imposition d'une peine ou que, chaque fois qu'on mène une réflexion sur les peines, on peut attribuer le sens qu'on veut à l'idée de dissuader du crime par la peine.

Il faut bien reconnaître ici que les personnes qui traitent des peines sont libres de dire et de faire ce qu'elles veulent : elles pourraient tout aussi bien dire que la réprimande verbale du juge est ce qu'il y a de plus dissuasif ou que l'idée de devoir écrire une lettre d'excuses à la famille de la victime suffit pour dissuader de commettre un meurtre. Les prises de position en matière de peine reposent le plus souvent sur des conceptions normatives, et, dès lors, il n'y a pas de limites, sur le plan des idées, à ce qu'il est possible d'affirmer[2]. Cependant, le fait de se contenter de parler d'« objectif de la peine » sans autre précision, c'est oublier que des idées sont attachées à cet objectif. De là l'importance que, à l'instar de Pires, j'accorde à l'étude des « théories de la peine » et ma réticence à parler simplement des « objectifs » ou des « buts » de la peine.

Par ailleurs, les travaux de Pires ont tenté d'attirer l'attention sur le fait qu'on ne peut attribuer le sens que l'on veut aux « objectifs de la peine » institutionnalisés par le système de droit criminel. En effet, je peux fort bien affirmer que l'obligation d'écrire une lettre d'excuses suffit pour dissuader du meurtre, mais j'aurais probablement tort de croire que c'est le sens que la « dissuasion » revêt le plus souvent lorsqu'elle est employée dans les communications relatives aux peines. Ainsi, un des principaux mérites de Pires a été d'envisager la description et l'analyse des théories de la peine d'un point de vue sociologique au lieu d'adopter et de défendre un point de vue normatif en matière de droit criminel et de peine[3]. Les travaux de Pires encouragent implicitement la description

2. Il faut évidemment ici distinguer l'énonciation d'une idée d'avec sa réception et son actualisation dans des communications subséquentes.

3. Je n'ignore pas que, dans la recherche même, des choix s'opèrent, de sorte que le chercheur ne peut s'exclure de ses travaux. Cependant, ces choix ne sont pas du même ordre que ceux qui sont effectués par un philosophe qui se fait le défenseur

des relations entre les idées énoncées sur les peines et les conséquences de ces relations. Pires a ainsi une manière particulière de discuter des peines et du système de droit criminel.

Ayant longuement étudié les travaux de Pires, j'en suis venu à considérer que les théories de la peine sont des théories normatives prenant la forme « d'organisations d'énoncés (ou d'idées) qui visent à aider les autorités (juridique et politique) à prendre des décisions en matière de peine en prescrivant des critères à prendre en compte et comment les utiliser » (Lachambre, 2011). Mais pour reconnaître l'indépendance de la théorie de la dénonciation, particulièrement à l'égard des théories de la rétribution et de la dissuasion avec lesquelles on l'a confondue, il faut établir un critère permettant de comparer les théories de la peine entre elles. Comme Pires (1991, 1998) l'avait noté, les théories de la peine peuvent avoir des points communs : ainsi l'idée que la peine doit être proportionnelle aux crimes est commune à la théorie de la rétribution et à celle de la dissuasion. J'ai donc adopté comme critère de différenciation des théories de la peine – par-delà les différences ou les similitudes de leurs énoncés respectifs – la manière dont la théorie est mise en valeur[4]. En d'autres termes, du fait de leur structure ou de leur cohérence interne, certains énoncés d'une théorie acquerront une importance particulière et prendront un sens précis, ce qui permettra à la théorie de se différencier d'autres théories malgré des énoncés communs.

• • •

Un autre mérite de Pires a été d'accroître nos connaissances concernant les théories de la peine les plus anciennes et les plus réitérées, soit les théories de la rétribution et de la dissuasion.

Pour établir clairement le critère devant me servir à différencier les théories de la peine entre elles, il me fallait avoir des points précis de référence avec lesquels comparer ce que j'ai jugé être la forme originale de la théorie de la dénonciation (Lachambre, 2011). C'était d'autant plus

d'une théorie de la peine, parce que cette théorie est plus apte à surmonter les défis auxquels fait face le système de droit criminel. Il y a une longue tradition à cet égard dans le domaine de la philosophie pénale. Pensons ici au débat vieux de 200 ans entre les tenants de la théorie de la rétribution et ceux de la théorie de la dissuasion.

4. Je sais gré à Alvaro Pires d'avoir eu l'intuition qui a mené à la formulation de ce critère servant à distinguer les théories de la peine entre elles.

important que la théorie de la dénonciation a été souvent confondue, soit avec la théorie de la rétribution, soit avec la théorie de la dissuasion, ou avec les deux à la fois.

À l'instar de Pires (voir particulièrement son étude parue en 1998), je vais considérer que la théorie de la rétribution se distingue en recommandant à l'autorité (juridique ou politique) de communiquer clairement son intention d'imposer une peine afflictive proportionnelle au crime (sans égard à ses effets). De même, me fondant toujours sur les conclusions de Pires (1998), j'estime que la théorie de la dissuasion se distingue en recommandant à l'autorité (juridique ou politique) de communiquer son intention de protéger les sujets par l'imposition d'une peine intimidante.

Dans mon analyse des écrits de James Fitzjames Stephen, un juge anglais du XIXe siècle, j'ai découvert ce qui me semble être la forme originale de la théorie de la dénonciation (Lachambre, 2011)[5]. Selon cette théorie de la peine, l'autorité (juridique et politique) a des obligations envers le public, notamment en matière de peines imposées en droit criminel. Ainsi, selon cette théorie, la peine, qui doit être proportionnelle à la désapprobation de la société (ou du public) à l'égard du crime, sert à satisfaire cette dernière ou à exprimer adéquatement sa désapprobation à l'égard du crime. Pour Stephen, exprimer la désapprobation du public à l'égard du crime peut avoir un effet préventif indirect en renforçant la réprobation générale à l'égard du crime, mais ce n'est pas un élément essentiel de cette théorie de la peine (Lachambre, 2011)[6].

J'ai été amené à conclure que la théorie est distincte quand l'autorité communique son intention de satisfaire le public en dénonçant le crime par le moyen de l'imposition d'une peine proportionnelle à la désapprobation du public pour le crime. Il en est ainsi puisque les théories

5. Stephen est, avec Durkheim, l'une des deux figures emblématiques qui sont souvent associées à la formulation de la théorie de la dénonciation. Tout en laissant la question en suspens pour l'instant, j'avoue que j'hésite à lier Durkheim, du moins en ce qui concerne *De la division du travail social* (1893), à cette théorie de la peine aussi étroitement que Stephen ou que Beccaria et Bentham le sont à la théorie de la dissuasion.

6. Plus précisément, il semble que la théorie de la dénonciation exige de la part de l'autorité qu'elle exprime adéquatement la désapprobation du public à l'égard du crime à travers la peine, ce qui, par ailleurs, pourrait avoir un effet préventif indirect. Je ne suis pas en mesure de résoudre cette question pour l'instant.

de la rétribution et de la dissuasion n'intègrent pas une volonté de satisfaire le public par l'imposition de peines exprimant adéquatement sa désapprobation du crime (Lachambre, 2011).

Gardant à l'esprit ces éléments de ma démarche, je note dans l'analyse que j'en fais que, pour la première fois dans le processus de réforme du droit, le rapport de la Commission royale sur la peine de mort prend en compte les attentes du public à l'égard de la peine. Mais avant d'aller plus loin, expliquons succinctement la raison d'être de cette commission.

La raison d'être de la Commission royale sur la peine de mort

Établie en 1949, la Commission royale sur la peine de mort a déposé son rapport en 1953. Elle avait pour mandat d'étudier l'imposition de la peine de mort dans les cas de meurtre et de recommander, si elle le jugeait nécessaire, des mesures susceptibles de « modifier ou de limiter l'application de la peine » (et le cadre juridique à cette fin) (RCCP, 1953, p. 1)[7]. Il est intéressant de noter que la RCCP considérait que son mandat initial « postulait la rétention de la peine de mort » (RCCP, 1953, p. 4-15[8]). Malgré tout, bien que « *[t]he wider issue whether capital punishment should be retained or abolished was not referred to [them]* » (RCCP, 1953, p. 212-605), « *[i]t is clear that a stage has been reached [au moment où la Commission tenait ses travaux] where there is little room for further limitation short of abolition* » (RCCP, 1953, p. 212-605). (On venait d'indiquer que, dans un pays comptant 50 millions d'habitants, il n'y avait eu en moyenne que 13 exécutions annuellement au cours des 50 dernières années.)

Selon la Commission royale anglaise, le cadre juridique en matière de meurtre et de peine de mort présentait deux défauts majeurs : 1) en matière de meurtre, la peine de mort est la seule peine prévue (elle est une peine obligatoire) ; 2) il incombe à l'exécutif, en vertu de la prérogative

7. À cela est venue se greffer la demande d'étudier les manières d'exécuter les condamnés à mort et de faire des recommandations à ce sujet (RCCP, 1953, p. 4-15). Le rapport marginalise le traitement de ces questions, la Commission mettant l'accent, dans sa discussion sur les méthodes d'application de la peine de mort, sur les notions d'*humanité*, de *certitude* et de *décence* (RCCP, 1953, p. 248-707).

8. Le premier chiffre renvoie à la page du rapport tandis que celui qui suit le tiret, lorsqu'il y en a un, indique le numéro du paragraphe.

royale de clémence, de « corriger les anomalies résultant de la rigidité de la loi » (RCCP, 1953, 190-535 ; notre traduction). L'objectif avoué de la Commission est de « corriger la rigueur de la loi » « par les opérations du droit lui-même » plutôt que par le recours à la clémence (RCCP, 1953, 215-613 ; notre traduction)[9]. Après avoir examiné la possibilité de réviser les définitions du meurtre pour ne pas avoir à condamner à mort dans des cas « *where it [is] clearly inappropriate* » (RCCP, 1953, p. 190-535), la Commission a recommandé de conférer le pouvoir discrétionnaire aux jurys (RCCP, 1953, 278, sans paragraphe), car celui-ci lui paraissait être la seule manière de remédier efficacement – « par les opérations du droit lui-même » – aux défauts du cadre légal en vigueur à ce moment en matière de meurtre (RCCP, 1953, p. 208-593). Envisageant le cas où cette recommandation serait écartée, la Commission royale anglaise recommandait de procéder à des études ayant pour but de déterminer si la peine de mort devait être maintenue ou abolie (RCCP, 1953, p. 214-611).

Passons maintenant à l'analyse de l'examen des « objectifs de la peine » discutés et promus par la Commission royale sur la peine de mort. On peut déceler dans cet examen des indices de l'institutionnalisation du rôle du public et de ses attentes dans la manière d'envisager les peines.

La confusion sur la théorie de la dénonciation dans des discours de réforme du droit

Dès les premières apparitions de la dénonciation (et de la fonction expressive de la peine), les discours touchant la réforme du droit criminel introduisent une certaine confusion dans leur présentation des rapports entre la dénonciation et les théories de la dissuasion et de la rétribution. Un exemple qui illustre de manière particulièrement éloquente l'incapacité du système de droit criminel à voir le caractère distinct de la théorie de la dénonciation nous est fourni par la commission

9. Tout au long du rapport, la Commission royale sur la peine de mort se dit satisfaite du résultat du système en place : la peine de mort est appliquée rarement et seulement lorsque les circonstances l'exigent. Dans cette prise de position apparaît en filigrane l'idée de la proportionnalité des peines, suivant laquelle seuls les meurtres jugés les plus graves doivent être punis de mort.

Ouimet (1969)[10], une commission canadienne, qui s'y réfère sous le terme répudiation.

Au sujet des objectifs de la peine, on précise ce qui suit :

Retribution may be understood as either vengeance or repudiation. The satisfaction of a desire for vengeance is a very expensive, and in our view fruitless, luxury. [...] Repudiation is, however, a different matter. Repudiation relates to the solemn denunciation of certain behavior. It is the view of the Committee that any sentence based on the principle of deterrence inevitably involves repudiation. Society says to the offender, «We repudiate the behavior» and indicates the degree of repudiation by the degree of sentence imposed. Repudiation is thus inextricably interwoven with deterrence, whether general or particular. (Ouimet, 1969, p. 188)

Ainsi, la commission Ouimet a jugé que la dénonciation ne doit pas être traitée de manière isolée : elle se rattache à la fois à la théorie de la rétribution et à celle de la dissuasion. D'un côté, on nous dit que la dénonciation est liée à la théorie de la rétribution parce qu'elle en est une forme, mais de l'autre, on ne précise pas pourquoi la dénonciation est toujours liée à la dissuasion.

On retrouve cette conceptualisation de la dénonciation dans le rapport de la Commission royale sur la peine de mort. En effet, celle-ci affirme que la dénonciation est une forme de rétribution et également qu'elle est liée à la dissuasion. Toutefois, à la différence de la commission Ouimet, elle précise le sens de cette affirmation à première vue contradictoire ou, du moins, très ambiguë.

Ainsi, cette commission affirme que la rétribution prend deux sens différents, celui de vengeance et celui de réprobation (un synonyme de la dénonciation) (RCCP, 1953, p. 17-52)[11]. Lorsque la rétribution équivaut à la réprobation, « *the State's marking its disapproval of the breaking of its law by a punishment proportionate to the gravity of the offence* » (RCCP, 1953, p. 17-52). Formulée de cette manière, la réprobation pour cette commission n'équivaut pas à la dénonciation telle qu'elle est définie dans la

10. *Justice pénale et correction : un lien à forger*, Rapport du Comité canadien de la réforme pénale et correctionnelle, 1969. Désormais abrégé en commission Ouimet, du nom de son président.

11. Dans le rapport, on évoque également quelque chose s'apparentant à ce que Hart appellera par la suite *side constraints* (RCCP, 1953, p. 18-53), mais cet aspect de la rétribution est en dehors de mon propos.

théorie de la peine de Stephen : c'est l'État qui désapprouve le crime, ce n'est pas le public qui désapprouve le crime à travers l'action de l'État. Cependant, un peu plus loin, la Commission ajoute :

> *Moreover, we think it must be recognised that there is a strong and widespread demand for retribution in the sense of reprobation – not always unmixed in the popular mind that of atonement and expiation.* (RCCP, 1953, p. 17-53)

Du coup, la Commission relie la réprobation à la conception de la peine de Stephen. Ensuite, elle cite le témoignage de Lord Denning :

> *The punishment inflicted for grave crimes should adequately reflect the revulsion felt by the great majority of citizens for them. It is a mistake to consider the objects of punishment as being deterrent or reformative or preventive and nothing else [...] The ultimate justification of any punishment is not that it is a deterrent, but that it is the emphatic denunciation by the community of a crime: and from this point of view, there are some murders which, in the present state of public opinion, demand the most emphatic denunciation of all, namely the death penalty.* (Neuvième jour de témoignage, cité par la RCCP, 1953, p. 18-53)

En réorganisant les propos de Lord Denning, on arrive à un objectif principal de toutes les peines qui est « l'énergique dénonciation du crime par la communauté ». La peine doit aussi être proportionnelle au degré de répulsion qu'un crime inspire à la majorité des citoyens. Ainsi, l'opinion publique réclame au moment du rapport la plus vigoureuse dénonciation de toutes, c'est-à-dire la peine de mort pour certains meurtres. On peut en déduire que, pour d'autres meurtres, l'opinion publique exigerait une dénonciation moins vigoureuse (c'est-à-dire une peine moins sévère). Lord Denning reprenait ainsi l'essentiel de la théorie de la peine que Stephen avait élaborée 75 ans plus tôt et qui représente la forme originale de la théorie de la dénonciation.

La Commission royale sur la peine de mort a par la suite confirmé son adhésion à l'opinion exprimée par Lord Denning en envisageant, dans une autre partie du rapport, la possibilité de permettre aux condamnés à mort de se suicider (par ingestion d'un poison) :

> *We ought to mention here a suggestion – though only to dismiss it – that the prisoners should be offered some lethal dose the night before his execution and allowed to escape the gallows by drinking it if he so chooses. The suggestion is prompted by feelings of humanity, but the objections to it are manifest. The*

> *purpose of capital punishment is not just to rid the community of an unwanted member; it is to mark the community's denunciation of the gravest of all crimes by subjecting the perpetrator, in due form of law, to the severest of all punishments.* (RCCP, 1953, p. 266-769)

Ainsi, la Commission prenait sur elle d'affirmer que la peine de mort est un moyen d'exprimer la désapprobation à l'égard du comportement le plus grave par la peine la plus grave et non pas un moyen de se débarrasser d'un indésirable. Elle cautionnait ainsi les propos de Lord Denning.

• • •

Le rapport de la Commission royale sur la peine de mort confond de deux manières la théorie de la dénonciation avec la théorie de la dissuasion. La première est explicitée par la Commission et la deuxième est implicite.

D'abord, cette commission se réfère au témoignage de l'archevêque de Canterbury qui exprime son appui à la position de Denning, bien qu'elle ne sache pas quel « poids » « accorder à cet argument » (RCCP, 1953, p. 18-53) :

> *The Archibishop of Canterbury, while expressing no opinion about the ethics of capital punishment, agreed with Lord Denning's view about the ultimate justification of any punishment. By reserving the death penalty for murder the criminal law stigmatises the gravest crime by the gravest punishment; and it may be argued that, by so doing, the law helps to foster in the community a special abhorrence of murder as « the crime of crimes », so that the element of retribution merges into that of deterrence.* (RCCP, 1953, p. 18-53)

Dans ce passage, on suppose, comme Stephen, que la théorie de la dénonciation peut produire un effet de « prévention indirecte » (Lachambre, 2011). En effet, tant dans le témoignage de l'archevêque de Canterbury que chez Stephen, on présume qu'en punissant de manière à exprimer adéquatement la désapprobation du crime pour le public, le système de droit criminel favoriserait le renforcement de la réprobation du public à l'égard du crime. Autrement dit, comme le public désapprouve fortement, en premier lieu, certains meurtres, en punissant ceux-ci le plus sévèrement possible, le système de droit criminel aiderait à maintenir dans l'opinion du public ce haut degré de désapprobation à l'égard de certains meurtres plus qu'à l'égard d'autres.

Par ailleurs, cette fois *dans la section portant sur la dissuasion*, la Commission royale sur la peine de mort émet le commentaire suivant :

> *We think it is reasonable to suppose that the deterrent force of capital punishment operates not only by affecting the conscious thoughts of individuals tempted to commit murder, but also by building in the community, over a long period of time, a deep feeling of peculiar abhorrence for the crime of murder. « The fact that men are hung for murder is one great reason why murder is considered so dreadful a crime ». This widely diffused effect on the moral consciousness of society is impossible to assess, but it must be at least as important as any direct part which the death penalty may play as a deterrent in the calculations of potential murderers.* (RCCP, 1953, p. 20-59)

On affirme que la dissuasion prend la forme d'un calcul rationnel (intimidation) dans lequel la prévention du crime est un effet direct ou un effet indirect (parfois à long terme) de la loi criminelle (et plus particulièrement des peines associées aux crimes). La première forme de dissuasion a sa source dans la théorie de la peine de Beccaria. La deuxième forme pour sa part paraît très proche de l'effet préventif évoqué plus haut à propos de l'idée d'expression de la désapprobation du crime, mais on ne présuppose pas, en premier lieu, la désapprobation du crime par le public. Au contraire, le système de droit criminel, en imposant la peine la plus sévère pour les meurtres les plus graves, indiquerait au public qu'il doit désapprouver plus fortement ces meurtres, de sorte que, après une longue période de temps, la désapprobation serait ressentie par le public.

Avant de tenter de dissiper une partie de la confusion à laquelle ont donné lieu les théories de la dénonciation, de la dissuasion et de la rétribution, il me faut citer un dernier passage de la Commission royale sur la peine de mort. Cette commission, comme d'autres commentateurs du droit criminel de la tradition de la common law, a jugé que le droit criminel devait limiter l'écart entre l'opinion publique et lui : « *[I]t would be generally agreed that, though reform of the criminal law ought sometimes to give a lead to public opinion, it is dangerous to move too far in advance of it* » (RCCP, 1953, p. 18-53). Ici la Commission considère que le droit criminel doit rester proche de l'opinion publique, sans en dire davantage. Sans pour autant que le lien ait été fait dans le cadre du rapport, on limitait ainsi l'influence que pourrait avoir l'autre aspect de la dissuasion (proche de la dénonciation, sans pour autant lui être identique) sur cet effet préventif indirect défendu par l'archevêque de Canterbury et à l'égard duquel la Commission royale sur la peine de mort n'avait pas voulu se prononcer.

Reste maintenant à distinguer les idées qui ont rapport à la dénonciation d'avec celles qui se rattachent à la dissuasion et à la rétribution.

Sur la confusion de la théorie de la dénonciation avec la rétribution et la dissuasion

Dans cette dernière section, il s'agit de déterminer comment il peut être possible d'affirmer à la fois que la dénonciation est un genre de rétribution et qu'elle est liée à la dissuasion. Je vais envisager d'abord la question du point de vue de la théorie de la rétribution, mais les conclusions que je dégagerai seront également applicables à la théorie de la dissuasion, sur laquelle je reviendrai dans la sous-section qui suit.

À propos de la théorie de la rétribution

L'observation et l'analyse de la théorie de la rétribution semblent avoir connu des perturbations au cours des dernières décennies. Zaibert, dans *Punishment and Retribution* (2006), souligne à quel point il est difficile aujourd'hui de la définir. D'une part, on confond souvent la définition de la peine avec la théorie rétributiviste de la peine (Zaibert, 2006, p. 96). D'autre part, il affirme :

> *This is not, however, the only reason why the analysis of retributive punishment is a complicated affair. A further factor that muddies the waters is the complex mess that is the literature on retributivism. [...] [I]t has [...] frequently been claimed that retributivism simply provides a convenient façade for good old revenge (typically assumed to be uncivilized). Critics of retributivism have charged retributivism with being irrational, unenlightened, anachronistic, among a host of other epithets – most of which revolve around the view that retributivism is somehow uncivilized. To further complicate things, the variety of views which the very defenders of retributivism have heralded as retributivist is nothing short of dizzying.* (Zaibert, 2006, p. 96)

Ainsi, même les « rétributivistes » sont maintenant incapables de fournir une définition claire du rétributivisme. C'est pourquoi Zaibert, à la suite d'autres chercheurs, s'efforce d'élucider les « taxinomies du rétributivisme »[12]. Cottingham (1978) répertorie pas moins de neuf

12. À ce sujet, il dira: «There are three almost obligatory starting points in the discussion of the multifarious views which have been called, or continue to be called, retributivist: John Cottingham's "Varieties of Retribution" [*The Philosophical*

conceptions de la peine qui ont été rattachées au rétributivisme et à la théorie de la rétribution. Beaucoup de ces variantes, qui ne sont pas toutes « rétributivistes », selon Cottingham, consistent à expliquer pourquoi punir les coupables proportionnellement à la gravité du crime constitue la meilleure manière de faire Justice.

Il importe de faire ici certaines remarques assez simples. D'abord, ce n'est pas parce qu'une théorie de la peine est rattachée au rétributivisme qu'elle lui appartient véritablement. Mais une attribution a peu d'importance tant qu'elle demeure une simple attribution. La difficulté se situe plutôt sur le plan de l'analyse discursive. Pour suivre l'approche foucaldienne d'analyse (Foucault, 1969), le contenu informatif et les possibilités d'utilisation sont-elles les mêmes avec la variante qu'avec la forme originale de la théorie de la peine ? Telles que je les ai formulées plus haut, la variante et la forme originale, une fois condensées, se valorisent-elles de la même façon ?

Je retiens également de la lecture que fait Zaibert (2006) du rétributivisme que celui-ci est un concept fourre-tout dont le contenu est hétéroclite. D'où l'importance des travaux de Pires (1998) qui rappellent la forme originale de la théorie de la rétribution, tout particulièrement dans les écrits de Kant. Les travaux de Zaibert (2006) et aussi ceux de Cottingham (1978) montrent qu'on a souvent confondu toutes les positions « punitives » à l'égard des peines avec le rétributivisme. On a d'ailleurs souvent affirmé que les peines imposées en droit criminel sont rétributivistes par nature.

Quarterly, 29 (1979), p. 238-246], Michael Moore's "Closet Retributivism" [reprinted in Michael Moore, *Placing Blame*, p. 83-103], and J. L. Mackie's "Retributivism: A Test Case for Ethical Objectivity" [in Feinberg et Coleman (eds.), *Philosophy of Law* (6th ed.) (2000)]. The goals of each of these three authors in each of these influential articles are not identical. What recommends my analyzing these three canonical articles together is that each of them contains a taxinomy of the views with which friends and foe alike, frequently confuse retributivism. Interestingly, the taxinomies do not entirely overlap, although they by and large cover the same territory » (Zaibert, 2006, p. 97).

La manière dont Zaibert lui-même le traite est intéressante, mais doit être envisagée avec beaucoup de circonspection puisqu'il cherche, pour constituer *sa* position à l'égard des peines, à écarter les rapports entre la peine et l'État. Il considère, par exemple, qu'une femme qui frappe son mari après avoir appris qu'il l'a trompée le punit (Zaibert, 2006).

La dissuasion et la dénonciation

Comme dans le cas du rétributivisme, il semble qu'on a souvent confondu les conceptions de la peine dites « conséquentialistes » avec la théorie de la dissuasion, du moins lorsque la réhabilitation et la neutralisation sont écartées. Il s'agit là d'un raccourci aisément décelable qui permet de distinguer plus facilement la théorie de la dissuasion d'avec celle de la dénonciation. À cet égard, Hakwins affirme :

> *To conceive the preventive effects of punishment as simply a matter of deterrence or intimidation is to miss more subtle points which are fundamental; the whole thing is considerably more complex than the classical theory suggests. Classical theory is misleading in that it neglects what is called variously "the educative-moralizing function of the law," "the moral or socio-pedagogical influence of punishment," or the "educative, and habituative effects of our penal sanctions".* (Hawkins, 1969, p. 550)

Hawkins (1969), commentant surtout les travaux d'Andenaes, a noté que la « théorie classique de la dissuasion », qu'il attribue à Beccaria, Bentham, Blackstone, Romilly, Paley et Feuerbach, n'a pas relevé ces autres effets préventifs de la peine. Comme ces autres effets préventifs sont subtils, il est possible de les confondre avec la dénonciation. « *Yet,* poursuit Hawkins, *it is clear that something quite different from, and independent of, deterrence as ordinarily understood is involved* » (Hawkins, 1969, p. 552). Je conclurais, encore à la suite de Hawkins (p. 551), qui tient compte des remarques formulées par d'autres sur le sujet, que « *[s]ometimes it is clear that these functions are regarded as something distinct form mere deterrence. But this is not always the case.* » En bref, si la théorie de la dissuasion consiste à faire peur aux criminels potentiels en les menaçant d'une peine, alors un certain nombre d'effets préventifs de la peine ne se trouvent pas liés à la dissuasion, sans pour autant se rattacher à la réhabilitation ou à la neutralisation (d'autres effets préventifs qu'il est aisé de distinguer d'avec ceux de la dissuasion).

Cela m'amène à examiner les quelques idées sur la théorie de la prévention générale positive que j'ai cueillies çà et là, puisque c'est le plus souvent sous cette appellation que l'on groupe les autres effets préventifs mentionnés par Hawkins. Il s'agit du même genre d'effets préventifs que ceux que la Commission royale sur la peine de mort a évoqués, et ils sont tantôt associés à la rétribution (à travers la dénonciation), tantôt à la dissuasion.

La théorie de la prévention générale positive est une théorie de la peine bien connue en Allemagne, dans les pays scandinaves ainsi que dans plusieurs pays d'Amérique du Sud, mais les études la concernant écrites en français et en anglais sont encore rares. Ce que j'ai pu trouver (surtout à partir de sources secondaires) sur la prévention générale positive me fait croire que la peine est considérée comme l'expression de la désapprobation de la société à l'égard du crime et que, chez Andenaes, la peine doit même exprimer adéquatement la désapprobation de la société, donc satisfaire le public[13]. Le résultat escompté en ce qui a trait à la prévention du crime, que ce soit avec la théorie de la dénonciation ou celle de la prévention générale positive, est le même : on s'attend en quelque sorte à un renforcement des valeurs fondamentales chez les gens honnêtes et, donc, qu'ils continuent de respecter les lois (c'est-à-dire de s'y soumettre)[14].

En guise de conclusion : la rationalité pénale moderne depuis la seconde moitié du XXe siècle

Il semble bien que la confusion qui empêche de voir le caractère distinct de la théorie de la dénonciation soit en bonne partie liée à la prise en compte de la fonction expressive de la peine. En s'appliquant à modifier les paramètres des théories de la rétribution et de la dissuasion afin de prendre en compte la « fonction expressive de la peine » et les effets qu'on pouvait en attendre, on a fini par s'aveugler sur la théorie de la dénonciation. On y voyait une version « actualisée » soit de la théorie de la rétribution, soit de celle de la dissuasion. Pour ma part, je crois qu'il est plus juste d'y voir, comme Gusfield l'avait fait lorsqu'il avait distingué les « mouvements sociaux » des « nouveaux mouvements sociaux », quelque

13. Comme le l'ai mentionné, on trouve des indications sur cette théorie chez Dubber (2005) et chez Baratta (1990). Si l'on se fie à Lappi-Seppälä (2001), il faudrait ajouter Andenaes (1952, 1966) à cette liste. Bien qu'il ne dise pas décrire la théorie de la prévention générale *positive,* Andenaes n'en est pas moins reconnu comme une source moderne à côté, entre autres, de Jakobs et de Roxin.

14. Devant le peu de données que j'ai pu trouver concernant la théorie de la prévention générale positive, j'ai remis à plus tard la comparaison entre cette théorie de la peine et la théorie de la dénonciation tout comme je laisse en suspens la question de savoir si la volonté de l'État d'amener la société à désapprouver le crime dans la société en punissant les actes ou en augmentant la peine est liée à la théorie de la prévention générale positive.

chose de l'ordre d'un «*Kuhnian motion in which a normal science has found it difficult to encompass new data in old theories*» (Gusfield, 1994, p. 59).

Il n'en demeure pas moins, et c'est en quoi consiste la contribution que je voulais apporter dans cet ouvrage pour rendre hommage à Alvaro Pires, qu'on ne peut plus se permettre d'écarter les conceptions de la peine qui ne peuvent être rattachées ni à la théorie de la rétribution ni à la théorie de la dissuasion et qui contribuent à maintenir les obstacles à l'innovation que crée la RPM. Comme le montre le rapport de la Commission royale sur la peine de mort, cette ou ces autres théories de la peine, c'est-à-dire la théorie de la dénonciation à laquelle il faut ou non ajouter comme distincte la théorie de la prévention générale positive, continuent de nous emprisonner dans la «bouteille à mouches» (Pires, 1998) : la justice qu'on applique est toujours hostile, négative, abstraite et atomiste (Pires, 2001a, 2001b). Toutefois, en acceptant les rapports que la Commission royale sur la peine de mort établit avec les théories de la rétribution et de la dissuasion, on relègue dans l'ombre, selon moi, une partie importante de son discours sur l'application de la peine de mort et sur sa justification. Le rapport de cette commission semble souligner, quoique de manière inachevée, la modification de la configuration théorique de la RPM.

Références

Andenaes, J. (1952), «General prevention. Illusory or reality?», *The Journal of Criminal Law, Criminology and Police Science,* 43, 2, p. 176-198.

Andenaes, J. (1966), «The general preventive effects of punishment», *University of Pennsylvania Law Review,* 114, 7, p. 949-983.

Baratta, A. (1990), «Les fonctions instrumentales et les fonctions symboliques du droit pénal», *Déviance et Société,* 15, 1, p. 1-25.

Canadian Committee on Corrections (1969), *Toward Unity : Criminal Justice and Corrections. A Report of the Canadian Committee on Corrections,* Ottawa, Queen's Printer. [Aussi Rapport Ouimet.]

Cohen, S. (1985), *Visions of Social Control,* Cambridge, The Polity Press.

Cotthingham, J. (1978), «Varieties in retribution», *Philosophical Quarterly,* 29, 116, p. 238-246.

Dubber, M. (2005), «Theories of crime and punishment in German criminal law», *The American Journal of Comparative Law,* 53, p. 679-707.

Durkheim, É. (1893), *De la division du travail social,* Paris, Presses universitaires de France, coll. «Quadrige» [1998].

Feinberg, J. (1965), «The expressive function of punishment», *The Monist*, 49, 3, p. 397-423.

Foucault, M. (1969), *L'Archéologie du savoir*, Paris, Gallimard.

Garland, D. (2001), *The Culture of Control*, Chicago, Chicago University Press.

Gusfield, J. R. (1994), «The reflexivity of social movements: Collective behavior and mass society; theory revisited», dans E. Laraña, H. Johnston et J. R. Gusfield (dir.), *New Social Movements., From Ideology to Identity*, Philadelphie, Temple University Press, p. 58-78.

Hawkins, G. (1969), «Punishment and deterrence: The educative, moralizing, and habituative effects», *Wisconsin Law Review*, 1969, 2, p. 550-565.

Lachambre, S. (2011), «La théorie de la dénonciation : émergence et institutionnalisation en droit criminel», thèse de doctorat, Ottawa, Université d'Ottawa.

Lappi-Seppälä, T. (2001), «Sentencing and punishment in Finland: The decline of the repressive ideal», dans M. Tonry et R. S. Frase (dir.), *Sentencing and Sanctions in Western Countries*, Oxford, Oxford University Press, p. 92-150.

Pires, A. P. (1991), «Éthiques et réforme du droit criminel : au-delà des philosophies de la peine», *Ethica*, 3, 2, p. 47-78.

Pires, A. P. (1998), «La formation de la rationalité pénale moderne au XVIIIe siècle», dans C. Debuyst, F. Digneffe et A. P. Pires (dir.), *Histoire des savoirs sur le crime et la peine*. Vol. 2. *La Rationalité pénale et la naissance de la criminologie*, Bruxelles/Ottawa, De Boeck Université, p. 1-219.

Pires, A. P. (2001a), «La "ligne Maginot" en droit pénal : la protection contre le crime versus la protection contre le Prince», *Revue de droit pénal et de criminologie*, 81, 2, p. 145-170.

Pires, A. P. (2001b), «La rationalité pénale moderne, la société du risque et la juridicisation de l'opinion publique», *Sociologie et Société*, 23, 1, p. 179-204.

Pires, A. P. (2008), «Résumé de cours», CRM 6760 Philosophie pénale, inédit, Ottawa, Université d'Ottawa.

Royal Commission on Capital Punishment (1953), *Report*, Londres, HMSO.

Von Hirsch, A. (1976), *Doing Justice: The Choice of Punishments. Report of the Committee for the Study of Incarceration*, New York, Hill and Wang.

Zaibert, L. (2006), *Punishment and Retribution*, Aldershot, Ashgate.

Punishment, guilt and communication: The possibility of overcoming the idea of infliction of suffering

Marta Rodriguez de Assis Machado[1]

1. Introduction: the theory of crime and the "modern penal rationality"

WITHIN a descriptive aim, Álvaro Pires developed a theory about the system of thought which was consolidated in Western societies at the time criminal law came into existence as an autonomous legal subsystem, in approximately the second half of the 18th century. Pires gives the label of "modern penal rationality" to the set of selected and stabilized ideas whose contours have been delineating how the criminal law system defines itself and functions. Such ideas have been consolidated and naturalized among the social actors and in the scholarship produced therein in such a strong way that ultimately they render more difficult the development of alternative forms of thinking about the operations and responses of the criminal justice system. (Pires, 2004, p. 40, 41). That is, these ideas work in many cases as "epistemological obstacles"[2] that prevent innovation (Pires, 2007).

1. Professor at the São Paulo Law School at the Getulio Vargas Foundation (Direito GV) and researcher at Law and Democracy Nucleus of the Brazilian Center of Analysis and Planning (CEBRAP).
2. Pires takes the idea of "epistemological obstacles" from Bachelard. See Bachelard (1996, p. 17).

By putting into perspective the choices and selections that, for centuries, consolidated the system of thought and functioning of penal institutions, Pires gives us a privileged theoretical tool to analyze a type of specialized ("*savant*") discourse created within the criminal justice system concerning its operation: the criminal legal theory or criminal legal dogmatics, constructed in the form of *theories of crime*. Pires' analyses concerning the "modern penal rationality" allow us to look at the theories of crime from a different point of view: not attempting to access the internal consistency of concepts, nor their potential to solve new problems of criminal imputation, which has been a central part of the debate in this field, but evaluating the role of the theoretical formulations in the reproduction and updating of the "modern penal rationality." Or, in the reverse direction, his perspective also makes it possible to identify concepts that may represent paths for innovations in relation to it.

This text is an attempt to address a possible change of perspective in order to "jump out of the box" of the "modern penal rationality" regarding its ideas about punishment. I will focuse, however, on a single aspect : the obligation to punish through infliction of suffering or grievous punishment. [3] In the field of criminal theory, this issue is reflected in how the relationship between guilt and punishment is established. This article will show how this relation has changed over the years, pointing to new directions. The current theoretical moment and its perspectives will be exposed and analyzed in a dialogue with the writings of Günther Jakobs and Klaus Günther.

The concept of guilt endured a series of changes and redefinitions over the centuries, passing through a first major change with Frank's normative concept of guilt in 1907 (*Über den Aufbau des Schuldbegriffs*), when it ceased to be understood as a psychic fact to assume value judgments. This was followed by a series of normative definitions whose content varied slightly. The second rupture in the definition of guilt occurred with its "functionalization," first with Claus Roxin in the 70s and then with Günther Jakobs,[4] as I will address below. It is specially

3. In this text, these two terms are used in an interchangeable manner, not to be understood only as corporal suffering.

4. I have worked more accurately on this passage in Machado (2007) and Püschel and Machado (2009, preface).

this second break that paved the way for further innovation introduced by Klaus Günther's idea of "communicative guilt." For this reason, this text greatly simplifies the development before the second break, exploring in more detail two authors that came later, Jakobs and Günther.

The starting point for this discussion is Pires' discovery that the basis of all the modern debate on punishment is, on the one hand, the definition of the crime by the exclusive presence of punishment as a sanction, and, on the other hand, when it comes to the definition of punishment, the valorization of the grievous punishment (particularly imprisonment):

> In terms of theoretical reflection, both the legal knowledge and the social sciences define the crime (and even the criminal justice system) by the exclusive presence of the punishment (grievous), which implies a simultaneous understanding of the rules of conduct and the penalty : one can not be conceived without the other. This form of definition can be qualified as a synecdoche, that figure of speech that exists to define the whole (the crime or the criminal justice system) by the part (the punishment). This will make it almost impossible to think of the criminal justice system or the crime without an almost exclusive dependence on the grievous punishment, and raise an ontologization of the normative structure of modern criminal law. (2004, p. 42)

The reconstruction that led Pires to the formulation above comes mainly from authors who wrote about the justification of criminal punishment, which came to be labeled as "theories of punishment." Pires does not address the criminal debate from the point of view of the *theories of crime* – the authors that were concerned with the formulation of criteria to characterize a particular act as a crime. However, we can say that his diagnosis is confirmed when analyzing this second theoretical camp, at least if we look at the dominant formulations of each period or "school of thought." We can then assume that the theoretical formulations of the crime have been working under the assumption of the grievous punishment as a natural consequence of the definition of the crime. It is only very recently, as shown below, that this assumption is addressed.

For a long time, theories of crime and theories of punishment developed relatively independently. Debating the function of the punishment was not among the central concerns of the writers on dogmatic theories of crime. Their concern was the construction of a system of elements and the constitution of these elements, which would form the definition of the crime, under the assumption that the punishment (grievous) would, of course, be a consequence of this definition.

To understand the relationship between the theories of crime and theories of punishment, it is important to return to Liszt and the two central points of his ideas, which remained for a long time in Western criminal legal thinking: the separation between politics and legal theory and the rigid conformity of this through a closed system of logical-deductive categories.

Liszt, directly criticizing retributive punishment and the legal positivist school,[5] intended that the law had a concern not only in guaranteeing and securing the gains of liberalism, but also in the effective prevention of crime in the best interests of the community.[6] In his 1882 text *The idea of purpose in the criminal law*,[7] he proposed a "reform from within" the criminal science, so that it would come to consider the empirical knowledge about crime and punishment and recognize efforts in the criminal law in the "fight against the delinquent." Liszt introduced political and scientific references to the criminal science, but worried about keeping the theory of crime linked only to positive law, "intact" or at least apart from policy. To accomplish this, he articulated and allocated the empirical, political and theoretical dimensions of the criminal justice system to what he called "comprehensive science of criminal law" (*gesamte Strafrechtswissenschaft*), composed of three different spheres: the science devoted to the causal-empirical study of crime and punishment (criminology and penology); the criminal policy in the exercise of political task that is made concrete through proposals to amend and reform the criminal law; and the theory of crime as

5. Liszt's dialogue takes places especially with Binding. See Mir Puig (1976, p. 215).

6. This aspect was deliberately pushed away by the liberal positivist authors in criminal law: "By depleting the meaning and purpose of [the punishment] in response to the act committed, he sought to avoid consideration of the personality of the accused. Binding defends this as one of the central principles of liberal philosophy: the de facto criminal law, before the criminal law of the perpetrator" (Mir Puig, 1976, p. 215). See also Mir Puig (1976, p. 219) and Liszt (1905).

7. Also known as the "Marburg Program." See F. von Liszt, "Der Zweckgedanke im Strafrecht," *Strafrechttliche Aufsätze und Vorträge,* 1882. We utilize the Spanish translation of Carlos Pérez del Valle (Liszt, 1995).

"systematic science" and "practical science."[8] In this division, the debate on punishment would be allocated in the field of criminology and penology by virtue of its empirical approach and would have a position in the field of criminal policy by its normative aspect concerning ends. Neither normative nor empirical questions should be considered in the sphere of theory of crime. In its systematic dimensions, Listz's legal theory remains dedicated to the study of positive law and the construction of a system of concepts and principles, through which the concept of crime is deduced[9] (Liszt, n. d, I, p. 6).

Liszt's[10] so called "classical doctrine" of theory of crime was soon superseded in what concerns its conceptual definition of the elements of crime, but this tripartite scheme and its main assumptions – the separation between politics and theory of crime and the strict conformity of the last one through a closed system of logical-deductive categories – have influenced the development of criminal law in the following centuries. It has circumscribed the space in which criminal law theory would be developed and linked the activity of criminal scholars to the construction of a material definition of crime.

The separation between theories of crime and theories of punishment can be seen as a reflection from this configuration, since the discussion on the justification of the penalty remained in the sphere of the criminal policy. This allowed criminal legal theory to isolate itself for a long time from the discussion of the purposes of punishment and its effects, although it has always been assumed in the successive constructions of theories of crime that the consequence of defining an act as criminal would lead to the imposition of a punishment (grievous).

This strict separation between theories of crime and criminal policy is seriously called into question two centuries later by Claus Roxin, who, since the 70s, has questioned the theory of the crime as a closed system

8. Liszt (1905, p. 214ss).

9. "As science that is eminently practical and works continuously to satisfy the needs of the administration of justice, always creating new fruits of its labor, the theory of law is and must be a systematic science: only the ordering of knowledge, in the form of a system, guarantees that secure and diligent dominion over the particularities, without which the application of law, given over to discretion or randomness, which would not be an eternal dilettantism" (Liszt, n. d., I, p. 6).

10. Also known as the Liszt-Beling system of construction of the concept of crime.

of conceptual generalizations (Roxin, 1970). In Roxin's theoretical proposal, the discussion about punishment is in fact integrated into the dogmatic discussion about the definition of crime and the criteria for attribution of criminal responsibility.

To him, the conception of the theory of the crime as a closed system had been putting in doubt the very idea of the system itself[11] and weakening the legal dogmatics, as the theories of crime were charged with neglecting justice in concrete cases, reducing the chances of problem solving, and provoking a mismatch between systematic deduction and axiological correction (Roxin, 1997, p. 228).

Roxin's theoretical project is, therefore, to construct an open system of categories of crime, that is, permeated by the criminal policy values of the democratic and social rule of law. He intends, on the one hand, to save the idea of the system, but making it both more secure and more adequate to solve problems. In order to do this, the theory must be open and oriented teleologically to criminal policy goals (Roxin, 1970, p. 20).

The role of the criminal law theory would not only be that of systematic construction. According to Roxin, criminal law theory is not only meant to break the criminalized behavior down into elements, to place them in different strata of the elements that constitute a crime, and thereby, to create higher-level generalized concepts. It is also not addressed just to expand the explanatory power of its solutions and its application to reality, but to take concrete problems in criminal law and apply solutions that help reaching the goals of the democratic and social rule of law. State intervention in criminal matters should not be random,[12] but driven by political values. And to accommodate the political

11. "Systemic thought presents, according to him, special advantages in the application of Law, in simplifying the examination and the solution of the concrete case, and guarantees a uniform application of Law. On the dogmatic level, it serves as a guide for elaborations that contribute to the development of Law. But on the other hand closed systemic thought presents a series of difficulties related to the "justice" in the concrete case, to the extent that the simple deduction of the solution from the system can cause results in the concrete case that seem neither just nor adequate" (Roxin, 1994, p. 207).

12. Concepts lacking the capacity to solve concrete problems will not help solving the problem of indeterminacy in the law. Roxin exemplifies this problem with the question concerning the definition of participation by German courts: the criteria of "free will of the perpetrator" from the dogmatic system does not explain

and legal system, a certain criminal policy point of view – which in his case should derive from the intended goals of the democratic social State – should be taken into account.

Roxin aims to concretize this unity between criminal policies and theoretical system of concepts by giving the elements of the crime meanings according to criminal policy goals. Concepts and categories of criminal law theory should be "functionalized:" they must be capable of playing a role that contributes to achieving the mission of the criminal law, namely the subsidiary safeguard of the "objects of legal protection" (*Rechtsgut*) linked to the free development of the individual. This goal is, according to Roxin, expressed in the preventive function attributed to punishment (Roxin, 1994, p. 98).

Related to this, Roxin's systematization and interpretation of the dogmatics categories stem from the idea of the necessity of punishment (Roxin, 1992, p. 61). The categories *Tatbestand* (definition of the conduct through its objective and subjective elements), wrongfulness *(Rechtswidrigkeit),* and guilt (*Schuld*) represent different aspects of this valuation.[13] Broadly speaking: within the category *Tatbestand*, the act is judged from the point of view of the abstract need for punishment. The goal of criminal policy here is general prevention, that is, to identify from what behaviors – generally described – individuals should refrain from practicing (Roxin, 1994, p. 219; 1992, p. 61-62). At the next level of valuation, which is the category of wrongfulness *(Rechtswidrigkeit)*, the same general prevention guidelines act to define the conduct, but

anything or contribute to a solution to the concrete problem and, therefore, is used heavily in the decisions. In this context, the courts have been making the distinction between perpetrator and participant "without any guidance according to systematic categories, at the free discretion of the judge" (Roxin, 1994, p. 18).

13. In reality, the first thing to be analyzed when considering an act is related to the concept of "action". Action is not defined simply as something empirically preexistant, but rather as the result of a valuation. We will not expand on this point, as the concept of action, which has become normative in the theory of Roxin, loses importance to the concept of Tatbestand. In any case, the valuation of the occurrence of an action considered relevant to the criminal law system is used to determine whether the act or omission can be attributed to an individual. The criminal policy goal behind this category is, independent of the external appearance and the causal consequences of human presence, a valuation of something as a non-action and thus the exclusion of the possibility of placing it in categories of what is legally prohibited or permitted (Roxin, 1994, p. 218).

they gain an added dimension from the particular case at hand. It is in this context that an assessment is made of the damage or harm of the conduct itself, and the valuation made within the previous categories can be modified or corrected (Roxin, 1992, p. 62). It is the last step of this process of valuation, the responsibility,[14] which puts more emphasis on the link between valuation of the act and the necessity of the author's being punished (Roxin, 1992, p. 62). Through this, we are able to know whether said individual deserves a punishment for the wrongful done, or rather, if in the particular case, there is a need for prevention. What is to be decided here is, in practice, the non-punishment or punishment in accordance with the preventive purposes of punishment, to which guilt is a limiting principle. Although Roxin considers criminal law as the last means of protection to be considered, emphasizing the subsidiary principle and its fragmentary character, when it comes to the criminal system is still punishment that occupies the central role in making effective its mission.

Roxin's theory is an important change in the articulation of the elements of the criminal law theory. First, it is a break with the "Finalist doctrine," as it breaks with its premises : the construction of a theoretical system of elements of crime should not be bound to ontological data, but must be rationalized based on the purposes of criminal law. Then, Roxin brings the criminal policy valuations to the inside of the system of elements of crime, breaking the barrier established by Liszt between criminal law and criminal policy.

Thus, Roxin exposes the weaknesses of the majoritarian criminal theory and creates a fundamental starting point for a movement to renew criminal law theory.

Regarding the discussion on penalty, the immediate consequence of Roxin's position is to exclude the retributive function of the system: if the purpose of criminal law is the subsidiary safeguard of "objects of legal protection," then serving a sentence that expressly dispenses with social ends would not be permitted (Roxin, 1994, p. 84). The starting point of the whole theory of punishment should be prevention. If "the criminal norms are only justified if they tend to protect individual liberty and the social order that serves it" (Roxin, 1994, p. 95), then in the same

14. Roxin encloses the traditional denomination of guilt within the concept of responsibility.

way, punishment should seek to combine and balance goals of general and specific prevention, with positive specific prevention prevailing over the other goals in cases of conflict.[15]

Although this system is being criticized because it tries to put together rather incompatibles aims,[16] it definitively rules out retribution as a goal of punishment and gives importance to rehabilitation. Its important to notice nevertheless that the latter alone is not a gain itself relative to other theoretical positions on punishment, since most of the rehabilitation theories have been developed considering punishment as therapeutical and educational measures through incarceration.[17]

However, if we look at Roxin's proposal through the prism of "modern penal rationality,"[18] we see that the normative elements introduced by him ends up reinforcing some of its fixed ideas regarding

15. In short, the mechanism that Roxin proposes for this combination is as follows: the goal of general prevention only matters in the moment that the punishment is described in the norm, but both (general and specific prevention) must be considered in the moment of its application. The judge tries to harmonize these two objectives, which may prove to be in conflict when these goals call for different amounts of punishment. To illustrate this conflict and how it could be resolved, Roxin presents a hypothesis in which, through the prism of positive general prevention, a sentence of three years of deprivation of liberty would be adequate, but the exigencies of individual prevention would permit for one year in prison, as a longer sentence would have prejudicial effects on the defendant. In this case, the goals of general and individual prevention would be weighed and placed in order of preference, as resocialization is a constitutional aim and general prevention is not completely compromised by a sentence that is lower than the ideal. However, this preference can only go as far as the needs of general deterrence prevention permit. Or rather, the punishment cannot be reduced to such an extent as to cause it not to be taken seriously by the community, as this would jeopardize confidence in the legal system (Roxin, 1994, p. 97). In this balance between preventative goals, guilt is also taken into consideration. It does not figure into the purpose of the punishment (now that retribution is taken out of this evaluation), but it does play a limiting role.
16. See for instance Jakobs (1997, p. 34-37).
17. Pires points that the exception to this scenario would be some theories that came up in the 50s and 60s, defending rehabilitation "out of the prison," through social inclusion, which he calls the second modernity of the rehabilitation theories. See Machado, Pires, Ferreira and Schaffa (2009, p. 55).
18. We leave aside also other possible critiques that could be directed at its construction, such as the excess of fixed material content and its difficulty at dealing with some contemporary problems of imputation. I speak on this in Machado (2007, p. 69-70).

punishment. This is because Roxin dilutes the judgment concerning the definition of crime in the necessity of punishment and then links the safeguard of "objects of legal protection" to punishment. In doing this, he maintains punishment in the center of the normative formulation of the objectives of penal intervention. The imputation of responsibility for a crime, in his theory has no independent meaning and will only happen if there is need to apply a punishment.

In short, we can say that, on the one hand, the normativization of the theory of law concepts carried out by Roxin is a key step towards the denaturalization of some ideas in criminal theory, since they are now assumedly defined by political goals and not by ontological determination. On the other hand, the problems in his theory emerge from the fact that the denial of ontological concepts of teleology had, as a counterpoint, the introduction of fixed normative definitions, among which lies his own idea of safeguarding "objects of legal protection" by means of the preventive function of punishment.

In general terms, Jakobs takes advantage of the movement towards functionalization of the theory of crime initiated by Roxin, but removes the substantive content present in his theory. The building of substantive definitions for the dogmatic categories would produce, according to Jakobs, answers that are too concrete and static; inadequate to deal with the complexity of the problems contemporary criminal law has to deal with. Therefore, it is not his goal to build substantive categories in order to extract of them a definition of the crime, but to describe the process of imputation of responsibility and provide a structure that allows a decision to be taken. This makes Jakobs' theory a fundamental turning point in the criminal debate.

The imputation process is driven, according to Jakobs, by the necessity that communication confirms the violated norm. This idea opens paths, as we shall see below, for innovative formulations, even though Jakobs was also unable to abandon the idea of punishment (grievous).

2. Theory of punishment in Jakobs: punishment as functional communication

> Punishment is always [a] reaction to the violation of a norm. Through the reaction it is always demonstrated that the norm should be observed. (Jakobs, 1997, p. 8)

Jakobs formulates this concept of punishment in his text book *Criminal Law, General Part: The Foundations and the Theory of Imputation* (*Strafrecht, Allgemeiner Teil: Die Grundlagen und die Zurechnungslehre*, 1983), putting it at the center of his theory of imputation. This paper addresses neither the nuances of Jakobs thought nor the conceptual movements that he himself makes throughout his work.[19] I will present here only his central point, linked to the idea of punishment as communication.

Social interactions take place only because, at each moment, one can rely on a certain expectation of the other person's behavior. In other words, to initiate a social interaction is to trust that it will not have an indefinite outcome. In the context of social interactions, a deviation from the range of expected outcomes affects the expectations that the other party will respect valid norms. When this expectation is not met, a conflict arises in which the model of expected behavior is questioned. The violation of the norm is the deviation from the expected conduct. In other words, the violation or challenging of the norm creates conflict by questioning it as a guideline. The violation of the norm is essentially defined not by the concrete effects produced by the conduct in the material world (e. g. not by the injury or by the damage caused), but by its meaning in relation to the meaning of the norm (Jakobs, 1991, p. 9-13).

Like the violation of the norm, punishment should not only be considered as an external factor – from which it would only appear as an irrational succession of two evils – but by its meaning: it communicates that the significance of the transgressor's conduct will not be considered and that the norm should still be considered as guiding everyone's behavior. It is therefore a reply to the violation of the norm that is defined by its communicative function, although it is exercised, according to Jakobs, at the expense of the perpetrator. Violation of the norm and penalty must both be understood as communications about the validity of a norm (Jakobs, 2004, p. 495).

In other words, the perpetrator affirms the non-validity of the norm, but the penalty confirms that his or her assertion is irrelevant. The penalty affirms that the reason for the conflict is the violation of the norm by the perpetrator, not the victim's expectation that the norm must be followed. Thus, punishment enables the norm to continue

19. The nuances of Jakobs' texts on punishment are detailed in Machado (2007).

working as a suitable orientation model. The purpose of punishment is to reaffirm the validity of the norm and thus maintain it as an orientation model for social contacts (Jakobs, 1997, p. 13-14).

In the same way that the core of the violation is the communicative result in the sphere of social expectations; the *meaning* assigned to the penalty is fully connected to such a non-material characterization. The penalty is meaningless in relation to the "objects of legal protection" potentially damaged by certain conduct; it will not restore the situation before the damage occurred. Its primary effect concerns the validity of the violated norm. In short, the key to understanding punishment in Jakobs' theory is that the punishment's function is to interfere in the sphere of the validity of social norms, rather than in the sphere of external and concrete effects.

For this reason, Jakobs criticizes the preventive elements of the definitions of punishment. They focus on the effects that penalty exerts on the individual perpetrator, or on potential ones, and end up not taking into account the damage that the act has on the social validity of the normative system. Given that, for him, the penalty is a communicative process, its concept should be focused on communication itself rather than on the reflexes and the psychological repercussions of communication, which may be desired, but are not part of the *concept* of punishment (Jakobs, 1998, p. 33).

According to this view, the role of the criminal law system is not to manage or immediately regulate conducts through punishment, but to protect normative expectations that are fundamental to the functioning of social networks. Although Jakobs does not dismiss the possibility that a punishment can have specific or general preventative effects, they should not be used to justify the punishment or to define its function. According to him, it is possible to connect the punishment to the hope that it will produce positive consequences in social or individual psychology – for example, the hope that fidelity to the legal system is maintained or solidified by means of the penalty (Jakobs, 1996, p. 18). But the possible consequences in social or individual psychology should not affect the core of the theory of punishment. They are neither in its meaning, nor its function. They are – for him – secondary and incidental.

This communicative understanding of punishment is central to his thinking. It is true that other formulations regarding the preventative effects of punishment – especially those linked to the positive general prevention – also presupposed social communication processes by the punishment itself. But communication represented a means to achieve the social effects of prevention. Here, in contrast, the goal of the punishment lies in its very own communication.

Although the *concept* of punishment is related to Jakobs only in its communicative aspects, Jakobs argues that its implementation should not only be taken as linguistic or symbolic communication, but also as deprivation of the perpetrator's means of interaction. This would be necessary because the perpetrator of the norm, by his conduct, not only communicated something, but also set something up in the concrete sphere (e. g. not only affirmed that one should not respect someone else's life, but destroyed it). The significance of his conduct appears not only in the symbolic level, but also in an external and concrete plane. Hence, he explains, a response only to the symbolic level would have a less important meaning than the act (Jakobs, 2003, p. 53).

In reality, he says, it is not enough to contradict the perpetrator. In the implementation of the punishment, there is also a concern about the likelihood of further breaches of norms, as an increase in breaches might make people doubt the reality of the legal system and fear for their interests (Jakobs, 2003, p. 54). The penalty always needs to be materialized through deprivation and suffering. He thus separates his discourse about the penalty in two levels, one linked to its significance, where he puts the concept of violation and validity of social norms and the other where referred to its materialization. It is the definition of punishment is what I consider innovative in Jakobs' theory.

When Jakobs conceived the division between significance and concretization level, he seems to have maintained in the latter the traditional ideas about punishment. His own functionalist vision regarding punishment is not brought to its full consequences, since he remained stuck to a fixed configuration of punishment, not necessarily guided by his own idea of functionality. If we think in his functional terms, the form and means of communication materialized through the penalty should be defined according to what is appropriate and sufficient to stabilize the violated norm in that concrete situation. In other words, the means of communication should vary in relation to each concrete circumstance in each society.

By setting *a priori* that the communication of the penalty should happen by material coercive means, Jakobs seems to be introducing in his theory a dysfunctional naturalized element. Moreover, in maintaining the penalty's intrinsic nature as a vehicle for suffering, Jakobs loses the potential innovation of his communicative structure of attribution of guilt.

But if we keep his formulation about the concept of punishment being essentially communication, we could extract from it an interesting outcome. Of course the idea of a symbolic or even communicative potential of punishment had been contemplated before – especially by the authors who stressed the positive general preventive effects from penalty,[20] but it was never autonomous. Communication had not been considered an end in itself of the criminal law system – when it occupied an important role in this debate, it was the means to achieve social effects of prevention. In this context, the *definition* of punishment as communication that stabilizes the normative system, given by Jakobs, could be used to liberate the process of attribution of guilt from achieving pre-established social effects. In other words, the assumptions in Jakobs' theory that punishment is defined only as communication, and that the cognitive effects related to it are secondary, made contingent, in principle, the relationship between punishment and social meaning/effect. The attribution of guilt should not necessarily carry out the role of guaranteeing prevention or public security in a society. These two issues could be contemplated independently.

This represents a significant shift in the debate about the output of the criminal justice system: within theories of punishment, it is the first time since the overrun of retributivism that the attribution of guilt is defined as communication. This could break it away from the function of preventing crimes and guaranteeing social effects of public safety. Although Jakobs doesn't risk doing that, this opens a space to think beyond punishment as suffering.

In affirming that communication by the criminal law system should be made through deprivation of the perpetrator's means of liberty, Jakobs binds attribution of guilt to suffering and punishment to the goals of security through prevention in its various possible permutations. He ends

20. One of the most important approaches on general positive prevention is found in Hassemer (1990).

up close to the traditional definitions of punishment and loses what would be a functionalist gain in his own concept: that the form of the communication that stabilizes the norm is contingent and it could possibly be made without suffering.

Nevertheless, Jakobs' position is important for it gave validity to communication as an objective of the criminal justice system. In the field of the theory of crime, he managed to construct a theory of assigning criminal responsibility based on the social meaning of the communication of guilt itself and this can be an important step toward a new view about the relationship between guilt and the need to inflict suffering. This is because the communicative definition of punishment explicitly enables the questioning of such a natural (and virtually unquestioned) connection, but it is Klaus Günter who carries this argument to the latest outcomes.

3. Klaus Günter: punishment in the democratic state of law?

According to the traditional framework of criminal law theory, talking about attribution of guilt to a perpetrator for an act deemed unlawful is equivalent to speaking about the enforcement of a punishment. The decision regarding guilt is traditionally seen as simply the prerequisite that authorizes the State to apply a punishment. We saw that Jakobs, while he has innovatively constructed the definition of crime in communicative terms, has not departed from the traditional view that establishes a naturalized link between guilt and punishment, keeping the traditional definition of punishment intact.

Thus, it is Klaus Günther, a philosopher and legal scholar linked to the Frankfurt Social Research Institute and the critical theory tradition, who enunciates one of the most relevant consequences of the understanding of attribution of guilt as communication: he affirms the independence of communication of guilt in relation to punishment.

He questions, therefore, the datum, practically seen as natural, from which a response from the criminal system is necessarily punishment. If the function of criminal law, as Jakobs already articulated, is to communicate the norm's validity, the attribution of guilt presented in the sentence already does this, says Günther. For the communication of the sentence to be followed by another consequence, which can be a penalty, it is necessary that this have another function, different from the function of the sentence. It must be justified in another way.

Günther starts from a Habermassian concept of communication, which involves an understanding of it in linguistic terms. Therefore, he is able to recognize in the sentence itself the communication of *responsibility*. For Günther, ascribing responsibility is a social practice with a very important social meaning in itself: it expresses an important social decision; the decision of choosing this way to explain an event, among a large range of possibilities available – for instance, coincidence, fate, accident, the victim's own behavior, etc. The attribution of responsibility itself organizes the web of facts and social interactions involved in the event and gives them social meaning – it was caused by someone's wrongdoing and not by fate, accident or lack of attention on the part of the victim. In short, Günther sees an important social meaning in the communication of individual guilt that happens at the moment when the judge proclaims the sentence (Günther, 2002). He differs thus from Jakobs, who considers that guilt will be communicated only by the exercise of coercion or suffering on the perpetrator.

To recognize that the communication that stabilizes the norm happens at the proclamation of the sentence is not equivalent to saying that the State's reaction to the conflict should exhaust itself in this action. The sentence, says Günther, opens space for discussion by the citizens about other possible forms of State reaction to the conflict, for example, the victim's reparation or the perpetrator's re-socialization. The important thing is to realize that these other forms of State response are external to the attribution of guilt and should be justified in themselves, that is, by different means from that which explains the decision of considering an act as a crime and someone's guilt by it. If none of the above examples provided by Günther have the character of infliction of suffering, this does not automatically mean that he dismisses the fact that such a response can be chosen in a certain society. Günther only draws attention to the fact that this choice of an additional response, whatever it is, must be rationally justified independently from the justification of the attribution of guilt.

In other words, unlike Jakobs, Günther says that the punishment as an infliction of suffering is superfluous to communicate guilt, since the sentence has already done that. This alone does not exclude that punishment could have some other meaning and could be justified by different arguments. It only means that this other meaning has to be sought after.

In his texts *Critic of Punishment I* and *II* (*Kritik der Strafe*; Günther, 2004 and 2005), Günther analyzes the meanings attributed to punishment by theory and by social actors in the formal and informal public spheres and compiles the arguments that until today were raised in favor of punishment. He concludes that none of them would resist a rational criticism. There is no space here to address Günther's criticisms of punishment theories, but it seems that this is precisely the debate he wants to open up. We can consider that, in these articles, Günther assumes the role of a citizen, one among many voices that speaks in the public sphere in favor of or against punishment or infliction of suffering. By doing that, he shows that this is an exercise that must be done not only in the theoretical field, but also by all citizens in a democratic State.

In this text, I would like to emphasize one of Günther's important contribution to the discussion in the criminal law field: his own concept of responsibility together with the concept of communication – that he extracts from Habermas –, allow him to recognize a social communicative meaning in the attribution of guilt itself that gains autonomy and ceases to simply mean a requirement for the application of punishment.

By demonstrating the separation between communication of guilt and punishment, Günther denaturalizes the connection between them. If after the communication of guilt, there is another type of response from the criminal justice system, it must be something that is reasoned and politically decided by the citizens and thus rationally grounded. It is in this moment that they can decide the relevance and the "justice" of other forms of state intervention: after the public recognition of guilt. For example, repairing victims, offering re-socialization opportunities and even punishing.[21]

In disengaging guilt and punishment, Günther points out the need for a discussion about the grounds and the reasons for punishment to be taken seriously. Punishment is not seen as a natural result of guilt and, therefore, the discussion about its reasons cannot be obscured by arguments regarding the justification of the attribution of guilt.

21. Although Günther himself does not see a rational ground for punishment (Günther, 2004 and 2005).

In a democratic free society and in ideal conditions of democratic deliberation, there would be punishment only if it was rationally justified by the best arguments. The extent to which each society is more or less close to these conditions of the democratic debate is something to be considered in each reality. What I believe to be relevant in Klaus Günther's approach is, first, the fact that he shows the possibility of deemphasizing punishment in favor of guilt. Second, by showing that there is no ontological connection between guilt and punishment, he reopens the debate about the meaning of punishment. If it is no longer the natural response of the criminal law system, we should discuss in the democratic public sphere if and to what extent we need it; the possible ways to punish (which may not be only by infliction of suffering); the rational arguments that supposedly ground it; and the need or possibilities of other types of responses.

If we go back to the reconstruction posed by Pires about the traditional concept of punishment as infliction of suffering and the naturalized link between recognizing guilt and inflicting suffering, Günther's concept of communicative guilt opens an important possibility to overcome the traditional paradigm that frames criminal law since the modern times. The release of these theoretical knots alone does not necessarily change the landscape of punishment in contemporary societies, which depends also on social processes of deliberation about the criminal law system's function and how it resolves social conflicts. However, this is one of the few times that a door has opened in this theoretical field to rethink the relationship between the attribution of guilt, punishment and suffering. The importance of this theoretical opportunity – which thanks to Pires-work is made visible – cannot be neglected.

References

Bachelard, G. (1996), *A formação do espírito científico : contribuição para uma psicanálise do conhecimento*, trad. Estela dos Santos Abreu, Rio de Janeiro, Contraponto.

Günther, K. (1994), "Individuelle Zurechnung im demokratischen Verfassungsstaat," *Jahrbuch für Recht und Ethik*, Bd. 2, Berlin, p. 143-157.

Günther, K. (1996), "Communicative freedom, communicative power, and Jurisgenesis," *Cardozo Law Review*, 17, p. 1035-1058.

Günther, K. (1997) "Zur Zuschreibung strafrechtlicher Verantwortlichkeit auf der Grundlage des Vertehens," in K. Lüderssen (ed.),

Aufgeklärte Kriminalpolitik oder Kampf gegen das Böse? Baden-Baden, Nomos, p. 319-349.

Günther, K. (1998), "A culpabilidade no direito penal atual e no futuro," *Revista brasileira de ciências criminais*, 24, p. 79-92.

Günther, K. (1999a), "Jenseits von idealistischer und rollenfunktionaler Strafbegründung," in P. Siller and Keller (ed.), *Rechtsphilosophische Kontroversen der Gegenwart*, Baden-Baden, Nomos Verlagsgesellschaft, p. 141-146.

Günther, K. (1999b), "Straf(ab)gründe. Rechtsphilosphie in der Discusión," in P. Siller and B. Keller, *Rechtshilosophische Kontroversen der Gegenwart*, Baden-Baden, Verlagsgesellschaft.

Günther, K. (2000), "De la vulneración de un Derecho a la infracción de un deber. ¿Un "cambio de paradigma" en el Derecho Penal?" *La insostenible situación del Derecho Penal*, Granada, Editorial Comares.

Günther, K. (2002), "Responsabilização na sociedade civil," *Novos Estudos,* 63, p. 105-118.

Günther, K. (2004), "*Kritik der Strafe I,*" West End – Neue Zeitschrift für Sozialforschung, 1, p. 117-131 [Translation into Portuguese : "Crítica da pena I," *Revista Direito GV* 4 (2006b), p. 187-203].

Günther, K. (2005), "*Kritik der Strafe II,*" West End – Neue Zeitschrift für Sozialforschung, 2, p. 131-141 [Translation into Portuguese : "Crítica da pena II," *Revista Direito GV* 5 (2007), p. 137-149].

Günther, K. (2006), "Welchen Personenbegriff braucht die Dirkurstheorie des Rechts? Überlegungen zum internen Zusamenhang zwischen deliberativer Person, Staatsbürger und Rechtsperson," in H. Brunkhorst and P. Niesen (dir.), *Das Recht der Republik*, Frankfurt, p. 83-104 [Translation into Portuguese: "Qual o conceito de pessoa de que necessita a teoria do discurso do direito? Reflexões sobre a conexão interna entre pessoa deliberativa, cidadão e pessoa de direito," in *Revista Direito GV* 3, p. 223-239].

Hassemer, W. (1990), *Einführung in die Grundlagen des Strafrechts*. Vol. 2 : *Auflage,* Munich, C. H. Beck.

Jakobs, G. (1983), *Strafrecht, Allgemeiner Teil : Die Grundlagen und die Zurechnungslehre*, Berlin, De Gruyter.

Jakobs, G. (1996), *Sociedad, norma y persona en una teoría de un Derecho penal funcional*, trad. Manuel Cancio Meliá, Bernardo Feijóo Sánchez, Madrid, Civitas Ediciones.

Jakobs, G. (1997), "Culpabilidad y prevención," *Estudios de Derecho penal*, Madrid, Civitas, p. 73-99.

Jakobs, G. (1997), *Derecho penal parte general : fundamentos y teoría de la imputación,* 2 ed. cor., trad. Joaquin C. Contreras, Jose Luis S. G. De Murillo, Madrid, Marcial Pons.

Jakobs, G. (1998), *Sobre la teoría de la pena,* trad. Manuel Cancio Meliá, Bogotá, Universidad Externado de Colombia, 1998.

Jakobs, G. (2003), *Sobre la normativización de la dogmática jurídico-penal,* trad. Manuel Cancio Meliá, Bernardo Feijóo Sánchez, Madrid, Civitas Ediciones.

Jakobs, G. (2003-2004), "Imputation in criminal law and the conditions for norm validity, *Buffalo Criminal Law Review,* 7, p. 492-510.

Liszt, F.V. (n. d.), *Tratado de Derecho Penal,* tomo I, traduzido da 18. ed. alemã por Quintiliano Saldaña, Madrid, Editorial Réus.

Liszt, F.V. (1882), *La idea del Fin en el derecho Penal,* Programa de la Universidad de Marburg. Granada, Editorial Comares, 1995.

Liszt, F.V. (1905), "Rechtsgut und Handlungsbegriff im Bindingschen Handbuche," in *Strarechtliche Aufsätze und Vorträge,* Berlín, Guttentag Verlagsbuchhandlung, Band I, p. 212-251.

Machado, M. R., A. Pires, C. Ferreira and P. Schaffa (2009), *A complexidade do problema e a simplicidade da solução : a questão das penas minimas,* Série Pensando o Direito, Brasília, Ministério da Justiça, p. 55.

Machado, M. R. de Assis (2007), "Do delito à imputação : a teoria da imputação de Günther Jakobs na dogmática penal contemporânea," P. H. D. thesis defended in the University of São Paulo in July.

Mir Puig, S. (1976), *Introducción a las bases del derecho penal : concepto y método,* Barcelona, Bosch.

Püschel, F. and Machado, M. (2009), *Teoria da responsabilidade no estado democrático de direito,* textos de Klaus Günther, São Paulo, Saraiva.

Pires, A. (2004). "A racionalidade penal moderna, o público e os direitos humanos," *in Novos Estudos CEBRAP* n° 68, p. 39-60.

Pires, A. et Cauchie, J. « Un cas d'innovation "accidentelle" en matière de peines : une loi brésilienne sur les drogues », [Champ pénal, séminaire mis en ligne le 28 septembre 2007. http://champpenal. revues. org/document1541. html]

Roxin, C. (1981), *Culpabilidad y prevención en derecho penal,* Madrid, Ed. Reus.

Roxin, C. (1991), "Culpa e responsabilidade : questões fundamentais da teoria da responsabilidade," *Revista portuguesa de ciência criminal,* 4, 3, p. 503-541.

Roxin, C. (1992), "Causas de justificación, causas de inculpabilidad y otras causas de exclusión de la pena," trad. Polaino Navarrete, Cuadernos de política criminal, 46, p. 169-194.

Roxin, C. (1994), *Política criminal e sistema jurídico-penal,* São Paulo, Saraiva.

Roxin, C. (1997), *Derecho penal parte general : fundamentos. La estructura de la teoria del delito,* trad. Diego-Manuel Luzón Peña, Madrid, Editorial Civitas.

Roxin, C. (2002), *Política criminal y sistema del derecho penal II,* Buenos Aires, Hammurabi.

Roxin, Claus. *Kriminalpolitik und Strafrechtssystem* :Vortr. am 13. Mai 1970. Berlin, de Gruyter, 1970.

CHAPITRE 2

Observer le droit criminel à travers la RPM et au-delà

Public, opinion publique et détermination de la peine tels qu'ils sont vus par la science : quelques notes critiques[1]

José Roberto Xavier[2]

Introduction

Nous assistons depuis un certain nombre d'années à un intérêt croissant de la société pour les affaires pénales. L'exploitation des drames pénaux par les médias de masse semble avoir explosé depuis quelques décennies : des crimes qui nous choquent, des menaces de plus en plus sérieuses pour l'ordre social, des criminels qui ne sont pas suffisamment punis, etc., ce sont là des thèmes qui semblent plus que jamais présents dans les communications des médias.

Il semble que l'opinion publique[3], historiquement tenue pour négligeable dans les politiques pénales et surtout dans la prise de décision des

---

1. Je tiens à remercier Maíra Machado pour ses commentaires concernant une version précédente de ce texte, ainsi que Gérald Pelletier pour ses suggestions relatives au style. Je tiens aussi à remercier la Fundação CAPES, du ministère de l'Éducation du Brésil, et la Chaire de recherche du Canada en traditions juridiques et rationalité pénale pour le financement de ma recherche.

2. Chercheur post-doctorant à l'École de Droit de la Fondation Getulio Vargas (Sao Paulo, Brésil).

3. Tout au long de ce texte, je donnerai aux termes « public » et « opinion publique » un sens peu flou. Grosso modo, « opinion publique » désigne dans mon texte des *communications* qui sont regardées comme telles par les systèmes politique et juridique. Le « public », quant à lui, désigne des *acteurs* extérieurs à ces systèmes, des individus qui expriment une opinion quelconque concernant la punition criminelle.

juges des tribunaux pénaux (pensons ici aux justifications traditionnelles de la peine et à leur « mépris » pour l'opinion publique[4]), est devenue de nos jours un élément difficile à ignorer devant la médiatisation de plus en plus forte des affaires criminelles. Les politiques pénales paraissent s'intéresser moins à l'expertise criminologique ou juridique qu'à la voix dominante du « *long-suffering, ill-deserved people – especially of the "victim" and the fearful, anxious members of the public* » (Garland, 2001, p. 13).

Dans un tel contexte, la détermination de la peine criminelle devient plus complexe. Les interactions entre les acteurs responsables d'appliquer la punition étatique et le public semblent prendre une nouvelle dimension. Le public peut mener des actions (et le fait effectivement) en vue de se faire entendre par des juges et des politiciens. Des lettres aux juges, des lettres aux procureurs, des communications dans les médias, des manifestations sur la place publique, etc., voilà des initiatives prises par l'opinion publique qui ont pour but d'influer sur le sort des accusés.

Avec de tels enjeux relativement nouveaux concernant la punition, quel regard les sciences sociales portent-elles sur ce phénomène ? Je me propose de faire dans ce texte une analyse de l'observation que la science fait du rapport entre, d'une part, le public et l'opinion publique et, d'autre part, la détermination de la peine criminelle. Je passerai brièvement en revue la littérature sur l'opinion publique et la détermination de la peine[5], et je ferai brièvement ensuite la critique de cette littérature. Je chercherai à déterminer quel est le but poursuivi par les chercheurs qui s'intéressent à cette problématique, quelles sont les questions qu'ils se posent ainsi que leurs présupposés, et quels sont les enjeux que leurs recherches ne nous permettent pas de voir.

Dans un livre portant sur la rationalité pénale moderne, celle-ci devait nécessairement être l'objet de notre attention. Dans mon compte rendu et l'examen critique qui le suit, le concept de rationalité pénale moderne, comme le lecteur pourra le constater vers la fin du texte, a été pour moi

---

Cette définition me sera utile ici, mais elle n'est développée que dans ma recherche de doctorat (Xavier, 2012).

4. Je pense surtout ici aux théories plus « traditionnelles » de la peine criminelle : la réhabilitation, la dissuasion et la rétribution. Cet argument deviendrait plus complexe si on avait à prendre en considération certaines visions moins connues comme celle de la théorie de la dénonciation.

5. Pour le compte rendu complet, voir Xavier (2008).

un puissant outil théorique qui m'a aidé à déceler un certain nombre d'enjeux critiques. En d'autres mots, il m'a permis de mener une critique beaucoup plus fine et poussée du sujet.

La littérature sur la détermination de la peine et l'opinion publique

Comme je l'ai indiqué ailleurs (Xavier, 2008, 2012), la littérature sur le thème public/opinion publique et détermination de la peine est très abondante. Je vais dans cette section indiquer en quoi consistent ces orientations de recherche et aussi mettre en évidence ce qui me paraît être une lacune importante.

Tout d'abord, je distingue six orientations de recherche qui me paraissent très importantes. Premièrement, certains chercheurs s'attachent à mettre en rapport les « peines » que le public serait prêt à infliger à des cas concrets (fictifs ou réels) et les peines que les juges ont prononcées (ou prononceraient dans les cas fictifs)[6]. Leurs études semblent implicitement préoccupées par l'existence d'un écart trop large entre ce que le public pense des peines et leur application effective. Le public est regardé, me semble-t-il, comme une source de légitimité dont le système de droit criminel ne peut pas trop s'éloigner sans créer un problème de taille.

Les recherches en question paraissent très bien déconstruire l'idée que le public serait toujours plus punitif que les juges. Même si certaines d'entre elles trouvent dans des cas précis un public plus punitif[7], dans d'autres il ne l'est pas plus ou l'est même moins que les juges[8]. Dès lors, une généralisation dangereuse dans le sens de l'opinion commune qui veut que le public soit toujours plus punitif que les juges ne trouve pas de support dans l'empirie.

---

6. Pour cette orientation de recherche, voir Hough et Roberts (2002), Kuhn, Villettaz et Jayet (2002), Mande et English (1989), Roberts et Doob (1989), Tremblay, Cordeau et Ouimet (1994), Walker, Hough et Lewis (1988).

7. Voir Walker, Hough et Lewis (1988b, p. 200) (pas nécessairement un public plus punitif, mais plus intolérant avec les sentences plus clémentes) et Tremblay, Cordeau et Ouimet (1994, p. 417).

8. Voir, par exemple, Mande et English (1989, xvi), Roberts et Doob (1989, p. 510, 511) et Hough et Roberts (2002, p. 166).

Une deuxième orientation de recherche prétend comparer les points de vue du public avec les peines légales. Le travail le plus marquant me paraît à cet égard être celui qu'ont mené Rossi et Berk (1997), et qui a été commandé et financé par la *Federal Sentencing Commission* des États-Unis. Pour eux, il s'agit non pas de suivre exactement ce que le public pense au moment de créer des peines (surtout parce qu'on doit prendre en compte des considérations liées notamment aux théories de la peine), mais plutôt de montrer, comme dans le premier genre de recherches, qu'un écart trop prononcé entre les vues du public et celles du législateur pose toujours problème. Il ne s'agit pas de « suivre » le public, mais, d'une certaine façon, de connaître les limites de sa tolérance de manière à éviter de se trouver devant des peines perçues comme illégitimes.

La troisième orientation de recherche concerne les variables relatives aux « peines » du public. Pour certains chercheurs, il s'agit d'examiner d'un peu plus près la tendance à punir manifestée par le public ou même de cerner les caractéristiques qui rendent certains publics plus ou moins punitifs. Les recherches appartenant à ce groupe sont assez disparates, et on peut difficilement les grouper sous une même rubrique. On trouve, par exemple, des recherches qui s'intéressent à ce que le public considérerait comme des facteurs d'aggravation ou d'atténuation de la peine (Durant, Thomas et Willcock, 1972), aux effets de l'information sur l'affaire pénale dans les « peines » que le public appliquerait (Doble, Immerwahr et Richardson, 1991 ; Hough, Lewis et Walker, 1988 ; Hough et Roberts, 2002 ; Roberts et Indermaur, 2007), au rôle joué dans ces mêmes « peines » par la peur du crime et la peur d'être victime du public (Boers et Sessar, 1991 ; Hough et Moxon, 1988 ; Kuhn, 1993 ; Taylor, Scheppele et Stinchcombe, 1979 ; Thomas, Cage et Foster, 1976) et, enfin, aux rapports existants entre les « peines » du public et certains facteurs démographiques et socioculturels (Kuhn, 1993 ; Walker, Collins et Wilson, 1988a).

Un quatrième groupe de recherches s'intéresse à la connaissance qu'a le public des théories de la peine et à l'utilisation qu'il en fait au moment d'évaluer la peine à appliquer pour un crime donné. On cherche à savoir quelles sont les théories de la peine préférées du public (Doob, Sprott, Marinos et Varma, 1998 ; English et Pullen, 1989 ; Gerber et Engelhardt-Greer, 1996 ; Roberts, Crutcher et Verbrugge, 2007), à comparer les choix de théorie de la peine effectués par les opérateurs du système de droit criminel et par le public (Gottfredson, Warner et Taylor, 1988) et à faire ressortir les distinctions que le public établit entre les théories de la peine qui vont être soutenues devant des crimes graves (Roberts, Crutcher et Verbrugge, 2007). Bien que moins poussée que dans le cas de la comparaison des « peines » du public avec les peines légales ou prononcées par le juge, la préoccupation pour une certaine concordance entre les théories sur lesquelles doivent s'appuyer les peines du droit criminel et les « peines » du public semble être toujours présente.

La cinquième orientation de recherche s'intéresse à la perception du public de la sévérité des sentences pénales. Ce type de recherche s'attache à évaluer le degré de « satisfaction du public » à l'égard du rôle punitif du système de droit criminel (ou le système politique, si on pense aux peines légales). Il s'applique à déterminer si le système de droit criminel est aussi punitif que le public le voudrait. Assez souvent, les recherches sont liées à des projets de réforme (Environics Research Group, 1989) ou sont de simples articles qui commentent des sondages (Myers, 1996). Il convient d'ajouter que cette préoccupation de savoir si la justice est assez punitive trouve très souvent son origine moins dans la science en tant que telle que dans des sondages d'opinion menés soit par des maisons de sondage, soit par des gouvernements ayant conduit leurs propres recherches ou les ayant commandées à des spécialistes).

Enfin, il y a les recherches qui évaluent l'influence de l'opinion publique sur les décisions prises par les tribunaux en matière de peines. Très peu de travaux ont été réalisés sur le sujet, et aucun travail – du moins à ma connaissance – ne se place dans le système de droit criminel pour voir les transformations juridiques dues à cette influence. Dans ce dernier groupe de recherches, il y a, d'un côté, les travaux de Wilkins (1984) et de Tomaino (1997) et, de l'autre, ceux de Cook (1977) et de Kuklinski et Stanga (1979). Les premiers ne sont pas véritablement des « recherches », mais plutôt des propositions sur la façon dont le système de droit criminel devrait se comporter pour prendre en considération le stimulus externe de l'opinion publique. Selon ces auteurs, il est inutile d'ignorer les messages du public, puisque le juge tient déjà compte de l'opinion de ce dernier au moment de prendre sa décision. Il s'agit alors simplement de rendre explicite ce qui est fait informellement. Ils formulent ainsi des suggestions concernant l'intégration à partir des concepts de « culpabilité » et de « circonstances aggravantes et atténuantes ».

En ce qui concerne les travaux de Cook ou de Kuklinski et Stanga, la perspective est différente. Il s'agit d'analyser le flux des décisions afin de déterminer comment les tribunaux réagissent à des manifestations de l'opinion publique. Concentrant leur attention sur un épisode spécifique où l'opinion publique apparaît clairement aux yeux des juges, les chercheurs observent que l'ensemble des décisions tend à s'accorder davantage avec celle-ci. Bref, il s'agit d'évaluer ce que ces chercheurs appellent la *responsiveness* des tribunaux à l'opinion publique.

Avant de clore ce survol de la littérature, signalons un élément important qui brille par son absence dans cette littérature. Le regard de l'intérieur, placé dans le système de droit criminel, et qui essaye de comprendre les mécanismes se mettant en action dans ses prises de décision dans un contexte où l'opinion publique devient un enjeu incontournable, semble être tout à fait inexploré. Autrement dit, il importe de savoir comment ces stimuli externes sont gérés à l'interne, « digérés » par le système de droit criminel et sa rationalité pénale dominante (la rationalité pénale moderne). C'est une question essentielle qui ne semble pas encore avoir été examinée.

Critique de la littérature portant sur la détermination de la peine et l'opinion publique

L'apport de certaines études

Ce qui pose problème dans les études sur la détermination de la peine et l'opinion publique, c'est cet intérêt toujours sous-jacent concernant l'écart entre ce que le système de droit criminel énonce comme sentence et les attentes du public. Ou plutôt le peu de réflexions théoriques à propos de la signification de ce fait relativement nouveau qu'est le public/l'opinion publique en tant qu'élément à ne pas ignorer au moment de la détermination d'une peine criminelle. Le débat me paraît demeurer assez souvent à la surface, incapable d'approfondir le problème. Je précise cependant que lorsque je dis qu'il y a une absence de la théorie, je ne vise pas les analyses portant sur les transformation sociales menant à l'émergence du public et de l'opinion publique comme acteur significatif. Je me réfère davantage aux transformations dans le droit pénal - ou, plus précisément, dans les modes de justification de la punition - provoquées par ces nouveaux acteurs/communications. Il importe de dire ici que le fait de se donner l'écart comme objet de recherche signifie que celui-ci est considéré comme un problème (bien qu'il ait toujours existé) et qu'il mérite d'être analysé, voire résolu. Une telle manière d'envisager la question me pose problème puisqu'elle ne réussit pas à échapper à certains pièges. Essayons de clarifier le problème.

D'une certaine façon, et du point de vue d'une criminologie critique, soucieuse de contrer un système de droit criminel jugé trop punitif, certaines de ces études peuvent apparaître comme très louables et très utiles sur le plan pratique. En effet, elles remettent en question plusieurs idées du sens commun que soutiennent des défenseurs d'un système pénal chaque fois plus punitifs. Ces études problématisent, par exemple :

a) l'efficacité des politiques pénales qui s'appuient sur des sondages d'opinion. On critique souvent le fait que les sondages d'opinion font une caricature de l'opinion publique; on critique aussi l'utilisation de ces sondages par les politiciens, ce qui n'est pas autre chose que de tomber dans le populisme pénal où on s'intéresse plutôt à des gains électoraux qu'aux effets pratiques des politiques;

b) le niveau de complexité des attitudes du public à l'égard des peines. Ces recherches nous apprennent qu'un individu peut trouver la justice trop clémente et, en même temps, devant un cas concret, prononcer des peines moins sévères que les juges, ce qui signifie que le public peut se montrer plus ou moins punitif selon la façon dont on pose la question;

c) le fait que les médias font une utilisation abusive de la notion d'opinion publique en vue d'exercer une pression punitive sur les juges et les politiciens et qu'ils déforment ou simplifient l'information donnée au public relativement à certaines affaires pénales (voir, par exemple, Roberts, 1988b ; Roberts et Doob, 1989, p. 499 et ss) ;

d) le fait que le public ne connaît pas le processus de détermination de la peine dans toute sa complexité et le fait qu'il sous-estime le taux d'emprisonnement et la lourdeur des peines appliquées. Il est démontré que lorsqu'il se dit en faveur d'une augmentation des peines, le public présuppose toujours que les peines qui ont été appliquées sont moins longues qu'elles ne le sont vraiment (voir les auteurs cités par Roberts et Hough, 2001, p. 144) ;

e) la supposition que le public appuie toujours des objectifs « très punitifs » de la peine. Comme le montrent Roberts, Crutcher et Verbrugge (2007), le public considère comme très raisonnables des objectifs jugés moins punitifs et identifiés à une justice réparatrice. Cela contredit l'image d'une « opinion publique punitive » véhiculée par les médias.

On voit donc que certaines de ces recherches essaient d'avoir un effet de démystification du public (et de l'opinion publique), montrant que ses représentations sont très complexes, pas nécessairement uniformes et pas nécessairement plus punitives que celles des acteurs pénaux. Elles tentent ainsi d'atténuer un peu la pression punitive qui tombe sur le système politique et le système de droit criminel.

Toutefois, en même temps que ces études peuvent être critiques à l'égard des idées toutes faites, j'avance l'hypothèse qu'elles ont un effet pervers non voulu. Le simple fait de se demander si les juges sont d'accord avec le public (ou vice versa) au moment où ils prononcent des peines criminelles implique une suggestion implicite que la source de légitimation du système de droit criminel (et du système politique dans son activité de création de peines) se trouve ailleurs, en dehors du système. Autrement dit, quand la science s'attache à déterminer ce que le public ou l'opinion publique pensent des sentences (ou des peines légales), elle passe implicitement le message qu'il est important de valoriser ce critère externe pour la justification de la punition pénale.

Or, l'attribution des sentences par le juge est une tâche relativement bien encadrée qui doit satisfaire à des critères juridiques et faire abstraction d'éléments traditionnellement liés au système politique tels que l'opinion publique. Ainsi, en se donnant comme objet de recherche l'écart entre l'opinion publique et les juges en ce qui concerne les sentences, la science affirme qu'il est important que le système de droit criminel regarde ce qui se passe à l'extérieur de lui-même, et pousse ce dernier à agir, d'une certaine façon, à l'image du système politique.

En résumé, disons que non seulement cette absence de théorie, de véritable réflexion sociologique et de précision des concepts, limite la portée de la critique, mais qu'elle a aussi pour effet de justifier la recherche par certains acteurs du système de droit criminel d'une légitimation en dehors de celui-ci, c'est-à-dire dans l'opinion publique.

Le problème de la confiance du public dans le système de droit criminel

Un des problèmes auxquels on fait face ici me paraît être la façon d'aborder cette problématique de la confiance du public dans le système de droit criminel. Cette question sous-tend une bonne partie des recherches sur le public et l'opinion publique et la détermination de la peine[9]. Il serait essentiel que le système de droit criminel puisse compter sur la confiance, peut-être même sur la bonne volonté, du public pour assurer son bon fonctionnement. Le Parquet trop souvent serait empêché de poursuivre un criminel si la victime ou des témoins se refusaient à fournir des preuves; la dénonciation de la part d'une victime amène souvent d'autres victimes du même agresseur à l'imiter; la « découverte » elle-même d'un crime n'est le plus souvent possible que moyennant la participation du public en général; les renseignements fournis par les témoins sont des éléments d'importance considérable pour la prise de décision des juges, etc. Tout cela dépendrait de la confiance du public dans le système de droit criminel. Roberts et Hough (2001, p. 30) affirment :

N 13

> *[w]hatever effectiveness the criminal justice system achieves, this is largely because most people consent to the rule of law. They do so because the component parts of the system command legitimacy, and thus authority. To the extent that people comply with the requirements of the system, they do so at least in part because they trust the police and the courts, and think them fair.*

légitimité à partir de la confiance et de l'image de « justice »

Bref, la confiance du public serait une composante essentielle des rouages de la machine pénale, car elle contribuerait à son efficacité et à sa légitimité.

Pour cette raison, il serait légitime et important que les chercheurs examinent de près cette « confiance » du public dans le pénal. La science serait ici en train de décrire, d'éclairer, d'expliquer et de nuancer tous les détails d'une problématique fondamentale pour le système pénal, voire la démocratie. D'après ce raisonnement, une justice pénale est d'autant plus démocratique, et par conséquent une société est d'autant plus démocratique, qu'elle s'approche des opinions que les individus

---

9. Pour un résumé de ce volet de recherche, voir les travaux de Hough et Roberts (Hough et Roberts, 2004a, 2004b; Page, Wake et Annes, 2004; Roberts, 2004). Voir aussi, pour une étude écrite en français, la recherche du Groupe de recherche sur les attitudes envers la criminalité de Montréal (1976, p. 246 et ss; 1984, p. 224 et ss)

ont de ce que devrait être un système punitif étatique juste. Ainsi, on veut savoir ce que le public pense des garanties juridiques, du *plea bargaining*, de la probation, des peines alternatives, de la longueur des peines de prison, etc., en ayant toujours à l'esprit qu'un trop grand écart entre ce que pratique le système de droit criminel et ce que le public souhaite serait un problème.

Pour plusieurs de ces recherches, me semble-t-il, la science doit s'efforcer de gérer ou d'atténuer ce problème. Leurs suggestions peuvent suivre deux orientations différentes.

Les recherches qui suivent la première orientation précisent souvent que le manque de confiance est largement dû au fait que le public « connaît mal » ou « connaît très peu » le fonctionnement du système de droit criminel. Dans un tel scénario, si le public ne fait pas confiance au système, c'est parce qu'il ne le connaît pas assez. La solution à ce problème est, en théorie, simple : elle consiste à informer le public du fonctionnement de la justice et à lui expliquer ses décisions. Ce serait moins un problème de fond qu'un « simple » problème d'image de la justice. Il s'agit non pas de repenser la pénalité et l'activité de la justice, mais de mieux « vendre » celle-ci au public. Au lieu d'apporter des transformations internes, on fait des efforts de relations publiques[10] pour montrer que la justice fait un bon travail.

On entrevoit déjà le problème. Ce type de connaissance d'une justice pénale soucieuse de se ménager la confiance du public peut finalement se traduire par un savoir un peu trop pragmatique sur la confiance ou non du public, sur les actions à mener pour augmenter celle-ci, mais laissant de côté les préoccupations entourant les propres pratiques du système. Si la question se limite à informer le public, on présume d'une certaine façon que l'insatisfaction provient d'un manque d'information et on oublie de considérer que le manque de confiance peut avoir des racines plus

10. À cet égard, Hough et Roberts (2002, p. 173) sont très explicites : « *It is hardly an exaggeration to say that the courts systems in industrialised countries collectively represent a public relations disaster. As noted, the majority of the public lack confidence in the key decision-makers within these systems, namely judges. In the absence of any accurate knowledge of the severity of typical sentences, they think that the judicial product – punishment – is totally inadequate. Any commercial organisation facing such a crisis would not hesitate to contract the skills of communication experts. The crisis in public confidence in the courts and the parole system will not be resolved by communications alone, but such an initiative will have a positive influence.* » Voir aussi Roberts et Doob (1989, p. 498).

profondes[11]. On oublie aussi que l'image que le public se fait de la justice n'est pas formée simplement par les nouvelles qu'on a de la justice pénale. On fait souvent face à des représentations plus profondes, à des « visions du monde »[12] qui ne sont pas nécessairement modifiables quand elles sont confrontées à des renseignements épisodiques sur le fonctionnement de la justice. À cet égard, la réflexion émise par Mande et English (1989, p. 15) selon laquelle le public juge trop clémentes les décisions du système pénal, quelles qu'elles soient en réalité, me paraît très pertinente.

De plus, on présuppose qu'il est possible d'informer le public. Or, le public, qui ne connaît pas et ne peut connaître toutes les considérations dont les juges doivent tenir compte, peut difficilement saisir toute la complexité d'une décision émanant du système de droit criminel, surtout lorsqu'il y a imposition d'une peine. Même si certaines des études qui ont été recensées ici ont pu, dans le cadre strict de la recherche, rendre le public plus « informé », lui faire mieux accepter les décisions de la justice pénale, peut-on vraiment penser que cela serait faisable à une large échelle ? En d'autres termes, la science serait-elle capable de faire le pont entre ce que fait le système de droit criminel et ce que le public pense ? Ou encore, est-ce là sa fonction ?

Suivant la deuxième orientation, on peut penser que, au lieu d'informer le public, il serait plus approprié pour augmenter sa confiance dans la justice pénale de demander à celle-ci d'être plus proactive devant les demandes du public. C'est là une tâche qui me paraît encore plus équivoque et délicate : doit-on penser à l'opinion publique comme un des critères de justice pour la justice pénale pour qu'on soit capable d'assurer la confiance du public dans le système pénal ?

La question est finalement de savoir si, pour s'assurer la confiance du public, en supposant que cette dernière est essentielle pour le système de droit criminel – ce qui ne me semble pas nécessairement aller de soi –,

---

11. Les possibilités ici sont nombreuses. On pourrait citer, par exemple, le côté inégalitaire de la justice pénale qui semble partout avoir une « préférence » pour les personnes défavorisées, ce qui peut la rendre moins crédible auprès d'une bonne partie du public.

12. Robert et Faugeron (1978) font ici une contribution majeure : dans la typologie des représentations sociales de la justice pénale qu'ils ont conçue, la vision du monde qu'ont les acteurs est un élément clé. Il est un peu étonnant que leur contribution soit passée sous silence dans toutes les études anglophones sur l'opinion publique et la détermination de la peine.

on doit répondre aux attentes du public. À cet égard, je trouve très judicieux le commentaire d'un juge canadien : « Le vrai pouvoir judiciaire repose sur la confiance du public dans les tribunaux et cette confiance prend sa source dans l'indépendance dont jouissent les juges qui peuvent décider en toute impartialité » (Michaud, 1995, p. 32). Voilà une façon très intéressante d'envisager la question de la confiance du public qui ne me paraît pas partagée par une bonne partie de la littérature parcourue : la confiance du public repose sur l'indépendance dont font montre les juges dans les décisions à rendre, sur le respect des critères internes du droit, sur ses propres critères en matière de justice, plutôt que sur « l'ouverture » des juges à ces stimuli du public qui sont extérieurs au droit.

Le problème de la confusion des rôles

Une autre critique s'impose ici quand on parle des recherches qui visent à rapprocher le public des acteurs qui prennent des décisions en matière de peine. Il s'agit de la question des rôles sociaux, enjeu qui semble ne pas être pris en considération dans ces recherches et qui témoigne, à mon avis, de la présence de sérieuses lacunes sur le plan épistémologique. J'essaierai de décrire le problème en m'appuyant sur l'étude de Dahrendorf (1968).

Dans *Homo Sociologicus*, Dahrendorf affirme que la sociologie, « pour résoudre ses problèmes », doit faire appel à la notion de rôles sociaux comme instrument d'analyse. Il va même jusqu'à dire, ce qui est un peu excessif, que l'objet de la sociologie ne serait rien d'autre que la compréhension des structures des rôles sociaux (*Ibid.*, p. 41-42). L'*Homo Sociologicus*, ou la catégorie « personne » en tant qu'objet de la sociologie, se trouverait dans le carrefour entre le fait « individu » et le fait « société » : l'individu qui occupe des *positions sociales* et qui joue des *rôles sociaux*.

N 14

Every position carries with it certain expected modes of behavior; every position a person occupies requires him to do certain things and exhibit certain characteristics; to every social position there belongs a social role. By assuming a social position, the individual becomes a character in the drama written by the society he is living in. With every position he assumes, society hands him a role to play. It is by positions and roles that two conceptually distinguishable facts, the individual and society, are mediated; and it is in terms of these two concepts that we describe homo sociologicus, sociological man, the basic unit of sociological analysis. (*Ibid.*, p. 35)

chaque position un role

L'auteur précise que ces rôles sociaux font l'objet d'une double attente de la société envers les individus qui ont une position sociale : a) une attente-exigence de comportement (« comportement de rôles »), c'est-à-dire une attente en ce qui concerne la manière de penser et d'agir; et b) une attente-exigence en ce qui concerne ses aptitudes et ses compétences (« attributs de rôles »), c'est-à-dire une attente à l'égard des caractéristiques personnelles que l'individu doit posséder lorsqu'il remplit un rôle déterminé. Autrement dit, l'individu qui occupe une position donnée doit non seulement agir de façon à répondre aux exigences de la société, mais aussi montrer qu'il possède les attributs susceptibles de satisfaire les attentes sociales.

Bref, les rôles sociaux sont des « faisceaux d'attentes » liés aux fonctions et aux attributs des individus qui occupent ces positions. Ils possèdent (Dahrendorf, 1968, p. 37) trois caractéristiques :

- ils sont des « complexes presque objectifs de prescription de comportement », indépendants de l'individu qui occupe la position;
- le contenu du rôle est modifié par l'organisation ou par un autre type de système social et non pas par les individus unilatéralement;
- les attentes liées au comportement qui sont intégrées aux rôles se présentent à l'individu avec une certaine inéluctabilité, de sorte que l'on ne peut y demeurer sourd sans subir une certaine perte. Autrement dit, l'individu qui ne répond pas aux exigences du rôle est susceptible de subir des sanctions (au sens large).

Après cette digression sur le concept de rôle social, revenons à notre objet. Le but de cette discussion théorique était de mettre en évidence ce qui me paraît être un défaut de perspective dans les recherches qui essaient de tirer des prescriptions pour les juges ou pour le législateur en se fondant sur les opinions du public. Même les recherches les plus poussées du point de vue méthodologique sont incapables de résoudre le *problème de la transposition des rôles*.

En effet, par-delà les difficultés méthodologiques que comporte la définition de cette « opinion publique », ces recherches n'échappent pas à un problème sociologique de fond qui me semble insurmontable : il est en effet impossible d'amener un individu jouant le rôle de « public » à penser à partir d'un autre rôle social, celui de juge (qu'il ne connaît pas et qu'il ne joue pas). L'inverse est également vrai : il est impossible pour ceux qui jouent le rôle de juge ou de législateur de raisonner comme le fait le public, comme si leurs positions n'étaient pas contraintes par un « faisceau d'attentes » défini par le système de droit criminel et le système politique. Les individus qui jouent le rôle de juge ou de législateur peuvent, bien sûr, jouer occasionnellement le rôle de public (Dahrendorf précise à cet égard que les individus jouent plusieurs rôles), mais les deux activités ne peuvent être concomitantes. Donc, quand ils sont en train de jouer le rôle de juge ou de politicien, il y a une impossibilité de penser en tant que public. Ils ne peuvent pas se débarrasser des contraintes du rôle.

Le rôle de public et le rôle de juge ne répondent pas aux mêmes attentes. L'individu, jouant le rôle de public, n'est soumis à presque aucune contrainte au moment de se prononcer sur la peine à appliquer dans un cas donné. Qu'il réponde à une enquête, qu'il envoie une lettre à un journal ou qu'il parle à son entourage, l'individu jouant le rôle de public a dans la meilleure des hypothèses un souci de cohérence individuelle. Il sait que, dans l'action qu'il accomplit, son rôle se limite à émettre une opinion plus ou moins raisonnable. Les attentes sont très faibles et les sanctions possibles presque inexistantes : dans le pire des cas, on estimera que l'individu se trompe, qu'il n'est pas bien informé ou quelque chose du même genre.

Il en va autrement pour un juge qui donne une peine. Le rôle de juge est encadré par les d'attentes du système de droit criminel (attentes relatives au comportement et aux attributs). Le juge doit être intègre et bien informé. Il doit avoir une profonde connaissance du droit et des règles sociales (attentes relatives aux attributs). Mais, surtout, il doit raisonner juridiquement, arbitrer le conflit entre les parties, connaître parfaitement les principes juridiques et chercher une peine juste satisfaisant aux critères du droit. Échapper à ce « faisceau d'attentes » du système de droit criminel entraîne des sanctions beaucoup plus tangibles que celles auxquelles le public serait exposé. La sanction peut être tout simplement dans l'annulation de son jugement par une cour d'appel (ce qui est une procédure normale du droit, mais peut être vue aussi comme la « correction » d'une « mauvaise décision ») ou encore la réprobation de ses pairs, ce qui est susceptible de nuire à sa carrière. Bref, la décision du juge est beaucoup plus « responsable », car elle s'inscrit dans un rôle qui est investi de beaucoup d'attentes précises.

Cela dit, peut-on vraiment penser qu'il est possible de comparer les sentences des juges avec celles du public ? Ou qu'il est souhaitable que les juges « s'informent » de l'opinion du public et en tiennent compte ? Le public ignore les principes du droit, les multiples implications liées à un cas précis, le souci de proportionnalité que le juge doit avoir avec d'autres cas, etc. Il ignore aussi les contraintes du système de droit criminel et ses implications pour l'individu qui joue le rôle de juge dans une décision d'imposition d'une peine. Peut-on vraiment penser alors que cette transposition de rôles que certaines recherches préconisent soit possible ? En résumé, le désir « d'orienter » le système de droit criminel de manière à tenir compte des résultats de recherche sur l'opinion du public par rapport aux peines ignore ce fait sociologique que l'acteur ne pense qu'à partir de sa position sociale et selon les contraintes inhérentes à son rôle.

Le problème des distinctions

Un quatrième genre d'observations au sujet de ces recherches concerne leur façon de concevoir le système de droit criminel. À mon avis, une bonne partie de la littérature qui traite du rapport *sentencing*-opinion publique arrive mal à faire une distinction qui me paraît fondamentale. Il me semble que la majorité des travaux n'insistent pas assez sur l'autonomie du système de droit criminel. Comme on l'a vu, on justifie ces études par l'importance du rôle joué par l'opinion publique dans le « système pénal » d'une société démocratique, mais on oublie que l'expression « système pénal » englobe à la fois le système politique et le système de droit, et que la démocratie n'a pas dans le premier le même sens que dans le second, d'autant que ces deux systèmes sociaux remplissent des fonctions différentes dans la société.

Cette confusion est plus visible dans les études qui comparent, relativement à certains types de peines, l'opinion du public et l'opinion de ce qu'on appelle *criminal justice officials* ou *criminal justice practitioners*, une catégorie très large qui englobe les juges, les procureurs, les défenseurs publics, les agents de probation et les politiciens (Mande et English, 1989).

On peut aussi se référer à l'exemple de Tomaino (1997). Il a bâti un modèle qui vise à intégrer l'opinion publique dans le processus de détermination de la peine, mais il est très difficile de discerner dans son modèle quand il parle de l'activité des juges et quand il parle de l'activité politique de création des peines (et des variables qui peuvent influer sur elle). En résumé, il soutient que le public devrait jouer un rôle dans la sélection des peines et dans le quantum, qu'on doit prendre en considération le public une fois que les limites de sa tolérance ont été dépassées, qu'on doit officialiser le rôle que le public joue déjà, etc. Cependant on ne sait trop s'il fait référence uniquement à l'inscription de la peine dans la loi ou s'il prête aussi attention à la détermination des peines par les juges.

La confusion existe aussi dans d'autres études. Cook (1977) et Kuklinski et Stanga (1979) font référence aux juges comme étant des *policy-makers*, des personnes qui créent la *judicial policy*. Ces auteurs adoptent le point de vue de la science politique, ce qui rend difficile l'observation du système de droit criminel en tant qu'entité autonome du système politique. Or, la logique juridique n'est pas et ne peut pas être identique à la logique politique qui implique qu'on réponde au public. L'idée sous-jacente – la *political responsiveness* – implique que le système de droit criminel soit traité comme une branche du système politique, étant donné que les juges sont devenus, dans une telle conception, des agents politiques et que les cours sont des *policy-making bodies* (Kuklinski et Stanga, 1979, p. 1091).

Étant donné l'absence de conceptualisation du système de droit criminel, il est difficile de voir la logique qui sous-tend la prise de décision dans ce système. Comme la distinction entre le juridique et le politique est floue, il est impossible de voir que, pour imposer des peines, le système pénal utilise son propre cadre théorique (les théories de la peine), lequel est difficilement conciliable avec des principes tels que le *government responsiveness*. Dans la mesure où on considère que le système de droit criminel relève du système politique, on se trouve amené à appliquer une logique bancale dans le processus de décision.

Le problème de l'absence des théories de la peine

On touche ici au cœur du problème. Les recherches sur l'opinion publique et la détermination de la peine manquent de fondements théoriques. Le problème majeur est le fait que ces recherches ne tiennent pas compte du cadre théorico-normatif dominant du système de droit criminel et du système politique en matière de création de loi pénale, soit la rationalité pénale moderne.

À mon avis, ces recherches qui visent à passer un message à ces deux systèmes négligent de voir que leur manière d'agir et de penser en matière de peine se rattache à une rationalité pénale dominante (la rationalité pénale moderne dont on parle tout au long de ce livre) qui offre un éventail de justifications et qui oblige à motiver la peine dans les limites de certains paramètres.

Les juges et les politiciens, au moment d'infliger et de créer des peines, doivent tenir compte de limites qu'il leur est impossible de franchir sans causer de graves perturbations internes. Outre les exigences d'ordre technique (peines minimales et maximales, critères d'aggravation et d'atténuation, etc.), qui débordent mon propos, les motivations des peines (pour la création et l'application), pour être acceptées par le système de droit criminel (c'est-à-dire pour ne pas être perçues comme un élément étranger et non pertinent), doivent faire appel à un vocabulaire de motifs[13] clos et connu de tous.

Ce vocabulaire de motifs, qui rassemble les différentes raisons données par les théories de la peine dominantes, doit nécessairement être pris en compte (même si c'est de façon non explicite) au moment de punir. Une « vraie » peine[14] doit obligatoirement, au moment de la justification, se rattacher à une des théories classiques de la peine (dissuasion, rétribution, réhabilitation) ou à une combinaison de celles-ci (entre elles ou avec d'autres comme la neutralisation et la dénonciation).

Ainsi, un juge ne pourrait pas par exemple prononcer une peine dans le but avoué de venger la famille de la victime ou d'exercer de façon arbitraire son autorité, parce que le système de droit criminel écarte ce genre de justification. L'attribution de la peine, pour être une communication juridique reconnue comme telle par le système, doit nécessairement faire appel aux motifs que nous donnent les théories modernes de la peine criminelle.

13. Concept de C. Wright Mills, repris par Pires (2008).

14. Pires et Cauchie (2007) nous donnent un exemple d'une loi criminelle qui sort du cadre de ces théories. Ils parlent d'une loi brésilienne sur les drogues dont les peines – avertissement sur l'effet des drogues, travail communautaire et obligation de suivre à un cours éducatif – ne s'appuient sur aucune des théories classiques. La loi a plongé les juristes dans l'étonnement ; plusieurs ont parlé de décriminalisation et refusent de considérer ces peines comme de « vraies » peines.

De même, les communications politiques en matière de création de lois pénales s'inscrivent dans le même cadre théorique, lequel non seulement établit les justifications de la punition, mais aussi oblige à punir. On peut dire que ces théories de la peine constituent en quelque sorte des « théories pratiques » qui ne prescrivent rien aux juges et au législateur, mais les orientent dans le choix des motifs susceptibles de justifier une sanction criminelle, de sorte que celle-ci soit reconnue comme une *vraie* sanction.

Pour revenir à mon sujet, je crois que cette rationalité pénale moderne n'est jamais prise en considération dans les travaux visant à comprendre le rapport de l'opinion publique avec le politique (dans la motivation de création de peines) et avec le juridique (dans la motivation des sentences). Ainsi, une bonne partie de la littérature que j'ai recensée fait un effort pour « communiquer des messages » aux politiciens et aux juges au sujet de ce que pense le public, mais néglige de considérer que, pour pouvoir retenir les messages, le système de droit criminel et le système politique (en ce qui concerne la création de peines) doivent se référer à un cadre qui oblige à punir en suivant des règles établies.

En d'autres termes, les sciences sociales s'attachent à passer un message à ces deux systèmes sans pourtant prendre en considération que ceux-ci ne peuvent « entendre » ce message qu'à partir de leur propre vocabulaire de motifs, soit les théories de la peine. Dire au système de droit criminel qu'il doit décider dans un sens déterminé afin de tenir compte des perceptions du public, c'est d'une certaine façon oublier que la quête de cohérence de ce système se fait envers ses propres théories internes et non des expectatives qui lui sont étrangères. À force de vouloir « passer un message » au système de droit criminel ou de vouloir « renseigner les juges » sur ce que le public veut, on leur demande de s'attaquer à une difficulté inextricable, étant donné que leurs sentences se justifient uniquement dans le cadre du système et de ses théories de la peine (et non pas par rapport à l'expectative de l'opinion publique).

Je ne suis pas en train de dire que l'opinion publique ne peut jouer aucun rôle dans les prises de décision à l'intérieur de ces systèmes (surtout du système politique). Je pense que l'opinion publique peut souvent devenir un enjeu inévitable quand le législateur change la loi ou le juge impose une peine. Ce qui pose problème, c'est moins le fait que l'opinion publique joue un rôle – et encore moins la question de savoir si elle devrait ou non jouer un rôle – que la « tache aveugle » des recherches sur le sujet qui sont incapables de déterminer *comment* se produit la « digestion » de cet élément public à l'intérieur de ces deux systèmes. Les sciences sociales sont capables de voir que le système de droit criminel et le système politique subissent une pression de la part de l'opinion publique, qu'ils font face à des difficultés, mais elles ne peuvent expliquer comment les systèmes peuvent répondre à cette pression. En ce qui concerne plus particulièrement le système de droit criminel, il me paraît que, par prudence, les sciences sociales n'osent pas dire qu'il y a un rapport de causalité, mais que, par contre, elles sont incapables de voir comment les tribunaux peuvent traiter – on parle ici de constructions juridiques – cet élément externe de façon à le rendre compatible avec le cadre normatif propre aux théories de la peine.

Une augmentation de la peine pour un crime déterminé pourrait éventuellement être décidée à la suite des demandes expresses du public, mais le système politique doit pouvoir alors agir dans le cadre que lui imposent les théories modernes de la peine. Dans le même ordre d'idée, le juge peut prononcer une peine à la suite de la mobilisation de l'opinion publique autour d'un cas de figure, mais il doit fonder sa décision non pas sur cette dernière, mais sur l'effet dissuasif ou rétributif de la peine, ou même sur son effet de dénonciation. Toutefois, la mise en application de ces théories peut être justifiée, par exemple, par le fait qu'il est essentiel que le public conserve sa confiance en la justice. Cette science sociale du droit dont j'ai décrit certains traits paraît incapable de voir ces *opérations juridiques internes*.

Modifiant un peu la manière d'envisager la question, on doit se demander quel rôle joue cette science qui envoie des messages au système de droit criminel concernant la nécessité de prendre en compte l'opinion publique et qui néglige de considérer le cadre théorico-normatif dans lequel s'inscrit la prise de décision judiciaire. Peut-on vraiment croire que le message de la science disant que le public n'est pas aussi punitif qu'on ne le pense arrive à être perçu et intégré par le système de droit criminel ? Quelle peut être la portée du côté critique de ces recherches qui ne prennent pas en considération le système d'idées dans lequel s'insère l'application des peines ? Peuvent-elles influer positivement (dans un sens moins punitif) sur la manière de procéder du système de droit criminel sans toucher sa manière de penser ?

Enfin, je pense qu'en voulant à tout prix rapprocher le public du système pénal, certaines de ces recherches finissent par contribuer à mettre en relief un nouveau critère dans la prise de décision, voire dans l'attribution de la peine, sans « négocier » cette entrée avec le cadre normatif de référence déjà établi. Le résultat, il me semble, est que, quel que soit le message émis par la science concernant le public (plus ou moins punitif), ce nouveau « critère » est investi dans le système de droit criminel par la rationalité pénale moderne. Ainsi, l'opinion publique est utilisée pour justifier une peine, mais elle reste toujours associée à l'une des théories de la peine : on punit maintenant parce que le public veut la dissuasion, la neutralisation, la rétribution, etc. (et non pas nécessairement pour dissuader, neutraliser ou rétribuer tout court). L'opinion publique devient une sorte de critère de justice, mais un critère toujours dépendant de la force justificatrice des théories classiques de la peine.

Remarques conclusives

En guise de conclusion, quelques commentaires et questions. Plus que d'une certaine confusion des rôles, de lacunes sur le plan théorique et du caractère flou des distinctions établies, les recherches sur la détermination de la peine et l'opinion publique semblent souffrir surtout de l'absence d'une théorie du droit qui donnerait du sens à leurs résultats. Après tout, à quoi sert de savoir ce que le public pense des peines si – par-delà les simples « suggestions » soumises aux politiciens et aux juges – on ne se demande pas quel genre de transformations cela est susceptible d'amener dans le droit pénal lui-même ? Les sciences sociales ici ont été incapables de voir que le droit possède ses propres critères de justice et que toute utilisation de cette information émanant de l'opinion publique ne pourrait pas se transformer en une communication juridique d'imposition de peine sans passer par ces critères. Il reste à expliquer comment s'établit ce rapport entre les critères de justice du système de droit criminel et ce nouveau stimulus externe.

De plus, il importe de souligner le fait que le problème de l'utilité de cette littérature n'est pas complètement réglé. On est ainsi en droit de se demander en quoi il est utile de savoir ce que le public pense du processus de détermination de la peine. Une société deviendrait-elle vraiment plus juste si les législateurs écoutaient toujours le public ? Est-ce qu'il convient que le législateur donne satisfaction aux demandes du public en matière de législation fiscale ou monétaire ? Ou concernant les droits de certaines minorités ? Par ailleurs, que signifie le fait de dire que les juges doivent être attentifs aux valeurs de la communauté ? Devraient-ils veiller à ne pas contrarier l'opinion publique dans les jugements qu'ils rendent ? Poussons les choses un peu plus loin : si l'on se trouve dans une communauté raciste, le juge devrait-il adhérer totalement aux valeurs de la communauté au moment de juger un infracteur noir ? Dans certains domaines, il est loin d'être évident qu'une décision qui requiert une certaine expertise puisse être « démocratique » (dans le sens d'entendre le public). Pensons tout simplement au médecin qui prescrit un médicament à un patient. Il ne demande pas l'avis de celui-ci. Pourquoi le juge devrait-il, pour sa part, demander l'avis du public ?

Finalement, en ce qui concerne l'absence de toute référence à une théorie du droit dans cette littérature, il importe de dire que celle-ci n'a pas défini la place du droit dans la société. Elle n'établit même aucune distinction entre le système de droit criminel et le système politique. Le droit demeure pour ainsi dire accessoire, et on ne précise pas davantage ses particularités. Tout se passe comme si le fait d'expliquer les décisions en matière de « politiques pénales » éclairait suffisamment la question. Faute de développements théoriques plus poussés, on se trouve en face d'une science sociale du droit sans le droit. Pour reprendre une idée de Luhmann (1983), ce qui manque à la littérature examinée ici est, au bout du compte, le droit. Ou plutôt un système de droit criminel qui est traité comme une entité autonome, capable d'évoluer d'une façon indépendante par rapport au système politique. Un système de droit criminel qui ressent le stimulus de ce public, qui doit composer avec lui, mais qui le fait en tenant compte de ses propres critères internes, qui se fonde en un mot sur les critères du droit et non sur ceux du système politique.

Références

Bagaric, M. et R. Edney (2004), « The Sentencing Advisory Commission and the hope of smarter sentencing », *Current Issues in Criminal Justice,* 16, p. 125-139.

Boers, K. et K. Sessar (1991), « Do people really want punishment? On the relationship between acceptance of restitution, needs for punishment, and fear of crime », dans K. Sessar et H. J. Kerner (dir.), *Developments in Crime and Crime Control Research,* New York, Springer-Verlag, p. 126-149.

Boydell, C. L. et C. F. Grindstaff (1972), « Public opinion and the criminal law », dans C. L. Boydell, C. F. Grindstaff et P. C. Whitehead (dir.), *Deviant Behaviour and Societal Reaction*, Toronto/Montréal, Holt, Rinehart and Winston, p. 165-180.

Commission canadienne sur la détermination de la peine (1988), *La Détermination de la peine : sondage d'opinion auprès des juges canadiens*, Ottawa, Direction des communications et affaires publiques, Ministère de la Justice.

Cook, B. B. (1977), « Public opinion and federal judicial policy », *American Journal of Political Science*, 21, p. 567-600.

Dahrendorf, R. (1968), « Homo Sociologicus », dans R. Dahrendorf, *Essays in the Theory of Society*, Stanford (Calif.), Stanford University Press, p. 19-87.

Doble, J., S. Immerwahr et A. Richardson (1991), *Punishing Criminals. The People of Delaware Consider the Options*, Philadelphie, The Public Agenda Foundation.

Doob, A. N., J. B. Sprott, V. Marinos et K. N. Varma (1998), *An Exploration of Ontario Residents' Views of Crime and the Criminal Justice*, Toronto, Centre of Criminology, University of Toronto.

Durant, M., M. Thomas et H. D. Willcock (1972), *Crime, Criminals and the Law. A Study of Public Attitudes and Knowledge, Carried Out for the Home Office*, Londres, Office of Population Censuses and Surveys, Social Survey Division.

English, K., J. C. et S. Pullen (1989), *Attitudes toward Crime: A Survey of Colorado Citizens and Criminal Justice Officials*, Denver (Colorado), Department of Public Safety, Division of Criminal Justice.

Environics Research Group (1989), « A qualitative investigation of public opinion on sentencing, corrections and parole », *Report Prepared for the Solicitor General Canada*, Toronto, Environics Research Group.

Flanagan, T. J. (1996), « Public opinion and public policy in criminal justice », dans T. J. Flanagan et D. R. Longmire (dir.), *Americans View Crime and Justice. A National Public Opinion Survey*, Thousand Oaks (Calif.), Sage Publications.

Garland, D. (2001), *The Culture of Control. Crime and Social Order in Contemporary Society*, Chicago, The University of Chicago Press.

Gerber, J. et S. Engelhardt-Greer (1996), « Just and painful. Attitudes toward sentencing criminals », dans T. J. Flanagan et D. R. Longmire (dir.), *Americans View Crime and Justice. A National Public Opinion Survey*, Thousand Oaks (Calif.), Sage Publications.

Gottfredson, S., B. D. Warner et R. B. Taylor (1988), « Conflict and consensus about criminal justice in Maryland », dans N. Walker et M. Hough (dir.), *Public Attitudes to Sentencing. Surveys from Five Countries,* Aldershot, Gower Publishing.

Groupe de recherche sur les attitudes envers la criminalité (1976), *Les Attitudes du public canadien envers la politique criminelle,* Montréal, Centre international de criminologie comparée, Université de Montréal.

Groupe de recherche sur les attitudes envers la criminalité (1984), « Attitudes of the Canadian public toward crime policies. Pilot enquiry », *Les Cahiers de recherches criminologiques,* Montréal, Centre international de criminologie comparée.

Hough, M., H. Lewis et N. Walker (1988), « Factors associated with "punitiveness" in England and Wales », dans N. Walker et M. Hough (dir.), *Public Attitudes to Sentencing. Surveys from Five Countries,* Aldershot, Gower Publishing.

Hough, M. et D. Moxon (1988), « Dealing with offenders: Popular opinion and the views of victims in England and Wales », dans N. Walker et M. Hough (dir.), *Public Attitudes to Sentencing. Surveys from Five Countries,* Aldershot, Gower Publishing.

Hough, M. et J.V. Roberts (2002), « Public knowledge and public opinion of sentencing », dans C. Tata et N. Hutton (dir.), *Sentencing and Society. International Perspectives,* Aldershot, Ashgate.

Hough, M. et J.V. Roberts (2004a), *Confidence in Justice: An International Review,* Londres, Home Office.

Hough, M. et J.V. Roberts (2004b), *Findings. Confidence in Justice: An International Review,* Londres, Home Office.

Könz, P. (1970), « Public participation in the criminal process », *International Review of Criminal Policy,* 27, p. 3-8.

Kritzer, H. M. (2004), « Federal judges and their political environments: The influence of public opinion », *American Journal of Political Science,* 23, p. 194-207.

Kuhn, A. (1993), « Attitudes towards punishment », dans A. Alvazzi del Frate, U. Zvekic et J. J. M. Van Dijk (dir.), *Understanding Crime: Experiences of Crime and Crime Control,* Turin, UNICRI, p. 271-288.

Kuhn, A., P. Villettaz et A. Jayet (2002), « Opinion publique et sévérité des juges. Comparaison entre les peines prononcées par les juges suisses et les sanctions désirées par le public » *Crimiscope,* 19, p. 1-6.

Kuklinski, J. H. et J. E. Stanga (1979), « Political participation and government responsiveness: The behavior of California superior courts », *The American Political Science Review,* 73, p. 1090-1099.

Kury, H. et T. Ferdinand (1999), « Public opinion and punitivity », *International Journal of Law and Psychiatry,* 22, p. 373-392.

Kutchinsky, B. (1968), « Knowledge and attitudes regarding legal phenomena in Denmark », dans N. Christie (dir.), *Scandinavian Studies in Criminology,* 2 (p. 125-159), Londres, Tavistock Publications.

Luhmann, N. (1983), *Sociologia do Direito I,* Rio de Janeiro, Tempo Brasileiro.

Luhmann, N. (2004), *Law as a Social System,* Oxford, Oxford University Press.

Mande, M. J. et K. English (1989), *The Effect of Public Opinion on Correctional Policy: A Comparison of Opinions and Practice,* Denver (Colorado), Department of Public Safety, Division of Criminal Justice.

Michaud, P. (1995), « L'administration de la justice et les tribunaux : quelques réflexions sur la perception du public », dans J. M. Brisson et D. Greschner (dir.), *Public Perceptions of the Administration of Justice,* Montréal, Éditions Thémis.

Miller, D., A. Rosenthal, D. Miller et S. Ruzek (1971), « Public knowledge of criminal penalties: A research report », dans S. E. Grupp (dir.), *Theories of Punishment,* Bloomington/Londres, Indiana University Press, p. 205-226.

Myers, L. B. (1996), « Bringing the offender to heel. Views of the criminal courts », dans T. J. Flanagan et D. R. Longmire (dir.), *Americans View Crime and Justice. A National Public Opinion Survey,* Thousand Oaks (Calif.), Sage Publications.

Page, B., R. Wake et A. Annes (2004), « Public confidence in the criminal justice system », *Research Findings,* 221, Londres, Home Office, Research and Statistics Directorate.

Pires, A. (1998), « La formation de la rationalité pénale moderne au XVIIIe siècle », dans C. Debuyst, F. Digneffe et A. Pires (dir.), *Histoire des savoirs sur le crime et la peine.* Vol. 2. Bruxelles, De Boeck Université.

Pires, A. (2001), « La rationalité pénale, démocratie et société du risque », *Sociologie et Sociétés,* 33, p. 179-204.

Pires, A. (2004), « A racionalidade penal moderna, o público e os direitos humanos na modernidade tardia », *Novos Estudos CEBRAP,* 68, p. 39-60.

Pires, A. (2008), « Théories de la peine : introduction générale », inédit, Chaire de recherche du Canada en traditions juridiques et rationalité pénale, Université d'Ottawa.

Pires, A. et J. -F. Cauchie (2007), « Un cas d'innovation "accidentelle" en matière de peines : une loi brésilienne sur les drogues », *Champ pénal/Penal Field, nouvelle revue internationale de criminologie* [En ligne], Séminaire Innovations pénales, Le système de droit, mis en ligne le 28 septembre 2007, Consulté le 4 novembre 2009. [http:// champpenal. revues. org/1541]

Pratt, J. (2007), *Penal Populism,* New York, Routledge.

Pratt, J. (2008), « Penal scandal in New Zealand », dans A. Freiberg et K. Gelb (dir.), *Penal Populism, Sentencing Councils and Sentencing Policy,* Annandale, Hawking Press, p. 31-44.

Robert, P. et C. Faugeron (1978), *La Justice et son public : les représentations sociales du système pénal,* Genève, Masson, Médecine et Hygiène.

Roberts, J.V. (1988a), « L'opinion publique et la détermination de la sentence : les sondages de la Commission canadienne sur la détermination de la peine », *Rapports de recherche de la Commission canadienne sur la détermination de la peine,* Ottawa.

Roberts, J.V. (1988b), « La détermination de la peine dans les médias : une analyse du contenu des journaux de langue anglaise au Canada », *Rapports de recherche de la Commission canadienne sur la détermination de la peine,* Ottawa.

Roberts, J.V. (1988c), « La recherche sur la détermination de la peine », *Rapports de recherche de la Commission canadienne sur la détermination de la peine,* Ottawa.

Roberts, J.V. (1996), « Public opinion, criminal record, and the sentencing process », *American Behavioral Scientist,* 39, p. 488-499.

Roberts, J.V. (1997), « American attitudes about punishment: Myth and reality », dans M. Tonry et K. Hatlestad (dir.), *Sentencing Reform in Overcrowded Times*, Oxford, Oxford University Press, p. 250-255.

Roberts, J.V. (2002), « Public opinion and sentencing policy », dans S. Rex et M. Tonry (dir.), *Reform and Punishment: The Future of Sentencing,* Portland (Or.), William Publishing.

Roberts, J.V. (2004), *Public Confidence in Criminal Justice: A Review of Recent Trends*, Ottawa, Public Safety and Emergency Preparedness Canada.

Roberts, J.V. (2008a), *Punishing Persistent Offenders: Exploring Community and Offender Perspectives,* Oxford, Oxford University Press.

Roberts, J.V. (2008b), « Sentencing policy and practice: The evolving role of public opinion », dans A. Freiberg et K. Gelb (dir.), *Penal Populism, Sentencing Councils and Sentencing Policy*, Annandale, Hawking Press, p. 15-30.

Roberts, J.V. et A. N. Doob (1989), « Sentencing and public opinion: Taking false shadows for true substances », *Osgoode Hall Law Journal*, 27, p. 491-516.

Roberts, J.V. et L. J. Stalans (1998), « Crime, criminal justice, and public opinion », dans M. Tonry (dir.), *The Handbook of Crime and Punishment*, Oxford, Oxford University Press.

Roberts, J.V., A. N. Doob et V. Marinos (1999), « Judicial attitudes to conditional terms of imprisonment: Results of a national survey », *Report to the Department of Justice Canada*, Toronto.

Roberts, J.V. et M. J. Hough (2001), « Public opinion, sentencing and parole: International trends », dans R. Roesch, R. R. Corrado et R. Dempster (dir.), *Psychology in the Courts*, Londres et New York, Routledge.

Roberts, J.V., L. J. Stalans, D. Indermaur et M. Hough (2003), *Penal Populism and Public Opinion. Lessons from Five Countries*, Oxford, Oxford University Press.

Roberts, J.V., N. Crutcher et P. Verbrugge (2007), « Public attitudes to sentencing in Canada: Exploring recent findings », *Canadian Journal of Criminology and Criminal Justice*, 49, p. 75-107.

Roberts, L. D. et D. Indermaur (2007), « Predicting punitive attitudes in Australia », *Psychiatry, Psychology and Law*, 14, p. 56-65.

Rossi, P. H. et R. A. Berk (1997), *Just Punishments. Federal Guidelines and Public Views Compared*, New York, Aldine de Gruyter.

Rossi, P. H., R. A. Berk et A. Campbell (1997), « Just punishments: Guideline sentences and normative consensus », *Journal of Quantitative Criminology*, 13, p. 267-290.

Salas, D. (2005), *La Volonté de punir. Essais sur le populisme pénal*, Paris, Hachette.

Scheingold, S. A. (1991), *The Politics of Street Crime. Criminal Process and Cultural Obsession*, Philadelphie, Temple University Press.

Smaus, G. (1983), « Les recherches KOL au service de la légitimation du droit pénal », *Déviance et Société*, 7, p. 131-152.

Taylor, D. G., K. L. Scheppele et A. L. Stinchcombe (1979), « Salience of crime and support for harsher criminal sanctions », *Social Problems*, 26, p. 413-424.

Thomas, C.W., R.J. Cage et S. C. Foster (1976), « Public opinion on criminal law and legal sanctions: An examination of two conceptual models », *The Journal of Criminal Law and Criminology*, 67, p. 110-116.

Tomaino, J. (1997), « Guess Who's coming to dinner? A preliminary model for the satisfaction of public opinion as a legitimate aim in sentencing », *Crime, Law and Social Change*, 27, p. 109-119.

Tremblay, P., G. Cordeau et M. Ouimet (1994), « Underpunishing offenders: Towards a theory of legal tolerance », *Canadian Journal of Criminology*, October, p. 407-434.

Verneuil, D. (1980). *L'Image de la justice criminelle dans la société. Fonctions et processus du système pénal*, Paris, SEPC.

Walker, J., M. Collins et P. Wilson (1988), « How the public sees sentencing: An Australian survey », dans N. Walker et M. Hough (dir.), *Public Attitudes to Sentencing. Surveys from Five Countries*, Cambridge, Gower Publishing.

Walker, N., M. Hough et H. Lewis (1988), «Tolerance of leniency and severity in England and Wales », dans N. Walker et M. Hough (dir.), *Public Attitudes to Sentencing. Surveys from Five Countries*, Cambridge, Gower Publishing.

Walker, N. et C. Marsh (1988), « Does the severity of sentences affect public Disapproval? An experiment in England », dans N. Walker et M. Hough (dir.), *Public Attitudes to Sentencing. Surveys from Five Countries*, Cambridge, Gower Publishing.

Wilkins, L.T. (1984), *Consumerist Criminology*, Londres, Barnes & Noble Books.

Xavier, J. R. (2005), « L'opinion publique au sein du système pénal : l'affaire James Bulger» thèse de maîtrise, Ottawa, Université d'Ottawa.

Xavier, J. R. (2008), « Les rapports entre l'opinion publique et la détermination de la peine du point de vue de la science », inédit, Ottawa, Université d'Ottawa.

Xavier, J. R. (2012), « La réception de l'opinion publique par le système de droit criminel », thèse de doctorat, Ottawa, Université d'Ottawa.

La distinction école classique/école positive et la rationalité pénale moderne : une réflexion à partir du regard des sciences sociales sur la réforme pénale de 1984 au Brésil

Mariana Raupp

ADOPTANT certains postulats de la théorie de l'observation du sociologue allemand Niklas Luhmann, notre contribution vise à montrer que la manière dont, parfois, les sciences sociales considèrent le droit criminel peut contribuer à son « ontologisation ». En utilisant la même distinction que le droit criminel, les sciences sociales finissent par reproduire les obstacles cognitifs qui entravent ce dernier. Pour illustrer les enjeux de l'observation, nous examinerons un cas particulier qui a rapport à une réforme du droit criminel mise en œuvre au Brésil en 1984. Notre objectif est de montrer qu'il est toujours possible d'observer ce cas sous des angles différents et de démontrer la pertinence d'observer la rationalité pénale moderne en tant qu'obstacle cognitif du droit criminel.

Mots clés : théorie de l'observation – rationalité pénale moderne – école classique du droit – école positive du droit – réforme du droit criminel.

Le présent chapitre propose une réflexion qui vise principalement à mettre en évidence les outils épistémologiques empruntés à la théorie de l'observation de Niklas Luhmann et à la théorie de la rationalité pénale moderne d'Alvaro Pires et, ainsi, faire ressortir leur contribution à la compréhension des enjeux cognitifs du droit criminel moderne. Nous croyons que la posture épistémologique adoptée par Alvaro Pires, en tant qu'observateur, reflète bel et bien l'objectif de sa théorie qui est de « désontologiser » le droit criminel moderne à partir, d'abord et avant tout, de la « désontologisation » des outils conceptuels des sciences sociales.

Pour démontrer cet apport différencié, nous allons observer comment les sciences sociales, observatrices externes du droit, analysent une réforme du droit criminel à partir d'un cas particulier de réforme pénale introduite au Brésil en 1984. Nous remarquerons ce que les sciences sociales observent et ce qu'elles n'observent pas en explicitant les enjeux de l'observation selon la distinction mobilisée par l'observateur. Ce chapitre comporte ainsi une « autoréflexion » sur la manière dont les sciences sociales envisagent la réforme du droit criminel. Comme le souligne Philippe Robert (2005), la criminologie et la sociologie ont toutes deux l'habitude de négliger l'étude du droit criminel. Si nous arrêtons notre attention sur l'analyse de Garland dans *The Culture of Control* (2001), nous découvrons qu'en utilisant le concept de champ du contrôle du crime, l'auteur quitte le domaine du droit criminel et considère la question de la punition en général dans la société moderne. Lorsque les sciences sociales prennent en compte le droit criminel, elles le traitent souvent comme une variable dépendante d'autres objets, en appliquant leurs propres catégories. Ainsi, si elles ne prennent pas une certaine distance, les sciences sociales courent le risque d'actualiser les catégories du droit et finissent par les « ontologiser ».

Le choix de la réforme brésilienne de 1984 comme point de départ de cette réflexion s'explique par la signification qu'a prise cette réforme à l'époque. La réforme pénale de 1984 constitue le dernier remaniement systématisé et général apporté au Code criminel du Brésil et elle est issue des travaux de la Commission de réforme du droit criminel spécialement créée à cette fin. À l'époque, le Brésil se convertissait à la démocratie après vingt ans de dictature militaire et, donc, il était plongé dans une profonde effervescence politique. Sont alors apparus de nouveaux mouvements sociaux qui voyaient la justice comme un lieu de lutte et de pouvoir, ainsi que le processus de création d'une nouvelle constitution assortie d'une charte des droits, etc. Le mouvement de réforme caractérise cette époque.

Partant de l'observation de ce cas précis, nous tenterons de montrer qu'il est toujours possible de l'envisager sous un autre point de vue, comme l'affirme avec insistance Alvaro Pires. Par ailleurs, nous voulons montrer que la manière dont, parfois, les sciences sociales traitent le droit criminel peut contribuer à son « ontologisation » du fait que les autres conceptions du droit criminel ayant cours dans l'univers juridique ne sont pas prises en compte. Ainsi que nous le verrons, les sciences sociales finissent par buter sur les mêmes obstacles cognitifs que ceux auxquels se heurte le droit. Cela signifierait donc, pour les sciences sociales, la perte à la fois de leur capacité de se montrer critiques dans l'observation externe du droit criminel et de leur capacité virtuelle de stimuler le droit criminel à sortir de la « bouteille à mouches » (Pires et Acosta, 1994) dans laquelle il est enfermé depuis le XVIIIe siècle. Nous suivons le conseil de Pires au sujet de la « vigilance épistémologique » du chercheur déjà prônée dans le passé par Bachelard : « il devra se dire : peut-être suis-je en train d'actualiser une vision identitaire ou un schéma d'observation communiqué par un autre système, ce qui m'empêche de mobiliser d'autres distinctions pour observer autrement » (Pires, 2004, p. 181).

Notre étude est structurée de la manière suivante : d'abord, nous dégagerons les principaux traits épistémologiques sur lesquels est fondée la théorie de la rationalité pénale moderne ; ensuite, nous replacerons la réforme brésilienne dans son contexte et la décrirons brièvement ; enfin, nous concentrerons notre attention sur la manière dont les sciences sociales brésiliennes ont envisagé la réforme. Nous inscrirons les observations que nous avons réalisées dans la problématique de la remise en question du droit criminel moderne qui a été définie par Pires.

Quelques repérages épistémologiques

« Everything said is said by an observer. » Cette phrase des biologistes Humberto Maturana et Francisco Varela (1987) résume bien les bases épistémologiques de la théorie des systèmes sociaux de Niklas Luhmann, c'est-à-dire de sa théorie de l'observation. Pour Luhmann, la cognition est un acte particulier qui produit une réalité également particulière. La réalité apparaît ainsi plus complexe et plurale (Moeller, 2006). Selon Luhmann, notre capacité de connaître est « manufactured by operations of observing » (2006, p. 245). Pour connaître, il faut observer et, pour observer, il faut distinguer. La marche à suivre est empruntée au mathématicien Spencer-Brown : pour observer, tracez une distinction et indiquez une de ses deux faces. Luhmann définit l'observation comme *« an operation that uses distinctions in order to designate something »* (2002,

p. 134). Ainsi, selon cette approche, tout ce que nous observons et considérons comme notre réalité est le résultat d'une distinction et, donc, d'une sélection. Nous (ainsi que tous les systèmes sociaux de communication) établissons à tout moment des distinctions lorsque nous observons. Parfois nous effectuons des distinctions très nettes, comme celles qui prennent la forme d'un code binaire (vrai/faux, légal/illégal, etc.) ou comportent un terme et un « contre-terme » (subjectivisme/objectivisme, rétributivisme/utilitarisme, etc.). Parfois, nous faisons des distinctions sans nous en rendre compte, du type ceci/tout le reste. Par exemple, si nous disons « prenez le concept *x* », nous désignons ce concept comme notre *marked space* et nous le distinguons de tout le reste, c'est-à-dire de l'*unmarked space*. Ainsi, la distinction est l'instrument par excellence de la cognition. Comme le souligne Luhmann, « *it is precisely by means of distinguishing that cognition separates itself from everything that is not cognition* » (2002, p. 144). Les distinctions « *mark something as distinct from something else* » (Luhmann, 2000, p. 54).

La réalité est ainsi toujours une construction, mais une construction (ou mieux, une opération) de tous les systèmes observateurs et non pas seulement de la conscience. Se prévalant de cette approche épistémologique, Luhmann propose de remplacer la distinction sujet/objet, qui est classique, par celle d'opération/observation. Il veut ainsi mettre l'accent, premièrement, sur l'indissociabilité du « sujet » (le système observateur) et de l'« objet » (l'observation) et, deuxièmement, sur la pluralité des « sujets » de l'observation, c'est-à-dire des systèmes observateurs producteurs de sens et constructeurs de leurs réalités.

Au-delà du fait que cette approche renouvelle le débat épistémologique, par le fait qu'elle a pour objet de « désubstantialiser » les catégories sociologiques traditionnelles, il importe de retenir que, en attribuant une place centrale aux distinctions, nous sommes amenés à constater que toute observation est sélective et contingente. Comme le souligne Luhmann, l'observation est une opération de sélection parmi d'autres. Cette manière d'envisager l'observation nous conduit à examiner le fait même d'observer et nous oblige à dépasser le *crying shame* de la culture occidentale (Maturana et Varela, 1987, p. 24), qui correspond à l'interdit prononcé contre l'entreprise qui cherche à « connaître comment on connaît ». Elle nous oblige à poser la question : « Comment savons-nous ce que nous croyons savoir ? » (Watzlawick, 1987). Elle nous permet ainsi de réaliser d'autres observations, c'est-à-dire de réaliser des observations du deuxième ordre.

On présuppose ici qu'il n'existe ni observateur privilégié ni réalité distordue ; ce qui existe, c'est une multiplicité de points de départ (Luhmann, 2002). Comme dit Luhmann, « *it is not a critic who knows better !* ». L'observation du deuxième ordre ne vise pas à faire ressortir le défaut, la faiblesse ou la lacune. Comme l'a fait remarquer Rasch (2002, p. 3), généralement, en sciences sociales, observer d'autres observations signifie déceler les latences et les considérer comme une erreur, une idéologie, une pathologie, etc. Le caractère radical de l'épistémologie de Luhmann se manifeste par « *locating latencies in all observations* ». Pour reprendre les termes de Rasch, « *opacities remain, no matter how large the telescopes* » (2002, p. 4).

C'est ici qu'apparaît l'utilité de l'observation du deuxième ordre. Luhmann avance l'argument suivant :

> *The observation of observations can pay particular attention to what kinds of distinctions the observed uses. It can ask itself what the observer is able to see with his distinctions and what he is not able to see. The observation of observations can be interested in the blind spot of its own use of distinctions or in the unity of its distinctions as the condition of possibility of its observation. [...] No one can see everything. Distinctions serve as two-sided forms that direct the operations of designating, referring, and connecting.* (2002, p. 74)

Il y a lieu de retenir que toutes les observations ont un point aveugle. Nous ne pouvons par conséquent dire qu'une observation observe tout et qu'elle n'a pas de point aveugle, ni qu'une observation est meilleure qu'une autre du fait des caractéristiques de l'observateur (être objectif, être critique, etc.). Mais un observateur peut affirmer que, sur un sujet ou un thème de recherche donné, tel schéma d'observation permet d'obtenir de meilleurs résultats d'observation et de description que tel autre. Chaque système social de fonction possède ses propres mécanismes de contrôle de la cognition. En ce qui concerne la science, par exemple, nous pouvons mettre en cause une observation donnée en nous appuyant, par exemple, sur sa capacité descriptive, sur la qualité de la méthode employée, etc.

Cette approche épistémologique nous permet de voir non pas ce que l'observateur observe, mais comment il observe (Luhmann, 2002,

p. 140). Elle permet aussi de voir le caractère contingent de l'observation observée (observation du premier ordre). Comme le souligne Luhmann, « *it can comprehend more extended realms of selectivity and identify contingencies where the first-order observer believes he is following a necessary path or is acting entirely naturally* » (Luhmann, 2000, p. 62). Il est intéressant de noter que l'observation proposée dans notre réflexion peut elle-même devenir l'objet d'une autre observation, c'est-à-dire que tout ce que nous sommes en train de dire s'applique également à l'observation du deuxième ordre. Toutes les observations comportent des limites structurelles, et notre observation elle-même a son point aveugle. Cette attitude épistémologique assure la possibilité d'observer autrement à partir d'autres genres de distinctions.

Le contexte et la réforme pénale de 1984 au Brésil

À partir des années 1970 furent tenus une série de congrès et de conférences auxquels bon nombre de juristes participèrent. Comme le souligne un des juristes qui y ont participé, cela a été une « [...] période fertile en discussions et en projets de révision du Code pénal, du Code de procédure pénale et de l'autonomie du droit d'exécution pénale » (Dotti, 1996, p. 315). Dans cet esprit, en 1980, le ministre de la Justice ordonna à la commission formée exclusivement de juristes qu'il avait créée « d'étudier la législation pénale et d'introduire les réformes nécessaires » (Exposé des motifs). À la suite de ces travaux, la commission rédigea trois documents : l'ébauche de la partie générale du Code pénal, un Code de procédure pénale et la loi sur la gestion de la peine. Tenant compte des explications du ministre, nous pouvons dire que la réforme est allée dans deux directions : d'un côté, elle voulait imposer des limites à la peine de prison en cherchant d'autres solutions[1] juridiques au crime et, de l'autre, elle voulait aussi adapter le droit criminel à un contexte plus violent (à cette époque sont apparues les communications sur les crimes violents et plus particulièrement sur le trafic de drogues que l'on considérait comme très préoccupant).

1. Le mot « solution » peut avoir plusieurs sens ; citons-en deux : solutions sociales au crime, comme prévention sociale sans modifier les structures juridiques, et aussi solutions juridiques qui modifient les structures du droit criminel.

Ainsi, en juillet 1984, au Brésil, deux lois en matière criminelle, la loi n° 7209/84 et la loi n° 7210/84, furent créées et connues par la suite sous le nom de « réformes pénales de 1984 ». La première loi présentait une nouvelle partie générale, qui comprenait les articles relatifs aux principes de détermination de la peine et surtout aux types de peines. Quant à la seconde loi, elle portait exclusivement sur la gestion de la peine, c'est-à-dire sur tout ce qui se passe après la condamnation par les tribunaux. Il faut savoir qu'il y a, au Brésil, un tribunal de la gestion de la peine et que c'est un juge de ce tribunal qui décide, par exemple, de la libération conditionnelle du condamné. Deux éléments rendent ces deux lois particulièrement intéressantes : leur processus d'élaboration et la manière dont les réformes dont elles procédaient furent interprétées à l'époque (et encore aujourd'hui) par les juristes et les chercheurs en sciences sociales.

Ces deux lois comportaient un certain nombre de modifications dont nous rendrons compte brièvement ici. Grosso modo, la première loi, qui porte sur la partie générale du Code, marquait la fin d'un système qui était appelé « double binaire » et qui permettait d'appliquer en même temps une peine (la peine de privation de liberté) et une mesure de sécurité dans le cas d'un condamné considéré comme dangereux. La mesure de sécurité permettait, si on le jugeait nécessaire, de garder le condamné en prison à l'expiration de sa peine d'emprisonnement. Ainsi, après la réforme, la mesure de sécurité fut appliquée seulement dans le cas de personnes reconnues non criminellement responsables et devrait être considérée comme une mesure de « protection » se traduisant par la privation de la liberté et le placement dans un hôpital offrant des traitements psychiatriques ou par des traitements sans privation de la liberté. La première loi instituait des peines restrictives de droits (prestation de services à la communauté, suspension temporaire des droits, limitation des déplacements pendant le week-end) qui pouvaient remplacer la peine de prison sous certaines conditions. Le recours à ces peines fut très limité et les conditions suivantes furent imposées : 1) la peine de prison fixée par le juge devait être inférieure à un an ou 2) le crime devait avoir l'imprudence pour cause (par opposition aux crimes intentionnels)[2] ;

2. La distinction ici se réfère aux crimes commis en raison d'un comportement imprudent et aux crimes intentionnels.

3) l'accusé ne devait pas être récidiviste; 4) le juge devait évaluer favorablement la culpabilité, les antécédents judiciaires, la conduite sociale et la personnalité du condamné.

Dans la nouvelle partie générale, la réforme ajoutait un article sur la détermination de la peine qui s'adressait exclusivement aux juges responsables d'instruire le procès. Cet article énonce les objectifs de réprobation et de prévention et exclut celui de la réhabilitation, destiné au juge de la gestion de la peine. Il se lit comme suit :

> Détermination de la peine
>
> Art. 59. Le juge, selon la culpabilité, les antécédents, la conduite sociale, la personnalité de l'agent, les motifs, les circonstances et conséquences du crime ainsi que le comportement de la victime, déterminera, comme étant nécessaires et suffisantes, pour la réprobation et la prévention du crime :
>
> I – les peines applicables parmi celles prévues;
>
> II – la quantité de la peine applicable selon les limites prévues;
>
> III – le régime initial de l'accomplissement de la peine privative de liberté;
>
> IV – la substitution de la peine privative de liberté appliquée pour une autre sorte de peine, si admise.

Quant à la loi sur la gestion de la peine, elle introduisait quatre modifications majeures. La première était l'instauration d'une loi fédérale sur la gestion de la peine qui venait uniformiser les lois provinciales. La deuxième modification consistait dans l'institution de la charge de juge de la gestion de la peine. Auparavant, la libération conditionnelle était décidée par l'organisation politico-administrative, le système correctionnel des provinces, sans la participation d'un juge. Ce passage d'une organisation politique (administration pénitentiaire) à une organisation juridique (tribunal de gestion de la peine) fut considéré comme une «judiciarisation» de la gestion de la peine. Cela signifie que c'était non pas la communication juridique sur la sanction criminelle qui était absente dans l'organisation politique, mais bien l'organisation juridique elle-même. La «judiciarisation» implique un changement dans l'organisation qui prend en charge la communication juridique relative à la peine. La troisième modification consistait à organiser graduellement le passage d'un régime de prison à l'autre (régime fermé, régime semi-ouvert, puis régime ouvert), ce qui était une innovation. Les réformateurs avaient considéré ce passage comme absolument nécessaire : ils tenaient à prendre en compte la resocialisation du condamné et l'individualisation de la peine lors de son exécution dans le système pénitentiaire. Il est intéressant de noter qu'ils inscrivaient cette individualisation et cette resocialisation à l'intérieur de la gestion de la peine, alors que le juge – qui n'avait pas beaucoup de marge de manœuvre – était obligé, pour sa part, d'appliquer la sentence. Enfin, dernière modification introduite par la loi sur la gestion de la peine, l'adoption du plan d'action visant à réhabiliter (terme signifiant à peu près la même chose que resocialiser) à l'intérieur de la gestion de la peine et dans des limites clairement définies. Dans l'exposé des motifs de cette loi, il revenait au système pénitentiaire de s'occuper de la réhabilitation, un principe central de l'intervention pénale, immédiatement après la détermination de la peine par le juge. Cela signifiait que la réhabilitation était un élément à considérer pour les juges responsables de la gestion de la peine, mais non pour les juges du procès.

> L'article premier contient deux ordres de finalités : l'accomplissement correct des ordonnances inscrites dans les sentences ou autres décisions, ordonnances destinées à réprimer et à prévenir les délits, et l'offre de moyens par lesquels les condamnés et ceux soumis à la mesure de sécurité peuvent avoir une participation constructive dans la communion sociale. (Exposé des motifs 213/1983)
>
> Art. 1er. La gestion de la peine a comme objectif d'accomplir les dispositions de la sentence ou de la décision criminelle et de proportionner les conditions pour l'intégration sociale harmonieuse du condamné et de l'interné.

La réforme vue par les sciences sociales : le cas de Fry et Carrara

Tenant compte de cette brève description, la présente analyse s'appuie sur un article écrit par les anthropologues brésiliens Peter Fry et Sergio Carrara et paru dans la *Revue brésilienne des sciences sociales* en 1986. L'article de Fry et Carrara avait pour but d'analyser les modifications apportées au Code criminel par cette réforme. Il nous semble bien illustrer – comme nous le verrons – la façon dont habituellement les sciences sociales envisagent les réformes du droit criminel. Par ailleurs, c'est le seul article qui traite spécifiquement et directement de la réforme en question.

Les auteurs se proposent de « mettre en relief quelques idées qui continuent à orienter l'esprit des réformateurs afin de révéler le processus par lequel certaines notions historiquement produites acquièrent le statut de "naturelles", incontestées» (Fry et Carrara, 1986, p. 48). Comme ils le soulignent, ils entendent discuter l'opinion de certains juristes selon laquelle la réforme était progressiste en raison de son caractère libéral et humaniste. Leur position à l'égard de la question mérite une remarque.

La définition de la place occupée par l'observateur, sur laquelle les auteurs insistent fortement, constitue le point de départ de l'article. En effet, les auteurs concentrent leur attention sur quelques éléments de la réforme considérés par les juristes comme essentiels, tels l'établissement des droits des détenus et la judiciarisation de la gestion de la peine (puisque auparavant la gestion de la peine relevait non pas du pouvoir judiciaire, mais de l'administration politico-correctionnelle). En d'autres termes, ils soulignent le fait qu'ils se placent à l'extérieur du droit afin de l'observer et de faire ressortir un certain nombre de points qui ont échappé aux observateurs juridiques (les réformateurs, les juristes, les professionnels juridiques, etc.).

Pour décrire et analyser la réforme de 1984, les auteurs font appel à la distinction école classique/école positive du droit criminel. Ils estiment que la réforme de 1984 marque la victoire de la pensée positiviste sur la pensée classique ou libérale en matière de droit criminel. De plus, ils emploient la face «école positive» de la distinction pour caractériser la réforme de 1984. Ainsi, le débat qui oppose les deux écoles aurait comme conséquence de rendre distincte toute codification pénale brésilienne. Si dans le passé on trouvait une issue au conflit en conciliant les deux écoles, les idées positivistes en matière criminelle auraient pris le dessus à partir de la réforme de 1984, selon Fry et Carrara.

La pensée classique dont parlent Fry et Carrara renvoie aux idées de Beccaria, de Kant et de Bentham, représentants de l'école classique du droit, qui donnent la prépondérance de la gravité du crime sur le risque de récidive dans la détermination de la peine. Elle met également l'accent sur la protection de la société plutôt que sur la défense sociale. En ce qui concerne la pensée positiviste, Fry et Carrara se réfèrent aux idées de l'école positive italienne représentée par Lombroso, Ferri et Garofalo. Ainsi, du côté de l'«école classique», nous trouvons potentiellement comme théories de la peine les théories de la dissuasion et de la rétribution. Du côté de l'«école positive», nous trouvons la théorie de la réhabilitation. Ici, il faut noter que la théorie de la réhabilitation n'est pas tout à fait propre à l'école positive italienne, comme nous le verrons plus loin. En fait, la théorie de la réhabilitation existait déjà avant l'apparition de l'école positive, et il existe une théorie de la réhabilitation contemporaine qui n'est pas conforme à la doctrine des écoles classique et positive. Le tableau suivant résume les caractéristiques de l'école classique et de l'école positive.

Tableau 1

L'école classique vs l'école positive

	Détermination de la peine (phénomène observé)	
	École classique/école positive ***(distinction directrice)***	
Critères essentiels	• La gravité du crime	• La dangerosité de l'individu (le risque de récidive que présente l'individu)
Théories modernes de la peine référées	• Théorie de la rétribution • Théorie de la dissuasion	• Théorie de la réhabilitation

L'article nie que la réforme ait eu un caractère libéral, comme le pensaient les juristes. La réforme, arguent Fry et Carrara, n'aurait pas choisi la conciliation entre l'école classique et l'école positive du droit, qui était habituelle dans la législation pénale au Brésil. Ainsi, comparant le nouveau Code pénal avec l'ancien, c'est-à-dire avec celui de 1940, Fry et Carrara font remarquer que ce dernier, avec le système du « double binaire », a trouvé une formule qui fait coexister les deux paradigmes. L'ancien Code acceptait le « paradigme de l'école classique » comme celui de l'« école positive ». Cette harmonie entre les deux écoles a été observée par les sciences sociales de la manière suivante : le Code de 1940, avec le « double binaire », a établi une continuité entre les deux écoles parce que, dans un premier temps, le juge décidait du tarif à payer selon la gravité du crime, conformément à la doctrine de l'école classique (les théories de la rétribution et de la dissuasion) et que, dans un deuxième temps, il déterminait, conformément à l'école positive, s'il y avait un autre traitement possible pour réhabiliter et atténuer la dangerosité.

Cette harmonie impliquait un sacrifice tant de l'école classique que de l'école positive. Ainsi, le « double binaire » peut être regardé comme un verre à demi plein ou à demi vide. Dans le Code pénal de 1940, l'école libérale estime, de son point de vue, avoir gagné parce que le criminel devait payer au moins le tarif correspondant à la gravité du crime, mais, d'un autre côté, elle aurait perdu parce que la punition du criminel pouvait être plus sévère en raison de sa dangerosité. L'école positive aurait, de son point de vue, perdu parce que la peine appliquée pour le crime pouvait être moindre qu'elle le jugeait nécessaire, mais, d'un autre côté, elle aurait gagné parce que le criminel restait en prison plus longtemps que s'il avait été jugé seulement en fonction de la gravité du crime.

Les spécialistes des sciences sociales ont écarté cette conciliation dans la réforme de 1984. Selon Fry et Carrara, l'école positive, cette fois, aurait gagné. Mais comment peuvent-ils affirmer que cette dernière l'ait emporté puisque la réforme a exclu l'un des points de doctrine essentiels de l'école positive qu'est la possibilité de convertir une peine en mesure de sécurité en raison de la dangerosité du condamné ? Il est intéressant de noter ici la différence entre l'observation faite par les réformateurs (observation interne du droit), et celle faite par les sciences sociales (observation externe du droit). D'un côté, il y a les juristes et les réformateurs qui considèrent que la réforme donne la prépondérance à la pensée libérale sur la pensée positiviste, et de l'autre, il y a Fry et Carrara qui estiment que la pensée positiviste l'a emporté dans la réforme. En effet, lorsque Fry et Carrara ont soutenu que la pensée positive avait la prépondérance, les réformateurs ont eux-mêmes mis l'accent sur « l'option par le libéralisme comme vecteur politique du droit pénal », ainsi que l'ont signalé Miguel Reale Junior, René Ariel Dotti, Ricardo Antunes Andreucci et Sergio M. de Moraes Pitombo (1987, p. 30), tous des juristes faisant partie de la commission de réforme. L'exposé des motifs de la réforme précise que « la mesure de sécurité, de caractère préventif et assisté, est réservée à ceux qui sont pénalement non responsables. Cela, en résumé, signifie : culpabilité – peine ; dangerosité – mesure de sécurité. »

En défendant un point de vue contraire à celui des juristes, les sciences sociales donnent donc la victoire à l'école positive. Mais comment l'école positive peut-elle gagner plus que dans le passé puisque le « double binaire » a disparu ? L'observation interne de la réforme de 1984 (par les réformateurs) a observé le contraire : le criminel ne peut plus passer automatiquement plus de temps en prison selon sa dangerosité. Le tribunal fait ainsi, dès le début entre les responsables et les « non-responsables », une distinction fondamentale qui est propre à l'école classique. La mesure de sécurité ne peut être appliquée à tout le monde. À cet égard, l'observation du droit apparaît plus juste que l'observation des sciences sociales. Il importe de souligner qu'il n'est pas établi qu'une seule de ces deux écoles soit sortie gagnante. Nous pouvons ainsi constater qu'une observation menée par un observateur externe n'observe pas nécessairement mieux qu'une autre réalisée par un interne. Comme nous l'avons dit, il n'existe pas de position privilégiée pour observer.

Ainsi, nous pouvons poser la question : comment Fry et Carrara ont-ils observé la réforme de 1984 et l'ont-ils envisagée par rapport à l'abolition du « double binaire » ? Fry et Carrara rappellent qu'il existait auparavant deux types de décisions pénales : la peine et la mesure de sécurité. S'appuyant sur des descriptions faites par les juristes, ils arrivent à la conclusion que la peine a pour but de punir, qu'elle vise à empêcher la perpétration du crime ou à simplement le « rétribuer ». L'image qu'on avait du criminel était celle d'un être rationnel, autonome, qui a choisi de commettre un crime. La peine correspondrait donc à la conception de l'école libérale du droit. Par contre, la mesure de sécurité appartiendrait à l'école positive du droit. Son but serait à la fois thérapeutique et pédagogique, car il a rapport à la défense sociale et au traitement du criminel. Son principe central serait la dangerosité du criminel. Ce dernier était considéré comme déterminé parfois par des facteurs biologiques, parfois par des facteurs sociaux ou moraux, ceux-ci étant pris au sens psychologique.

En général, le Code de 1940 prescrivait l'application d'une peine aux responsables et d'une mesure de sécurité aux « non-responsables », mais il prévoyait, dans le cas des personnes qui purgeaient une peine d'emprisonnement, la mise en œuvre d'une mesure de sécurité lors de la gestion de la peine selon la dangerosité du condamné. Ainsi, une mesure de sécurité pouvait être appliquée pour une personne pénalement responsable. Le « double binaire » se trouve essentiellement dans cette disposition du Code. Cela signifie que la durée de l'incarcération énoncée dans la sentence pouvait être augmentée au cours de la gestion de la peine et que cette dernière se transformait en mesure de sécurité.

En suivant l'observation de Fry et Carrara, nous pouvons résumer la règle du « double binaire » du Code de 1940 de la manière suivante :

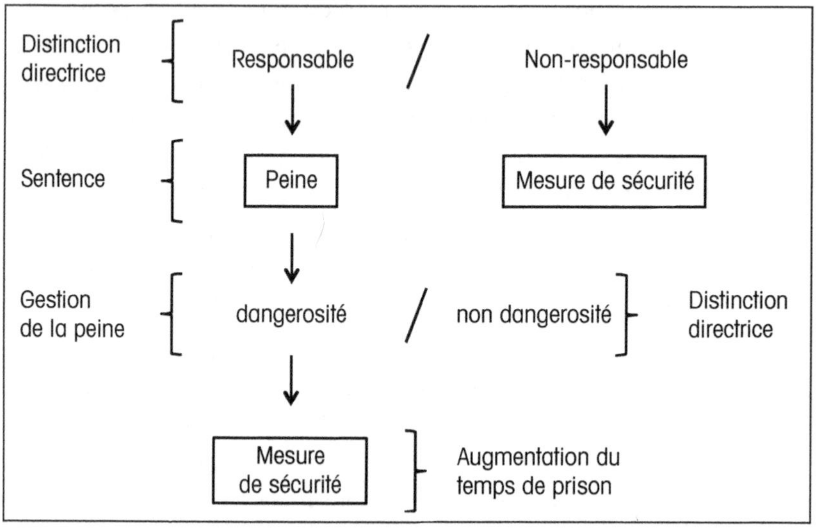

Figure 1 Possibilités d'application de la peine et de la mesure de sécurité dans le Code de 1940

La réforme de 1984 a aboli la possibilité de transformer la peine en mesure de sécurité lors de la gestion de la peine. Ainsi, s'il était tenu pour responsable, le criminel recevait une peine qui ne pouvait être transformée par la suite en mesure de sécurité. La mesure de sécurité ne s'appliquait plus qu'aux personnes tenues pour non responsables. Mais la réforme a procuré la possibilité de prendre, au cours de la gestion de la peine, une décision concernant le genre de régime de prison à suivre (régime fermé, régime semi-ouvert et régime ouvert). La décision prenait en compte la dangerosité du condamné. Ainsi, la réforme faisait dépendre la progression du régime de prison et la libération conditionnelle de la dangerosité du condamné lors de la gestion de la peine, telle qu'elle est évaluée par des psychologues et des intervenants. L'évaluation porte sur les possibilités de resocialisation de chaque condamné et non sur sa dangerosité, mais nous gardons cette distinction parce que Fry et Carrara l'utilisent. Notons que le Code a aboli le terme dangerosité et parle plutôt de circonstances personnelles de l'accusé. Les réformateurs ont estimé que cette évaluation individualisait la peine. Cependant, cette évaluation diffère de l'évaluation dont parlait le Code pénal de 1940 où il était possible de transformer la peine en mesure de sécurité. Dans l'évaluation définie par la réforme de 1984, il n'est plus possible de prolonger la peine de prison au-delà de la durée fixée dans l'énoncé de la sentence. Ainsi, à partir de 1984, au cours de la gestion de la peine, la durée de l'emprisonnement ne pouvait plus être augmentée : elle pouvait être maintenue ou réduite et s'accompagner soit d'une progression de régime soit d'une libération conditionnelle. La peine fixée dans l'énoncé de la sentence restait ainsi liée à l'acte, à sa gravité, conformément à la doctrine de l'école classique[3]. Elle pouvait être modifiée en cas de réduction et non en cas d'extension. La figure 2 résume les diverses possibilités d'application contenues dans la réforme de 1984.

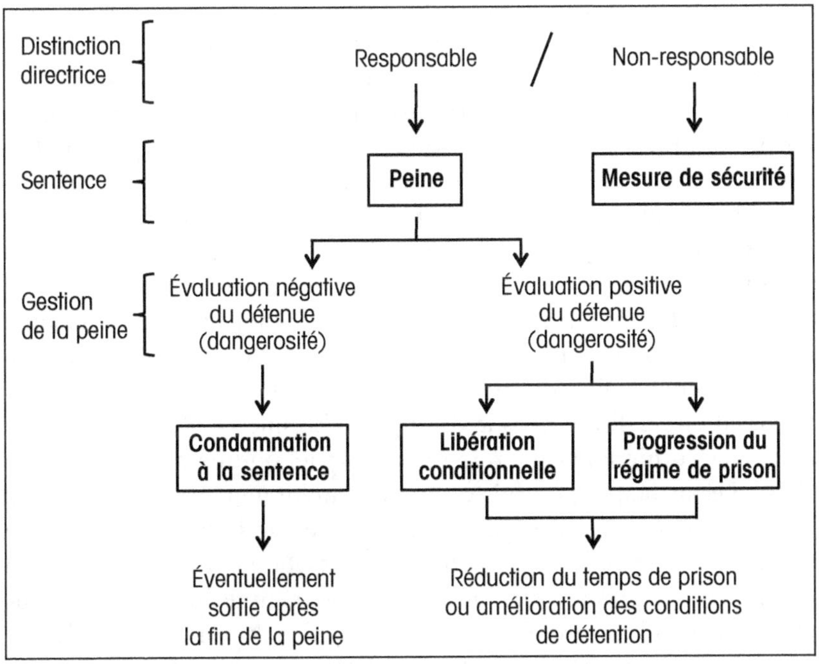

Figure 2 Possibilités d'application de la peine et de la mesure de sécurité dans la réforme de 1984

3. Il est intéressant de noter que l'article 59 proposé par la réforme de 1984 a incorporé, au moment de la détermination de la peine par le juge, l'analyse des caractéristiques personnelles du condamné. Ce critère attribué à la pensée positiviste est ainsi présent dans cette étape et pas seulement dans la gestion de la peine. Toutefois, il est intéressant de remarquer que la détermination de la peine n'est problématisée ni par les

Pour Fry et Carrara, l'abolition de ce système du *duplo binário* dans la réforme de 1984 ne signifierait pas la victoire de la pensée classique libérale sur la pensée positiviste. Pourquoi ? Parce que la nouveauté introduite par cette réforme selon l'observation des sciences sociales consisterait dans la création par le droit d'un nouveau concept de peine. Selon ces auteurs, il s'agit d'un nouveau concept parce que la nouvelle peine combinerait deux formes de réaction pénale : la peine – conceptualisée par les libéraux – et la mesure de sécurité – conceptualisée par les positivistes. Elle aurait comme finalité la punition (afin de dissuader ou de « rétribuer ») et le traitement. La peine d'emprisonnement serait donc formée d'éléments libéraux tels que la limite (la réforme n'a pas retenu les peines indéterminées) et d'éléments positivistes tels que l'évaluation de la dangerosité du condamné. Cette manière d'envisager la peine, selon Fry et Carrara, s'explique par l'adoption du mécanisme de progression du régime de la « peine-prison » – le passage du régime fermé à un régime semi-ouvert ou ouvert au cours de la gestion de la peine de prison. Ce mécanisme, considéré comme une innovation libérale et humaniste par les réformateurs, prévoit une évaluation du condamné par les psychologues, évaluation qui portera sur ses antécédents, sa dangerosité, ses risques de récidive, bref sur sa moralité. Ainsi, pour ces auteurs, l'obligation de mener cette évaluation subjective du condamné montre bien la prépondérance de la pensée de l'école positive dans le droit criminel. Cela explique le titre donné à leur article : « Les vicissitudes du libéralisme dans le droit pénal brésilien ». Cet article vise à mettre en lumière le caractère institutionnel du libéralisme pénal au Brésil. Les principes positivistes sont hiérarchiquement supérieurs aux principes de l'école classique puisque toute décision dans le cadre de la gestion de la peine soit à l'égard de la libération conditionnelle, soit à l'égard de la progression du régime de prison (régime fermé vers le semi-ouvert), dépend d'une évaluation psychologique et morale du condamné reposant sur les principes positivistes défendus par l'école italienne.

Cependant, comme nous l'avons vu, les critères relatifs à la personnalité du condamné, qui sont utilisés dans le Code de 1940 pour prolonger le temps d'incarcération, sont utilisés à partir de 1984 pour

observations du droit ni par celles des sciences sociales. L'une des raisons peut être le fait que la détermination de la peine est vue au Brésil comme un processus mécanique de calcul de la peine (Machado, Pires, Ferreira, Schaffa, 2009).

réduire la peine ou du moins maintenir la peine fixée dans la sentence. Ainsi, à partir de la réforme de 1984, le juge responsable de la gestion de la peine ne peut augmenter la durée de l'incarcération. Fry et Carrara considèrent que la pensée positiviste l'emporte, par contre, au chapitre de l'atténuation de la peine. Auparavant, il y avait possibilité d'appliquer la mesure de sécurité aux responsables dans la gestion de la peine, mais à partir de 1984, elle est appliquée exclusivement aux non-responsables. La durée maximale de la peine est fonction de la gravité du crime[4]. La personnalité du condamné va influer sur le maintien de la peine ou sur son atténuation au cours de la gestion de la peine. Le tableau suivant décrit les gains des deux écoles dans les codes de 1940 et de 1984 :

Tableau 2

Gains de l'école classique et de l'école positive dans le Code de 1940 et dans la réforme de 1984

Élément observé par les auteurs	Description	Remarques
1) Distinction initiale	Responsable/ non-responsable	Sans modification Gain de l'école classique
2) Sentence	Peine ou mesure de sécurité	Sans modification Gain de l'école classique Élément **non observé**
3) Gestion de la peine	Dangerosité : peine maximale fixée dans la sentence	Gain de l'école classique
	Non-dangerosité : progression du régime ou libération conditionnelle	Gain « libéral » de l'école positiviste

Nous pouvons donc voir que la victoire de la pensée positiviste est loin d'être certaine puisque la possibilité de prolonger la peine au-delà de la durée fixée par la sentence, que l'observation des sciences sociales considère comme un gain de l'école positiviste, est en réalité la possibilité d'atténuer la peine. Il s'agit donc d'un gain de l'école libérale qui est dû

4. Mais, selon l'article 59 avec la nouvelle rédaction donnée par la réforme de 1984, le juge doit considérer les caractéristiques personnelles de l'accusé lors de la détermination de la peine. Autrement dit, il ne s'agit pas d'un critère exclusif de la gestion de la peine.

à l'application d'un principe de l'école positiviste. Si nous avions à désigner un gagnant, nous choisirions le garantisme libéral.

En revanche, une mauvaise utilisation du terme «libéral» rend confuse l'observation des réformateurs du droit. Tel qu'il est employé, le terme «libéral» ne permet pas de rendre correctement compte des particularités de cette réforme, comme nous le verrons plus loin. L'école classique et les théories de la rétribution et de la dissuasion qui s'y rattachent excluent la possibilité d'atténuer la peine. La théorie de la peine qui entre en jeu dans cette question est la théorie de la réhabilitation et non pas la théorie de la rétribution et celle de la dissuasion. Par conséquent, il n'y a pas là non plus de gain de l'école libérale.

Malgré tout, Fry et Carrara, examinant la réforme de 1984, affirment que celle-ci ne témoigne pas d'une nouvelle mentalité en matière pénale puisque le point principal, l'extinction de la mesure de sécurité, n'amène pas l'abolition de la pensée qui la sous-tend et qui est celle de l'école positive. Au contraire, cela signifie, pour eux, la victoire de la pensée de l'école positive sur la pensée libérale (école classique de droit). Ainsi, le paradigme positiviste devient «une sorte d'axiome implicite qui règle la pensée juridique moderne» (1986, p. 6). Les auteurs affirment que la réforme de 1984 peut être vue comme un «rite de réforme» qui a pour effet de renforcer les valeurs et les principes juridiques modernes.

Ainsi, les auteurs estiment que s'il y a continuité de la réforme, cette réforme ne leur paraît pas marquer un progrès ou une avancée pour le droit pénal; au contraire, selon eux, elle réaffirme ce qui est usuel en matière de droit criminel. Cependant, comme nous le verrons plus loin, l'«axiome implicite», ce fondement cognitif dont parlent les auteurs et qui règle la pensée juridique moderne, n'est pas admis seulement par l'école positive italienne, mais la distinction école classique/école positive nous empêche de le voir. En effet, nous n'apercevons pas un progrès sur le plan des idées parce que la réforme utilise le même système d'idées qui masque les ressemblances entre ces deux écoles. Cependant, il faut mentionner qu'il y a eu un progrès interne pour ce qui est des garanties juridiques, mais un progrès bien particulier. Ce progrès est dû à la combinaison réussie de la pensée classique et de la pensée positiviste. La théorie classique a empêché la théorie positiviste de punir davantage et aussi de punir moins. La théorie positiviste, quant à elle, a empêché la théorie classique d'imposer une durée fixe pour la peine, elle a donné la possibilité au condamné de sortir plus tôt de prison. Ainsi, la distinction école classique/école positive n'est pas irréductible parce que les deux écoles ont des points communs et peuvent s'unir. Ce que cette distinction nous oblige à observer, c'est la guerre interne entre ces deux écoles. Le résultat de cette guerre est bien clair. Les deux écoles prônent la même chose : la prison pour tout le monde.

La distinction exclusion sociale/inclusion sociale pour remplacer la distinction école classique/école positive

La distinction école classique/école positive représente un progrès en droit criminel parce qu'elle met l'accent sur un aspect fondamental des réformes, souvent négligé par les chercheurs : les idées servant à les justifier. Toutefois, la distinction ne permet pas d'obtenir une bonne description de ces idées. Elle est basée sur la manière dont les écoles s'auto-observent, sur le fait qu'elles se disent en opposition. Si nous examinons les théories de la peine formulées par ces écoles, nous pouvons mesurer les difficultés sur lesquelles peut buter cette description. D'abord, l'école classique du droit pénal se fonde principalement sur les travaux de Cesare de Beccaria (1738-1794) et de Jeremy Bentham (1748-1832), deux auteurs qui ont bâti la théorie de la dissuasion. Comme Pires (1998, p. 147) l'a souligné, la face « école classique » a souvent contribué à exclure les travaux de Kant liés à la théorie de la rétribution de l'école classique du droit. Elle ne voit pas que la théorie de la rétribution a plusieurs points en commun avec la théorie de la dissuasion et qu'elle peut être rattachée à l'école classique du droit.

Un autre inconvénient que présente cette distinction est le fait qu'elle attribue la théorie de la réhabilitation à l'école positive italienne. Toutefois, comme l'a montré Pires, la théorie de la réhabilitation est plus ancienne que l'école positive italienne. La théorie de la réhabilitation est apparue, comme le souligne Foucault, à l'époque où la prison est devenue une peine, vers la fin du XVIIIe siècle. Un des auteurs de référence de cette théorie est John Howard qui a publié en 1789 un rapport sur la prison en Angleterre et au pays de Galles intitulé *An Account of the Present State of the Prisons and Houses of Correction in the Home Circuit.* La correction morale comme objectif de la peine est déjà présente. La réhabilitation émerge ainsi comme une théorie du pénitencier. L'école positive italienne va complexifier la théorie de la réhabilitation en y ajoutant des éléments d'ordre médical, surtout à partir des travaux de Garofalo et de Ferri.

Étant donné cette difficulté de la distinction école classique/école positive à permettre l'observation des théories de la peine, la théorie de la rationalité pénale moderne d'Alvaro Pires présente une autre distinction : la distinction exclusion sociale/inclusion sociale. Elle vise à remplacer les distinctions classiques en philosophie (utilitarisme/rétributivisme) et dans les sciences sociales (école classique/école positive du droit) dans les études portant sur les théories de la peine. Elle a été relevée en tenant compte des recommandations données par les théories de la peine aux autorités au moment de la prise de décisions concernant la sanction criminelle. Les deux termes de la distinction sont, d'une part, les théories qui prônent l'exclusion sociale de l'individu coupable ou qui sont indifférentes à son inclusion sociale, et qui privilégient la peine d'emprisonnement, et, d'autre part, celles qui favorisent l'inclusion sociale et les sanctions autres que l'emprisonnement.

Ainsi, cette distinction permet d'observer que la théorie moderne de la dissuasion élaborée par Beccaria (1764) et Bentham (à la fin du XVIIIe siècle et au début du XIXe siècle) et la théorie kantienne de la rétribution (1797) vont ensemble donner naissance, au cours du XVIIIe siècle, à un système d'idées appelé « rationalité pénale moderne », un système dominant dans le système de droit criminel moderne, comme l'a montré Pires (1998). Les théories de la dissuasion et de la rétribution traitent le droit criminel d'une façon « hostile, abstraite, négative et atomiste » :

> Hostile, parce qu'on représente le déviant (« celui qui cause la déception ») comme un ennemi du groupe tout entier. Abstraite, parce que le mal (concret) causé par la peine est perçu comme *devant causer* un bien moral immatériel ou un bien pratique invisible et futur. Négative, puisque ces théories *excluent toute alternative* visant à réaffirmer le droit par une action positive du déviant (le dédommagement, par exemple) et stipulent que *seul le mal* concret et immédiat causé au déviant (et à son entourage) peut produire un bien-être pour le groupe ou réaffirmer la valeur de la norme. Et, enfin, atomiste, parce que la peine – dans la meilleure des hypothèses – n'a à se préoccuper des liens sociaux concrets entre les personnes (comme si elles ne faisaient pas partie du « même groupe ») que d'une façon tout à fait secondaire et accessoire. (Pires, Cellard et Pelletier, 2001, p. 198)

Les éléments communs à ces deux théories de la peine qui forment un système d'idées sont bien résumés par Dubé (2008, p. 50) :

> une représentation de l'État et de la loi pénale comme *seuls* défenseurs du contrat social et des valeurs fondamentales de la société (Pires, 1998, p. 51); une vision guerrière de la protection de la société; une représentation fondamentalement négative de l'homme; une obligation pragmatique ou politique de punir; une valorisation exclusive des peines afflictives; l'exclusion des sanctions alternatives (dédommagement, etc.) et du pardon; une définition du conflit qui exclut ou instrumentalise la victime et une absence de considération à l'égard d'un rétablissement concret des liens sociaux (« inclusion sociale »).

Nous savons déjà que les théories de la dissuasion et de la rétribution diffèrent sur un certain nombre de points. Les éléments énumérés dans la citation ci-dessus mettent en lumière les points sur lesquels elles s'accordent. En associant ces deux théories modernes de la peine, nous voulons conforter la thèse suivant laquelle elles sont à la source de la rationalité pénale moderne en Occident (Pires, 1998, p. 93). En fait, ces deux théories constituent le « noyau dur » de la rationalité pénale moderne.

En ce qui concerne la théorie de la réhabilitation, il importe de noter qu'elle est plus complexe. Utilisant de nouveau la distinction exclusion sociale/inclusion sociale, Pires distingue deux théories de la réhabilitation : celle de la première modernité et celle de la deuxième modernité. La première théorie de la réhabilitation, défendue notamment par l'école positive italienne, prône l'exclusion sociale du condamné et l'envoie en prison, bien qu'elle veuille son inclusion dans le futur – « exclure pour mieux inclure » (Dubé, 2008, p. 285). Ainsi, elle se rapproche d'autres théories modernes de la peine comme celles de la dissuasion et de la rétribution et elle se rattache à la rationalité pénale moderne. Normalement, elle est liée aux théories de la peine qui favorisent l'exclusion sociale (Pires, 2008). La seconde théorie commence à émerger dans les années 1960 et s'éloigne de l'ancienne version en valorisant l'inclusion sociale de l'individu coupable. Cette nouvelle théorie de la réhabilitation défend le principe de la moindre souffrance ou de la moindre intervention et favorise l'usage des sanctions alternatives à la prison. Ainsi, elle s'écarte de la rationalité pénale moderne et se constitue comme un discours « contre-hégémonique » qui circule, comme le suggère Pires, à l'intérieur du système de droit criminel et du système politique, bien que sa place soit plutôt marginale. Faisant partie de cet univers discursif, la théorie de la réhabilitation de la deuxième modernité pourrait être sélectionnée d'une façon contingente par les réformateurs et devenir un autre « vocabulaire de motifs » (Wright Mills) à attacher à la punition.

En utilisant la distinction exclusion sociale/inclusion sociale, nous pouvons découvrir des affinités entre les idées de l'école classique et de l'école positive, idées qui constituent la rationalité pénale moderne. Nous pouvons également discerner les idées de ces écoles qui s'éloignent de celles qui font partie de ce système d'idées. Ces idées valorisent la face « inclusion sociale » de la distinction, et c'est entre autres le cas de celles de Ferri de l'école positive italienne (Machado, Pires, Ferreira et Schaffa, 2009; Machado, 2007). La distinction exclusion sociale/inclusion sociale permet d'observer la formation de ce système d'idées autour des théories de la peine, ce qui est essentiel pour comprendre le droit criminel et ses enjeux actuels. Ce système d'idées est devenu un obstacle cognitif à l'intérieur du système du droit criminel et du système politique, car il empêche d'envisager autrement la sanction criminelle et même le droit criminel (Pires, 1995).

Pires nous enseigne à porter notre attention sur les obstacles cognitifs du droit criminel et à décrire les théories modernes de la peine d'une manière extrêmement originale en nous appuyant sur la distinction exclusion sociale/inclusion sociale. Observer ces théories aide à comprendre comment le droit criminel s'est constitué, à relativiser et à « désontologiser » la grammaire dominante du droit criminel porteuse d'exclusion sociale, à récupérer son historicité et à mettre en œuvre ses idées alternatives et marginalisées.

En conclusion, nous estimons que l'utilisation de cette distinction peut nous aider à comprendre le rôle joué par la rationalité pénale moderne dans la réforme de 1984. Elle nous libère du point aveugle causé par le conflit – que nous avons signalé – entre l'école classique et l'école positive. Elle permet de voir que ces deux écoles sont en train de donner aux réformateurs les mêmes recommandations : punir davantage en utilisant la peine afflictive d'emprisonnement. Elle nous aide également à observer la théorie de la réhabilitation et la manière dont elle apparaît dans la réforme de 1984 au Brésil. La réhabilitation est liée à la gestion de la peine et elle ne concerne pas les juges de la détermination de la peine, mais elle se révèle utile aussi pour déceler l'émergence d'un nouveau discours sur la réhabilitation, plus centré sur la personne de l'individu coupable, ses liens sociaux et son inclusion sociale. C'est peut-être le début de l'émergence au Brésil d'idées innovatrices qui se démarquent de la rationalité pénale moderne, de «voix dissonantes» qui viennent enrichir le droit criminel brésilien.

Références

Dotti, R. A. (1996), «História da legislação brasileira (II) : a reforma do CP 1940 (de 1942 a 1984)», *Revista brasileira de ciências criminais*, 13, p. 301-317.

Dubé, R. (2008), «Système de pensée et réforme du droit criminel : les idées innovatrices du rapport Ouimet (1969)», thèse de doctorat, Université du Québec à Montréal, Département de sociologie.

Fry, P. et S. Carrara (1986), «As vicissitudes do liberalismo no direito penal brasileiro», *Revista brasileira de ciências sociais*, 2, 1, p. 48-55.

Garland, D. (2001), *The Culture of Control: Crime and Social Order in Contemporary Society*, Chicago, University of Chicago Press.

Luhmann, N. (2006), «Cognition as construction», dans H. G. Moeller (dir.), *Luhmann Explained. From Souls to Systems*, Chicago, Open Court, p. 241-260.

Luhmann, N. (2000), *Art as Social System*, Stanford, Stanford University Press.

Luhmann, N. (2002), *Theories of Distinction: Redescribing the Descriptions of Modernity*, Stanford, Stanford University Press.

Machado, M. R. (2007), «A responsabilidade civil é independente da criminal em termos : a propósito da contribuição da criminologia positivista à transformação da responsabilidade civil». *Revista Brasileira de Ciências Criminais*, n. 65, p. 317-344.

Machado, M. R., A. P. Pires, C. C. Ferreira et P. M. Schaffa (2009), «A complexidade do problema e a simplicidade da solução : a questão das penas mínimas», *Série Pensando o Direito*, 17, p. 1-71.

Maturana, H. R. et F. J. Varela (1987), *The Tree of Knowledge. The Biological Roots of Human Understanding*, Boston, Londres, New Science Library, Shambhala Publications.

Moeller, H. G. (dir.) (2006), *Luhmann Explained. From Souls to Systems*. Chicago, Open Court.

Pires, A. P. (1995), «Quelques obstacles à une mutation du droit pénal», *Revue générale du droit*, 26, 1, p. 133-154.

Pires, A. P. (1998), « Aspects, traces et parcours de la rationalité pénale moderne », dans C. Debuyst, F. Digneffe et A. P. Pires (dir.), *Histoire des savoirs sur le crime et la peine*. Vol. 2. *La Rationalité pénale et la naissance de la criminologie,* Bruxelles, De Boeck Université, p. 1-52.

Pires, A. P. (2004), « La recherche qualitative et le système pénal. Peut-on interroger les systèmes sociaux ? », dans D. Kaminski et M. Kokoreff (dir.), *Sociologie pénale : système et expérience. Pour Claude Faugeron,* Ramonville Saint-Agnès, Éditions Éres, p. 173-198.

Pires, A. P. (2008), *Introduction aux théories de la peine. Résumé du cours CRM 6760 (Philosophie pénale), hiver 2008*. Document non publié, Département de Criminologie, Université d'Ottawa.

Pires, A. P. et F. Acosta (1994), « Les mouches et la bouteille à mouches : utilitarisme et rétributivisme classiques devant la question pénale », *Carrefour. Revue de la Société de philosophie de l'Outaouais*, XVI, 2, p. 8-39.

Pires, A. P., A. Cellard et G. Pelletier (2001), « L'énigme des demandes de modifications législatives au Code criminel canadien », dans Q. Bonastra (dir.), *Régulation et gouvernance. Le contrôle des populations et du territoire en Europe et au Canada. Une perspective historique*, Barcelone, Université de Barcelone, p. 195-217.

Rasch, W. (2002), « Introduction: The self-positing society », dans N. Luhmann (dir.), *Theories of Distinction: Redescribing the Descriptions of Modernity*, Stanford, Stanford University Press, p. 1-28.

Reale, M. J., R. A. Dotti, R. A. Andreucci et S. M. de Moraes Pitombo (1987), *Penas e medidas de segurança no novo Código*, Rio de Janeiro, Forense.

Robert, Ph. (2005), *La Sociologie du crime*, Paris, La Découverte.

Watzlawick, P. (1987), « La mouche et la bouteille à mouches », dans P. Watzlawick (dir.), *L'Invention de la réalité. Contributions au constructivisme*, Paris, Éditions du Seuil, p. 269-276.

La montée du *closure* : un allié ou un trublion pour la rationalité pénale moderne[1] ?

Jean-François Cauchie
Jean Sauvageau

DANS LE CLIMAT politique et juridique occidental[2] des années 1960 et 1970, le capital des connaissances scientifiques accumulées, la vitalité des droits de la personne et les mouvements sociaux de l'après-guerre ont favorisé le réexamen en profondeur des dimensions normatives et cognitives du droit criminel (Pires, 2001). Bousculé par son environnement, le droit criminel – tel qu'il s'était historiquement constitué dans la modernité occidentale, malgré d'évidentes divergences d'un pays à l'autre – s'est trouvé à cette époque dans une période d'intense autoréflexion. Sur le plan cognitif, il est notamment question de repenser non seulement les fondements du droit de punir, mais aussi des concepts tels ceux de la peine et de victime. Sur le plan normatif, on envisage de diminuer le nombre de lois pénales, de moins mettre l'accent sur les responsabilités individuelles, de mieux choisir les cas qui doivent être soumis aux tribunaux (et plus largement au droit criminel), de recourir à une plus grande variété de procédures, de favoriser le relationnel et le dédommagement, ou de moins recourir à l'emprisonnement. Même l'idée de revoir les codifications pénales refait surface (Pires, 2002).

---

1. Avec l'aimable autorisation des Éditions Larcier. Le présent chapitre reprend en effet partiellement les arguments avancés dans Cauchie et Sauvageau (2010), « Le deuil des proches de victimes au service de la pénalité. Quand livrer de la douleur met un peu de baume au cœur », dans F. Tulkens, Y. Cartuyvels et C. Guillain (dir.), *La Peine dans tous ses états. Hommage à Michel van de Kerchove*, Bruxelles, Éditions Larcier, p. 237-251.
2. Nous faisons surtout référence ici à l'Europe de l'Ouest, aux États-Unis et au Canada.

Mais c'est aussi dans les années 1970 qu'apparaît un phénomène paradoxal : la justice sociale et la justice guerrière ne seraient pas nécessairement antinomiques. Durant cette décennie, les sciences humaines progressistes et les mouvements sociaux humanistes concentrent de plus en plus leur attention sur la délinquance économique et politique, les atteintes contre l'environnement, l'oppression des femmes et des minorités ethniques. Ils fustigent aussi la répression politique et juridique que subissent continuellement les « sans » : les sans-papiers, les sans-abri, les sans-emploi, les sans protection sociale, etc. Or, si nobles que soient les causes qu'ils défendent, tant les mouvements sociaux que les sciences humaines verront bien souvent dans la criminalisation et la (sur) pénalisation des comportements la seule ou en tout cas la meilleure façon de les dénoncer (Pires, 2001). À peine ouvert, le débat semblait donc déjà clos…

En fait, le débat est loin d'être achevé. Ayant à faire face, même si c'est souvent par défaut[3], à une demande croissante d'intervention dans divers problèmes sociaux, le droit (criminel) n'éprouve aucune difficulté à justifier sa présence dans nos vies. Par contre, la légitimation derrière laquelle il va devoir s'abriter suscite beaucoup plus de débats. Le mythe des fondements vacille « sans que, pour la première fois peut-être, une nouvelle mythologie n'apparaisse pour "fonder l'infondable" ou ancrer le discours juridique dans un lieu de vérité assuré » (Delchambre et Remy, 1995, p. 41). Dans un monde relativement désenchanté, des mythologies comme la transcendance de la loi ou l'infaillibilité de l'expert pourraient bien être remises en cause. Nous serions alors invités « à accepter que "la référence fondatrice" derrière laquelle le discours juridique court depuis des siècles est [en fait] un "cadre vide" » (Cartuyvels et Mary, 1997, p. 105). C'est dans ce contexte incertain, qui évoque des sables mouvants, que se développe entre autres une réflexion sur la nécessité de repenser la place et le statut des victimes (et de leurs proches) dans la procédure et la philosophie pénales modernes.

D'aucuns se réjouiront alors de voir dans cette nouvelle donne le possible déclin d'un droit trop abstrait et trop désincarné qui, assuré de

3. La présence massive du droit (criminel) dans nos vies résulte en effet, entre autres, des politiques sociales interventionnistes qui ont largement contribué à réduire le rôle de la famille, des pairs, de la paroisse ou du quartier dans la résolution des litiges les plus divers.

son caractère équitable, raisonnable et formalisé, avait tendance à oublier les drames humains qu'il était censé apaiser. D'autres au contraire s'inquiéteront de voir l'émotion et la douleur mettre à mal une prise de distance parfois plus salvatrice qu'il n'y paraît, et craindront une instrumentalisation du ressentiment victimaire à des fins politiciennes peu avouables. Il serait sans aucun doute aventureux de trancher abruptement une question aussi complexe que délicate.

Notre réflexion, elle, portera sur une situation bien particulière : le souhait de *closure* formulé par et pour les proches de victimes qui sont décédées à la suite de la commission d'actes reconnus « criminels ». Nous serons plus spécialement attentifs aux cas de figure où les actes criminalisés ont conduit à la mort (homicides, négligence criminelle, conduites dangereuses d'un véhicule moteur, actes terroristes, etc.) et où les peines envisagées sont les plus lourdes : peine de mort ou peine d'emprisonnement. Nous avons décidé de ne pas traduire le terme anglais *closure* parce qu'il a une acception très large. Il peut, par exemple, renvoyer à la fermeture (d'un dossier), au règlement (d'un cas) ou à la résolution (d'une affaire). Dans la situation qui nous intéresse, il évoque surtout l'idée de mettre un terme à la souffrance résultant de la mort d'un proche[4] : un parent, un enfant, une cousine, un mari, une maîtresse, un ami, un collègue, etc. Il peut donc aussi exprimer une idée de deuil, sans qu'il soit toutefois possible alors de déterminer si l'on parle d'un processus qui permet d'engager un travail de deuil ou d'un processus de deuil qui serait enfin mené à terme.

Un peu partout en Europe, aux États-Unis et au Canada, on trouve des traces de l'idée que non seulement les attentes de *closure* devraient davantage s'exprimer (ce qui s'inscrit d'ailleurs dans une tendance plus globale à la reconnaissance du statut de victime de tout ordre) mais aussi qu'elles ne pourraient être satisfaites que du point de vue pénal et ce, par le moyen d'une information fournie sur le suivi des enquêtes policières, par l'établissement d'un droit à l'information concernant les suites données au dossier (durée de la procédure, fin de l'enquête policière), par la capacité d'orienter et de contrôler les actions entreprises par

---

4. Une définition proche de celle-ci est donnée par Gerber et Johnson (2007, p. 124) : le processus de *closure* est « *[...] the psychological needs of the surviving friends and relatives for emotional healing [...] an emotional catharsis, often expressed as peace or satisfaction or healing* ».

le ministère public, par la suppression des garanties juridiques qui profiteraient trop aux présumés coupables, par la possibilité de s'exprimer devant un tribunal (oralement ou par écrit) avant le prononcé d'une sentence ou au cours d'une audience de libération conditionnelle, par le prononcé et l'application de peines plus sévères, par la suspension d'office des libérations conditionnelles, par l'accélération des procédures juridiques qui visent à commuer l'exécution des peines de mort (et retardant ainsi le travail de deuil des survivants), enfin, par la possibilité d'assister aux exécutions capitales[5]. Les deux derniers exemples ne s'appliquent, bien sûr, qu'aux États-Unis, et plus particulièrement aux États qui appliquent encore la peine de mort.

Dans le droit criminel moderne en Occident, la victime et les proches de la victime ont eu, jusqu'à tout récemment, tout au plus un statut de témoin ou d'informateur sur les actes, situations ou événements les concernant. Les choses changent donc, mais à des rythmes variables. Pour notre part, nous évoquerons simplement des cas de figure états-uniens (sur les plans exécutif et législatif) et canadiens (sur le plan judiciaire) dans la mesure où, dans ces deux pays, la question du *closure* concerne, plus qu'ailleurs, la création de la loi de même que le prononcé et les conditions d'exécution des peines[6], deux aspects qui nous paraissent particulièrement intéressants pour décrire, quoique dans des termes encore très généraux[7], l'état de santé de la rationalité pénale moderne (RPM). Nous verrons que, dans ces deux pays, les débats entourant les peines de mort et d'emprisonnement font parfois de celles-ci un passage

---

5. Certains États de même que le gouvernement fédéral américain vont en effet jusqu'à permettre aux proches d'une victime d'homicide d'assister à l'exécution du coupable afin de maximiser les « bénéfices » de *closure* que la mort de ce dernier est censée leur apporter. Le sénateur américain Brooks Douglass, qui a lui-même perdu ses parents à la suite d'un meurtre, dira de l'exécution du meurtrier : « *It is closure. Closure on an era of my life that I never chose to enter. Closure of years of anger and hate* » (Bunch, 2001, p. 2).

6. À la différence, par exemple, de pays comme la France où les proches des victimes ont davantage de poids dans la phase *ante sentenciam*. Voir Rossi (2008).

7. Dans des recherches éventuelles portant sur la relation entre RPM et proches des victimes, il serait en effet intéressant de voir si les discours présentés dans le présent chapitre pourraient ajouter à sa complexité, à sa flexibilité et à son degré de solidité comme obstacle cognitif à toute philosophie alternative du droit criminel actuel.

obligé qui permet à ceux qui ont « survécu » à l'être aimé de faire leur deuil. Enfin, nous conclurons en disant quelques mots des effets de cette situation nouvelle sur la position de la criminologie critique et sur l'état d'esprit des proches des victimes eux-mêmes.

Le processus de *closure* aux États-Unis

L'intérêt au plan politique, pénal et médiatique pour le concept de *closure* s'est grandement accru dans les années 1990 aux États-Unis[8]. Mentionnons entre autres, sur le plan exécutif, l'opinion très médiatisée formulée par le gouverneur de l'État de Californie, Pete Wilson, concernant l'affaire Ted Kaczynski, laquelle représente un des cas de terrorisme domestique les plus célèbres aux États-Unis. Entre 1978 et 1995, Kaczynski, un mathématicien surdoué et un fervent partisan des thèses technophobes de Jacques Ellul, s'emploie à freiner l'essor de la technologie en déposant des bombes dans les universités et les compagnies aériennes. Il commettra 16 attentats, tuant 3 personnes et en blessant 23. Passible de la peine de mort, il plaide coupable à toutes les accusations portées contre lui et arrive finalement en 1998 à un accord avec la poursuite suivant lequel il passera le reste de sa vie en prison, sans aucune possibilité de libération conditionnelle (il est en effet condamné à l'équivalent de quatre sentences-vie)[9]. Or, très vite, comme le montre une chronique du *San Francisco Examiner* publiée à l'époque, le gouverneur Wilson se dit choqué par l'accord qui a été conclu. Pour lui, laisser vivre Kaczynski revient à empêcher ceux et celles auxquels il a enlevé un être cher de faire leur deuil :

> *I am deeply disappointed and disturbed by the federal government's decision to plea bargain away a jury's right to decide whether multiple murderer Theodore Kaczynski should have faced the death penalty. [...] The relatives of Kaczynski's victims have been cheated out of their opportunity for « closure ».* (P. Wilson, cité par Salter, 1998 ; guillemets dans le texte)

8. Voir le graphique réalisé à partir des articles publiés dans les médias écrits aux États-Unis entre 1986 et 2001 faisant référence au concept de *closure* (Zimring, 2003, p. 60, figure n° 3.1).
9. Il semble que la principale raison derrière cette entente de plaidoyer de culpabilité est la volonté des autorités judiciaires de la Californie de mettre fin aux dépenses considérables engagées dans une enquête de police qui durait depuis 18 ans.

Dans son interprétation des propos du gouverneur, la chroniqueuse Stéphanie Salter affirme que ce dernier avait plus que les intérêts des proches des victimes en tête lorsqu'il formula son opinion :

> *Over the last couple of years, many Californians have seen that their governor will say just about anything if he thinks it will gain him a few political points with conservatives. Who was he courting with the Kaczynski-closure comment – all those anti-government militia types with a copy of "The Turner Diaries[10]" in their back pocket?* (Salter, 1998 ; guillemets dans le texte)

Quelques années avant la sortie médiatique du gouverneur, les législateurs fédéraux américains discutaient déjà des attentes des victimes et de leurs proches dans les cas d'homicides. Peu après les attentats de New York[11] (1993) et de Oklahoma City[12] (1995), ce sera notamment le cas avec deux projets de loi pénale, l'*Effective Death Penalty Act* of 1995 (U. S. Congress, 1995) et sa version élargie, l'*Antiterrorism and Effective Death Penalty Act* of 1996 (U. S. Congress, 1996)[13]. Au Congrès américain seront ainsi exprimées des préoccupations à propos de l'*habeas corpus*[14],

10. *The Turner Diaries* est un roman de William Luther Pierce – écrit sous le pseudonyme de Andrew MacDonald – qui a été publié en 1978. Le roman raconte l'histoire d'une révolution et d'une guerre nucléaire aux États-Unis menant à l'extermination complète de toutes les minorités ethniques et à la mise en place d'une société de race exclusivement blanche. Le roman est souvent décrit comme raciste et antisémite et est considéré comme un classique dans les milieux faisant la promotion de la suprématie blanche aux États-Unis.

11. Attentat perpétré contre le World Trade Center en 1993. Le 26 février, aux environs de midi, une explosion massive a ébranlé l'édifice de New York, provoquant des dégâts s'élevant à 300 millions de dollars. Cet attentat a causé la mort de 6 personnes et fait plus de 1000 blessés. Un tribunal fédéral a jugé quatre hommes coupables d'actes de terrorisme et les a condamnés à la prison à perpétuité.

12. Il est question ici de l'attentat à la bombe contre l'édifice du gouvernement fédéral Alfred P. Murrah ayant causé la mort de 168 personnes en avril 1995 et pour lequel Timothy McVeigh a été condamné à mort et exécuté en 2001. Son complice, Terry Nichols, a été condamné à l'emprisonnement à perpétuité en 2004.

13. L'idée d'examiner les débats entourant l'adoption de ces deux projets de loi a été suggérée par Zimring (2003, p. 61). L'auteur affirme en effet que le concept de *closure* y est invoqué, probablement pour la première fois dans l'histoire législative des États-Unis, mais il ne fournit aucune référence précise à cet effet.

14. L'*habeas corpus* est un principe remontant aux origines de la common law garantissant les droits procéduraux fondamentaux en vertu desquels nul ne peut être arrêté, détenu, accusé, trouvé coupable et puni injustement et arbitrairement. Au sujet de l'*habeas corpus*, voir entre autres le site Internet LectLaw. com : « *In Brown v. Vasquez,*

et plus précisément à propos de la nécessité de faciliter les condamnations à mort et d'accélérer les exécutions quand les meurtriers sont « non excusables », de façon, notamment, à aider les proches de victimes à « passer le cap » (*closure*). Il s'agira en fait, d'une part, de limiter le pouvoir discrétionnaire de juges trop « pro-criminels » et, d'autre part, de limiter les recours possibles des condamnés à mort[15], un des arguments avancés étant que l'allongement du temps écoulé entre la condamnation et l'exécution (on parle de 10, 15 ou parfois même de 20 ans selon les juridictions) serait devenu intolérable parce qu'il retarderait le deuil de ceux qui ont « survécu » à l'être aimé. C'est aussi durant ces années-là que, avec l'exécution à venir de Timothy McVeigh, se poursuivent les débats concernant la possibilité d'autoriser les proches des victimes à assister aux exécutions afin de les aider à aller mieux…

Autre exemple du même ordre, William McCollum, Jr., membre de la Chambre des représentants (républicain de la Floride), qui affirme d'entrée de jeu dans son allocution :

> *Mr. Chairman, H. R. 729, the Effective Death Penalty Act of 1995, is one of the most important pieces of crime legislation that the 104th Congress will consider. It offers relief to State law enforcement officials,* comfort and a chance for healing to crime victims, *and enhanced credibility for the criminal justice system.* (USCHR, 8 février 1995, H 1400, souligné par nous)

Il va de soi que la référence aux « victimes » dans le texte cité renvoie en fait aux proches des victimes puisque le projet de loi porte sur la peine de mort et que, dans la pratique, cette dernière n'est généralement appliquée aux États-Unis que dans les cas d'homicides. McCollum revient d'ailleurs plus loin sur la pertinence de la peine de mort pour

---

952 F. 2d 1164, 1166 (9th Cir. 1991), cert. denied, 112 S. Ct. 1778 (1992), the court observed that the Supreme Court has "recognized the fact that "[t]he writ of habeas corpus is the fundamental instrument for safeguarding individual freedom against arbitrary and lawless state action" Harris v. Nelson, 394 U. S. 286, 290-91 (1969)." Therefore, the writ must be "administered with the initiative and flexibility essential to insure that miscarriages of justice within its reach are surfaced and corrected." Harris, 394 U. S. at 291 » www. lectlaw. com/def/h001. htm, verbo « *habeas corpus* », site consulté le 16 août 2009).

15. D'aucuns déplorent en effet, notamment en ce qui concerne les questions de deuil évoquées plus loin, que plusieurs condamnés à mort aux États-Unis aient systématiquement utilisé, au cours des dernières décennies, toutes les dispositions possibles de l'*habeas corpus* afin d'obtenir un nouveau procès, une annulation du verdict de culpabilité ou une commutation de peine.

aider les proches des victimes à « passer le cap ». Il fait valoir que l'*Effective Death Penalty Act* :

> *stands for the clear and simple proposition that there must be* finality *and accountability*. The voices of victims have been heard. *When this bill becomes law, no longer will the victims of horrible violent crimes wait for a decade or more for justice to be served*. Victims will no longer experience the revictimization caused by endless litigation which continuously stirs up memories of the pain and agony caused by the original crime. (USCHR, 8 février 1995, H 1400; souligné par nous)

Dans le même ordre d'idée, Randy « Duke » Cunningham, un autre membre de la Chambre des représentants (républicain de la Californie), met lui aussi la peine de mort en rapport avec le processus de deuil des proches des victimes :

> *Our current [death penalty] system doesn't work. There are endless and often frivolous appeals, with few limits on prisoners raising the same issues repeatedly. Today, prisoners on death row can appeal whenever there is a change in the law or a new Supreme Court ruling. This endless litigation costs the taxpayers millions of dollars and more importantly,* denies justice to the victims of crime. (USCHR, 8 février 1995, E 308; souligné par nous)

À peine un an plus tard, les législateurs américains débattent des mérites de l'*Antiterrorism and Effective Death Penalty Act*. Henry Hyde, membre de la Chambre des représentants (républicain de l'Illinois), met à son tour, on ne peut plus explicitement, la réforme en rapport avec l'*habeas corpus*, l'exécution rapide des meurtriers et le *closure* pour les proches de victimes :

> *Now, habeas corpus reform, that is the Holy Grail. We have pursued that for 14 years, in my memory. The absurdity, the obscenity of 17 years from the time a person has been sentenced till that sentence is carried out through endless appeals, up and down the State court system, and up and down the Federal court system, makes a mockery of the law.* It also imposes a cruel punishment on the victims, the survivors' families, and we seek to put an end to that. (USCHR, 18 avril 1996, H 3606; souligné par nous)

Hyde va jusqu'à personnaliser la question en citant une lettre qui lui était adressée en ces termes :

> *Diane Leonard, who is the wife of a Secret Service agent who was killed in Oklahoma City, sent this letter, which I just received today : "Dear Congressman Hyde, The antiterrorism bill has reached this far and represents a victory for the vast majority of Americans over extremists of the left and right. A victory*

> *over extremists whose volume sometimes overwhelms the quieter voice that differentiates between right and wrong. The people who killed my husband, his coworkers and other law-abiding Americans did not give a damn whether they were killing Republicans or Democrats.* I am asking that you call on your colleagues to have a similar blindness to party to do one thing, only one thing : Give us justice". (USCHR, 18 avril 1996, H 3606 ; souligné par nous)

Plus loin au cours de son allocution, Hyde est des plus explicites au sujet de ce qui motive les proches des victimes : «The survivors want the habeas corpus *[au sens des réformes comprises dans le projet de loi]. Habeas corpus is tied up with terrorism because when a terrorist is convicted of mass killings, we want to make sure that terrorist ultimately and reasonably has the sentence imposed on him or her»* (USCHR, 18 avril 1996, H 3606 ; souligné par nous).

On verra plus loin que ce type de discours ne se limite pas aux États-Unis et que le concept de *closure* apparaît aussi dans le discours et le raisonnement d'autorités judiciaires qui *a priori* ne défendent pas la peine de mort, par exemple au Canada.

La montée du *closure* au Canada

La peine de mort a été abolie au Canada en 1976, mais le concept de *closure* demeure présent dans le contexte judiciaire où il s'agit de juger certaines infractions graves causant la mort. Des lois ont notamment été amendées en vue de répondre aux demandes relatives à l'abrègement des souffrances des proches des victimes. Pensons, par exemple, au rôle joué par des groupes de pression comme Victims of Violence, qui, en 1997, a réclamé l'abolition de la « clause du mince espoir » (article 745.6 du Code criminel canadien) à laquelle sont soumis les individus condamnés à perpétuité et coupables d'homicides multiples. Cette clause permettait, moyennant certaines conditions précises, aux individus condamnés à perpétuité (et donc seulement admissibles à la libération conditionnelle après vingt-cinq ans de prison) de bénéficier d'une libération conditionnelle à partir de leur quinzième année d'incarcération. Le gouvernement du Parti conservateur cherche à abolir cette clause pour l'ensemble des infracteurs condamnés à perpétuité. Parmi les principaux motifs avancés pour justifier le nouveau projet de loi, on trouve celui-ci, fourni par le ministre de la Justice du Canada, Rob Nicholson : « Nous voulons ici épargner aux familles des victimes la douleur d'assister à des audiences d'admissibilité à la libération conditionnelle et leur éviter d'avoir à revivre ces tragédies indicibles encore et encore» (Jenish, 2009)[16].

Par ailleurs, bien que la prudence soit ici de mise, on note également l'apparition de l'idée de *closure* dans les argumentaires sentenciels. Examinons de plus près un cas type à cet égard : Sa Majesté la Reine contre Michel Bouchard[17] (R. c. Michel Bouchard). Le 12 janvier 2006, le juge Gabriel Lassonde prononce une sentence d'emprisonnement de trois ans contre Michel Bouchard et lui interdit de conduire tout véhicule moteur pendant quatre ans à la suite du plaidoyer de culpabilité de l'accusé sur le chef d'accusation de conduite dangereuse d'un véhicule moteur ayant causé la mort de Marc-Antoine Trottier, âgé de cinq ans, et aussi sur le chef d'accusation de refus de se soumettre au test d'alcoolémie exigé par un agent de la paix. Le chemin qu'empruntera le juge Lassonde pour arriver à cette sentence allait se révéler bien plus complexe que prévu et allait également le conduire à recourir à l'argument de *closure*. Résumons d'abord brièvement les faits.

Le 28 octobre 2003, Michel Bouchard, un père de famille de 55 ans, roule en voiture dans une municipalité du Québec, Lac-Mégantic, et omet de respecter un arrêt obligatoire. Il frappe alors Marc-Antoine Trottier qui traversait la rue en compagnie de son père et de ses frères. L'enfant de cinq ans est immédiatement hospitalisé, mais il décédera le jour même des suites de ses blessures. Michel Bouchard reste sur les lieux de l'accident avec la famille. Il est arrêté plus tard et comparaît devant un juge qui le remet en liberté sous condition. Quatre chefs d'accusation seront retenus contre lui :

1. Le ou vers le 28 octobre 2003, à Lac-Mégantic, district de Mégantic, a conduit un véhicule à moteur Pontiac Transport 1993, alors que sa capacité de conduire ce véhicule était affaiblie par l'effet de l'alcool ou d'une drogue, et a causé la mort de Marc-Antoine Trottier, commettant ainsi l'acte criminel prévu à l'article 255(3) du Code criminel. (R. c. Michel Bouchard, paragraphe 2)

---

16. Citation en anglais : « *We are also sparing families the pain of attending repeated parole eligibility hearings and having to relive these unspeakable tragedies, over and over again* » (Canadian Broadcasting Corporation, 5 juin 2009).

17. Nous tenons à remercier Mme Isabelle Richer, journaliste à la Société Radio-Canada, pour son aide précieuse dans l'identification de ce cas.

2. Le ou vers le 28 octobre 2003, à Lac-Mégantic, district de Mégantic, a, par négligence criminelle, causé la mort de Marc-Antoine Trottier en conduisant un véhicule moteur, commettant ainsi l'acte criminel prévu à l'article 220(b) du Code criminel. (*Ibid.*, paragraphe 2)
3. Le ou vers le 28 octobre 2003, à Lac-Mégantic, district de Mégantic, a conduit un véhicule moteur d'une façon dangereuse pour le public, compte tenu de toutes les circonstances, et a causé par là la mort de Marc-Antoine Trottier, commettant ainsi l'acte criminel prévu à l'article 249(4) du Code criminel. (*Ibid.*, paragraphe 1)
4. Le ou vers le 28 octobre 2003, à Lac-Mégantic, district de Mégantic, a fait défaut d'obtempérer à un ordre que lui avait donné un agent de la paix aux termes de l'article 254(3)a) du Code criminel, commettant ainsi l'acte criminel prévu aux articles 254(5) et 255(1) du Code criminel. (*Ibid.*, paragraphe 1)

Pour chacun des deux premiers chefs d'accusation, Bouchard encourt une peine maximale d'emprisonnement à perpétuité ; pour le troisième, une peine maximale de 14 ans d'emprisonnement ; pour le quatrième, une peine maximale de 5 ans d'emprisonnement. Le 19 octobre 2005, il comparaît devant le juge Lassonde. L'avocat de Bouchard enregistre un plaidoyer de culpabilité au nom de son client pour les troisième et quatrième chefs d'accusation. À la suite de tractations entre le procureur de la Couronne et l'avocat de la défense, la Couronne demande au juge de prononcer un sursis relativement aux deux premiers chefs d'accusation en échange des plaidoyers de culpabilité pour les deux derniers. L'entente entre la Couronne et la défense ne s'arrête pas là : les deux parties ont également convenu de présenter une recommandation conjointe de sentence de deux ans d'emprisonnement moins un jour[18], suivie

18. Une sentence de deux ans moins un jour n'est pas rare dans le système judiciaire canadien et peut être imposée pour des raisons précises. L'administration de la justice canadienne répartit la responsabilité de la gestion des établissements carcéraux entre le gouvernement fédéral – pour les peines de deux ans et plus – et les gouvernements provinciaux – pour les peines de moins de deux ans. Une peine de deux ans moins un jour vise, entre autres, à s'assurer que l'individu sera détenu dans une prison provinciale. Un tel établissement sera normalement plus près du lieu de résidence de la famille de ce dernier que ne l'est le pénitencier fédéral et il devrait donc aider à maintenir les contacts entre le détenu et sa famille.

d'une ordonnance de probation et d'une interdiction de conduire pendant une période de quatre ans. L'avocat de la défense, le premier à s'adresser au tribunal, s'emploie à justifier la sentence recommandée. Au cours de cette première représentation sur sentence survient un incident qui explique que nous ayons retenu cette cause pour notre analyse du concept de *closure*.

Pierre Trottier, le père de la victime, est présent à l'audience. Ayant compris que la recommandation de sentence n'allait pas être contestée – et encore moins amendée – par le juge et qu'il n'y aurait donc pas de sentence plus sévère, il réagit fortement en pleine séance du tribunal. Le juge Lassonde résume l'incident ainsi :

> Me Melançon [procureur de la Couronne] n'a pas eu le temps de s'adresser au tribunal, car M. Pierre Trottier a alors interrompu les représentations de Me Leblanc [avocat de la défense] et la séance du tribunal, par des phrases et des réactions très déplacées. Ce qui a provoqué un grand malaise auprès de toutes les personnes présentes dans la salle d'audience, *et plus particulièrement auprès du tribunal.* (R. c. Michel Bouchard, paragraphe 19 ; souligné par nous)

Le juge Lassonde précise au paragraphe suivant (*Ibid.*, paragraphe 20) qu'en près de 25 ans de carrière il n'a jamais vu une pareille chose. Il ne rapporte par contre aucune « des phrases et des réactions très déplacées » de Pierre Trottier. Mais les médias d'information ont, à l'époque, rapporté la phrase et le commentaire suivants : « "Mon fils est mort, c'est incroyable ! Mettez vos culottes, quelqu'un ! C'est incroyable !" a notamment lancé M. Trottier, en alléguant que l'accusé était traité en victime » (Radio-Canada, 20 octobre 2005). Les médias relatent différemment les propos tenus par le juge Lassonde. Radio-Canada commence en effet son reportage sur l'audience du tribunal en ces termes : « Au moment où le juge Gabriel Lassonde, de la Cour du Québec, *s'apprêtait à acquiescer* à la suggestion commune de la défense et de la Couronne d'imposer une peine de prison de deux ans moins un jour à l'accusé, le père de la victime, Pierre Trottier, a lancé un cri du cœur qui a ébranlé le magistrat » (*Ibid.* ; souligné par nous). Le juge Lassonde rend compte de son attitude quant à la suggestion commune de sentence : « À la lecture des notes sténographiques de l'audience du 19 octobre dernier, *il est évident que le tribunal ne savait pas s'il était pour suivre ou non la suggestion commune,* mais vu l'importance de ce dossier, le tribunal a décidé de s'accorder une période de réflexion » (R. c. Michel Bouchard, paragraphe 23 ; souligné par nous). Radio-Canada précise que « le juge Lassonde a décidé de reporter le prononcé de sentence au 12 janvier [2006], et qu'il a averti que *la peine qu'il imposera,* à la suite de ce délai de réflexion, *sera plus importante que celle proposée par les avocats* » (Radio-Canada, 20 octobre 2005 ; souligné par nous). Le juge Lassonde annonçait donc ses couleurs. On voit déjà poindre ici une certaine préoccupation pour les sentiments des proches de la victime se traduisant par l'imposition d'une peine plus sévère. Mais le juge devra marcher prudemment sur un terrain miné afin de se rendre à destination.

Les trois paragraphes suivants, qui rendent compte de la décision prononcée le 12 janvier 2006 par le juge Lassonde, révèlent qu'il est conscient du dilemme auquel il fait face :

> Il est entendu que le tribunal doit rendre la sentence uniquement pour les crimes auxquels M. Bouchard a plaidé coupable, et ce, en suivant les grands principes de notre droit criminel, et plus particulièrement en se basant sur la preuve présentée et acceptée (R. c. Michel Bouchard, paragraphe 24).
>
> Le tribunal ne doit pas baser sa décision sur les déclarations non assermentées de M. Trottier, ni sur les réactions déplorables qui ont perturbé le déroulement de l'audience. *Le tribunal ne sera pas influencé par ces déclarations et/ou cette manifestation.* Le tribunal basera sa sentence uniquement sur la preuve assermentée et acceptée, sur les représentations sur sentence et sur la jurisprudence (*Ibid.,* paragraphe 25 ; souligné par nous).
>
> Il serait contraire à la jurisprudence et aux règles de droit qu'une victime ou que toute autre personne vienne faire une manifestation et/ou des déclarations non assermentées lors d'une audience et ainsi influencer indûment une décision judiciaire (*Ibid.,* paragraphe 26).

Les représentations sur sentence reprendront le jour même « [a]vec plus de calme et de sérénité » (*Ibid.,* paragraphe 27). En plus de l'avocat de la défense et du procureur de la Couronne, le juge Lassonde entend l'accusé de même que le père de la victime, cette fois dûment assermenté. Le juge Lassonde résume ainsi le témoignage de Michel Bouchard :

> M. Bouchard a demandé pardon à la famille Trottier pour toute la peine, la souffrance et la douleur causées. Il demande pardon aussi à sa famille et à ses enfants pour la peine et l'humiliation qu'il leur a occasionnées. Il réalise ce qu'il a brisé autour de lui, mais il ne peut pas le changer. Il doit vivre avec cette douleur (*Ibid.,* paragraphe 28).

En plus de ces propos, le juge Lassonde fera bénéficier l'accusé de circonstances atténuantes :

> notamment, le fait d'avoir plaidé coupable, les remords exprimés, le respect des conditions de remise en liberté depuis deux ans, le fait de ne pas avoir conduit de véhicule depuis deux ans, le fait d'avoir cessé de consommer des boissons alcooliques et d'avoir suivi des thérapies au Domaine de la Sobriété. M. Bouchard a aussi choisi, suite à ces événements, de prendre une retraite prématurée (*Ibid.*, paragraphe 50).

En contrepartie, il convient ici de reproduire intégralement le long résumé que le juge fait du témoignage de Pierre Trottier afin de mieux faire saisir son état d'esprit au moment où il doit soupeser les circonstances aggravantes et atténuantes avant de rendre la sentence :

> Il ne vivait à Lac-Mégantic que depuis deux mois lorsque l'accident est survenu. Il était séparé de sa conjointe qui vivait à Sherbrooke. Le décès de son fils a eu comme conséquence qu'ils ont quitté Lac-Mégantic car cela n'était plus vivable dans cette ville. C'est une petite ville et les gens se connaissaient tous. Ils ont donc déménagé à Sherbrooke, et ce fut l'enfer pour lui et ses enfants. Il accepte tranquillement le décès de son fils Marc-Antoine, mais il n'acceptera jamais les circonstances. C'était une vision d'horreur : il a crié lorsque l'accusé a frappé son enfant. Jamais il ne pourra oublier cela. Il entendait l'accusé, plus tôt dans la journée, témoigné [*sic*] de tout l'impact de cet événement sur la vie de ce dernier. C'est difficile. *C'est lui et sa famille, les victimes.* Son ex-femme est en dépression depuis deux ans. Il est personnellement suivi par un médecin, et est inapte au travail. Ses enfants ne réussissent plus à l'école, il vit du bien-être social et demeure dans un H.L.M. [19]. La peine de mort ne ramènerait pas son fils, et il en est bien conscient. Maintenant, sa vie est brisée. Il souhaite que la famille de l'accusé pardonne à ce dernier, *mais en aucun temps, ni lui ni sa famille ne lui pardonneront* (*Ibid.*, paragraphe 30 ; souligné par nous).

Dans le paragraphe suivant, le juge indique que « [c]es témoignages ont beaucoup ému le tribunal, mais que le tribunal est impuissant devant une telle tragédie. Et d'ajouter que ce n'est pas une sentence très longue de pénitencier qui changera cette situation, ni donnera un souffle nouveau d'espoir et de vie [d'autres diraient "mettre un terme à leur

19. « Habitation à loyer modique » : au Québec, immeuble à appartements destiné aux personnes à faible revenu.

souffrance"] à la famille Trottier» (*Ibid.*, paragraphe 31). Il ajoute un peu plus loin : « [D]es professionnels, comme des psychiatres, des psychologues ou de bons amis(es), avec leurs soins, leurs conseils et leur amitié, auront une influence plus bénéfique qu'une longue sentence de détention» (*Ibid.*, paragraphe 32).

On le voit, le juge Lassonde prend bien soin de ne faire aucune promesse à la famille de la victime qui laisserait croire qu'une peine sévère serait la solution ni même une partie de celle-ci. Il prend aussi à tâche de montrer l'indépendance du tribunal et de la justice en général par rapport aux attentes de proches de victimes.

Le juge se livre ensuite à une explication détaillée des articles de la loi et de la jurisprudence portant sur les deux questions qui sont au cœur du dilemme auquel il fait face. D'une part, la recommandation commune du procureur de la Couronne et de l'avocat de la défense lie-t-elle le juge (voir R. c. Michel Bouchard, paragraphes 35-43) ? La réponse, au bout du compte, est non. D'autre part, quelles ont été les peines minimales et maximales imposées dans le passé pour ce type d'infraction (voir R. c. Michel Bouchard, paragraphes 44-54) ? Le minimum était de six mois d'emprisonnement, et le maximum de six ans. L'autonomie du juge Lassonde, à la suite de son exposé, se trouve réaffirmée et l'éventail des sentences possibles est élargi. Voyons comment et dans quelle mesure il met cet éventail à la disposition de la famille de la victime.

Renouvelant sa confiance envers le procureur de la Couronne et l'avocat de la défense et leur témoignant de son respect, le juge Lassonde « considère que la présente suggestion commune [de deux ans moins un jour d'emprisonnement] ne tient pas compte de la jurisprudence, des circonstances aggravantes des infractions, de l'antécédent judiciaire de l'accusé[20], des *conséquences sur les victimes* et des facteurs d'exemplarité et de dissuasion que doit comporter une telle sentence» (R. c. Michel Bouchard, paragraphe 43; souligné par nous). Qui plus est, au chapitre des circonstances aggravantes, le juge écrit qu'« [i]l est évident que le *décès de la jeune victime,* Marc-Antoine Trottier, et *les conséquences de ce décès sur la famille Trottier, sont des facteurs importants et très aggravants* (R. c. Michel Bouchard, paragraphe 49). Il est donc clair que le juge Lassonde a entendu le « cri du cœur» du père de la victime en ce qui a trait à la sévérité de

20. Michel Bouchard a été condamné à 300$ d'amende en 1995 pour avoir refusé d'obtempérer à un ordre d'un agent de la paix (R. c. Michel Bouchard, paragraphe 15).

la sentence à imposer à l'infracteur. Bien qu'il modère les attentes de *closure* qui se traduiraient par un équilibre psychologique retrouvé, voire une thérapie réussie, le juge est prêt à tenir compte de la douleur de la famille et à les aider à surmonter leur épreuve. Comme l'avons vu, la douleur des victimes est un élément parmi d'autres qui amène le juge à allonger la sentence initialement prévue : celle-ci passe de deux ans moins un jour à trois ans d'emprisonnement.

Pierre Trotttier est sensible à la sollicitude dont le juge fait montre à son égard. À la séance du 19 octobre 2005, il avait déjà exprimé son soulagement de voir le juge Lassonde s'engager à prononcer une sentence plus sévère que celle proposée par la Couronne et la défense. Après le prononcé de la sentence, le 12 janvier 2006, Radio-Canada rapportait que « Pierre Trottier se dit satisfait de cette sentence [de trois ans d'emprisonnement], bien qu'il ait déjà dit préconiser une peine de quatre ou cinq ans de prison pour Bouchard. Il dit avoir l'impression que le juge a fait son travail et estime que *ce jugement lui permettra de vivre son deuil plus facilement* [en d'autres termes, de permettre au processus de *closure* de suivre son cours] » (Radio-Canada, 12 janvier 2006; souligné par nous). Pour la mère de la victime, la conclusion de l'affaire est moins évidente, comme le montrait le reportage de Radio-Canada : « Pour Suzanne Grenon, le souvenir de celui qu'elle a perdu est encore douloureux. "C'est sûr que même si on voulait se venger, ça ne ramènerait pas mon petit garçon"» (Radio-Canada, 12 janvier 2006)[21].

21. Le dernier chapitre pénal connu de cette histoire remonte à 2007. Radio-Canada rapportait alors : « Pierre Trottier est en colère. Celui qui a happé mortellement son fils à Lac-Mégantic en octobre 2003 alors qu'il était en état d'ébriété, Michel Bouchard, a été libéré jeudi. Bouchard [...] aura finalement purgé neuf mois de prison et huit mois en maison de transition. Il s'agit d'une aberration, selon Pierre Trottier : "C'est révoltant. Je me demande ce que ça envoie comme message aux jeunes. Consomme, frappe quelqu'un, tu vas t'en sortir, et ce ne sera pas long", s'est insurgé Pierre Trottier » (Radio-Canada, 7 juin 2007). Il semble en outre que la famille Trottier s'est tournée depuis vers l'activisme social. Le site Internet d'une station de radio de Lac-Mégantic rapportait en effet, en 2007, la tenue d'une quatrième marche annuelle et la création d'un organisme à la mémoire de Marc-Antoine Trottier. La station précisait : « [Cette marche est destinée] d'abord et avant tout aux enfants afin de les informer sur l'importance de bien circuler, lorsqu'ils sont à pied dans les rues de la ville. [...]. Suite au décès [de Marc-Antoine Trottier], la famille du jeune garçon a par ailleurs procédé à la création d'une Fraternité qui vise à planifier des activités de prévention afin de lutter contre l'alcool au volant » (Brochu, 18 octobre 2007).

L'analyse de la décision du juge Gabriel Lassonde dans la cause R. c. Michel Bouchard montre clairement que les sentiments de la famille de la victime ont été pris en compte au moment de choisir la peine d'emprisonnement. En prenant en considération la douleur de la famille liée à la perte de l'un des leurs et en témoignant de la volonté de les aider à surmonter cette épreuve (même s'il ne paraît pas attacher à la peine une quelconque valeur thérapeutique), le juge a obéi à d'autres considérations que celles qui sont classiquement attachées aux théories de la peine (comme la dissuasion, la rétribution, la dénonciation ou la réhabilitation).

Rationalité pénale moderne et *closure*

Quoi qu'il en soit, nous ne savons pas encore dans quelle mesure le concept de *closure* est nouveau dans les décisions des tribunaux canadiens, s'il y a déjà été introduit depuis un certain temps et si son emploi est passé inaperçu jusqu'à maintenant. Seule une analyse détaillée de causes analogues à celle que nous avons étudiée pourrait répondre à cette question. Il se pourrait que R. c. Michel Bouchard ne demeure qu'une exception ou qu'une anomalie, comme le pensent certains[22]. Peut-être aussi que cette idée de *closure* correspond à une réalité qui était déjà présente mais qui était décrite autrement ? En fait, si historiquement les théories de la RPM n'ont pas fait grand cas de la parole des victimes (et encore moins de leurs proches), elles sont pour la plupart arrivées assez facilement à intégrer dans leur cadre les souffrances et les dommages subis par les victimes et leurs proches. Mais serait-ce là une simple répétition, peut-être un peu insidieuse, de l'histoire de la philosophie pénale moderne ? Est-ce que cela ne constituerait qu'un argument de plus qui viendrait renforcer les motifs invoqués antérieurement pour justifier les peines afflictives ? Doit-on y voir les traces d'un ordre victimaire qui forcerait le droit criminel à combler des attentes parfois complexes et hétérogènes ?

22. Dans une recherche effectuée sur les déclarations des victimes au cours d'un procès, Roberts (2008, p. 6) note cependant que, d'une part, les juges et les procureurs de la Couronne canadiens pensent que la déclaration des victimes joue un rôle dans le processus de la détermination de la peine et que, d'autre part, « les juges mentionnent souvent les déclarations de victimes dans les justifications de la peine infligée ».

Le fait de prendre en compte les dommages subis n'est peut-être pas une nouveauté pénale en soi, mais on peut toutefois se demander si le droit criminel n'est pas davantage attentif au regard que les victimes ou leurs proches portent sur ces dommages, s'il attache plus d'importance aux attentes des victimes ou de leurs proches vis-à-vis des peines à appliquer. Il semble que, dans sa décision, le juge Gabriel Lassonde ait davantage tenu compte du dommage causé aux proches de la jeune victime que de leurs besoins thérapeutiques. Il n'en reste pas moins qu'il s'agit de répondre à une souffrance et en même temps de développer les arguments relatifs à la présence, à la gravité ou à la longueur d'une peine. On peut par ailleurs supposer que, sans certains éléments contingents (l'intervention et le désespoir de Pierre Trottier), sans l'attention croissante portée aux proches des victimes par les instances politiques, juridiques et médiatiques et sans l'approbation de ce type de discours et son intégration dans la RPM[23], la durée de la peine d'incarcération de Michel Bouchard n'aurait pas été augmentée.

Le succès actuel du concept de *closure* dans les débats sur la peine de mort et les peines d'emprisonnement n'a sans doute rien d'anodin. Il est partie prenante d' une réflexion sur les changements de stratégie politique et juridique susceptible de montrer que les sanctions pénales les plus symboliques ne constituent pas un abus de pouvoir de et pour l'État (Zimring, 2003, p. 62). L'État qui se limiterait à servir les intérêts de la victime (et de ses proches) et qui permettrait au jury de valoriser la vie de la victime et de redonner la santé à ceux et celles qui ont échappé à la peine de mort et survécu à la prison deviendrait un simple fournisseur de services, un esclave de la communauté et non son maître (*Ibid.)*. En ce qui concerne la peine de mort, le processus horrifiant de l'exécution d'un être humain serait adouci par son « assainissement » (l'utilisation de l'injection létale ferait de l'exécution un acte médical rapide et indolore) et par la nouvelle finalité à atteindre : non plus faire payer et se venger, mais simplement clore un chapitre, refermer des blessures, recommencer à vivre (*Ibid.)*.

23. On peut en effet imaginer que le juge Lassonde aurait eu plus de difficulté à prendre en compte dans le prononcé de sa sentence des demandes des proches de la victime allant dans le sens d'une réconciliation, d'un pardon, voire de la déjudiciarisation de l'affaire.

En se référant à ce qui a été dit dans l'introduction du présent ouvrage, on peut maintenant se demander si les proches des victimes (terme en soi très flou) influencent aujourd'hui de manière significative la manière dont le droit criminel communique et s'autodéfinit. Aux États-Unis, au Canada ou en Europe, la plupart des arguments modernes pour ou contre la peine de mort (qu'ils soient ou non juridiques) n'ont pas tenu compte, ou du moins pas explicitement, des proches de victimes[24]. Ils ont plutôt évoqué, dans un sens ou dans l'autre, le dommage causé, le degré de culpabilité, la dangerosité, la protection de la société, la religion, le mode d'exécution, la profession d'exécuteur, le risque d'erreur judiciaire, l'absence ou non de discrimination, la rédemption du contrevenant, etc. À quelques différences près (qui concernent la peine de mort), il en va de même des arguments pour ou contre la prison. En ce qui concerne les arguments juridiques proprement dits, le constat est le même. Difficile en effet de déceler dans les théories de la rétribution, de la dissuasion, de la dénonciation et de la réhabilitation un lien direct avec les proches des victimes (ce qui ne veut évidemment pas dire que les trois premières théories ne pourraient pas parfaitement s'accommoder d'un discours pro-souffrance qui toucherait les proches de victimes).

Compte tenu de tout ce que nous avons dit jusqu'à maintenant sur le sujet, même si nous l'avons seulement survolé, peut-on penser que les proches des victimes puissent maintenant être le point de départ d'une nouvelle théorie de la peine qui vienne concurrencer celles qui existent déjà ? Dans l'affirmative, pourrait-elle s'intégrer dans la RPM ? Les proches des victimes peuvent-ils jouer un rôle de premier plan, bien que beaucoup d'entre eux ne parviennent pas à le voir[25] ? Suffit-il que

---

24. L'un des auteurs de ce chapitre a mené une recherche sur les débats législatifs concernant la peine de mort au Canada (XXe siècle) et en Belgique (XIXe siècle), recherche qui comprenait une vaste revue de la littérature sur la peine de mort. Or, aucune mention allant dans le sens d'une quelconque préoccupation pour le bien-être des proches des victimes d'homicide n'a été relevée dans la littérature (Sauvageau, 1998).

25. Une place que certains proches de victimes diront pourtant amèrement regretter, au point par exemple de demander maintenant à l'État « de ne plus tuer en leur nom ». Voir, par exemple, le livre de Rachel King, *Don't Kill in Our Names. Families of Murder Victims Speak Out against the Death Penalty*. Dans le même ordre d'idée, Roberts (2008) fait remarquer que très peu de proches de victimes recourent à la déclaration qui leur est offerte et que les raisons de ce phénomène sont selon lui encore mal connues. Rossi (2008) tente d'expliquer cet « absentéisme » quelque peu

les personnes qui ont « survécu » à des victimes d'actes criminels apparaissent à diverses étapes du processus judiciaire pour justifier non seulement l'établissement d'une nouvelle théorie de la peine, mais aussi et surtout son institutionnalisation ? Assurément pas.

Il importe de se montrer prudent avant de préconiser la construction d'une nouvelle théorie de la peine et plus encore la mise en œuvre d'un processus d'institutionnalisation. Une théorie de la peine peut être décrite comme suit : un cadre de réflexion, une structure dans laquelle tous les éléments interagissent et se renforcent mutuellement, qui rendrait possible la prise de décisions, sur le plan politique ou juridique, en matière de peines[26]. Une théorie de la peine donne, entre autres, un fondement aux décisions de tribunaux, sert de guide pour agir et pour justifier une sentence après coup[27]. Une telle théorie peut, bien sûr, apparaître dans un ouvrage scientifique mais cela n'engagerait en rien le processus de son institutionnalisation juridique ou politique. Pour cela, elle devrait apparaître et être régulièrement mobilisée dans des communications juridiques ou politiques significatives : création de lois, décisions des tribunaux voire de la Cour suprême, doctrine, jurisprudence, etc.

Ceci dit, si les conceptions qui associent lourdes sanctions pénales (peines de mort, peines d'emprisonnement) et *closure* devaient conduire à l'élaboration d'une théorie de la peine, on pourrait peut-être y voir la

---

surprenant. En refusant de faire des déclarations, les proches de victimes risquent certes de se sentir traîtres à la cause de l'être aimé ou coupables de ne pas protéger la société. Mais l'inconfort éprouvé est souvent moindre que celui qu'entraîne le fait de replonger dans un drame dont on cherche précisément à sortir. À cela peuvent encore s'ajouter deux autres sentiments : 1) la frustration de voir leurs déclarations partiellement censurées par la Couronne avant lecture par le juge ; et 2) le déplaisir provoqué par le fait que la reconnaissance pénale est considérée comme ayant moins d'importance que l'indemnisation des préjudices subis sur les plans affectif, relationnel, professionnel, etc.

26. Dans la RPM, une théorie de la peine « aboutie » devrait, selon Pires (1998), pouvoir répondre aux sept questions suivantes : Au nom de quoi l'État punit-il ? Quel est le but de la peine ? Qui peut-on punir ? Qu'est-ce qui doit être sanctionné par une peine ou ne doit pas l'être ? Quels sont les devoirs de l'autorité juridique et politique ? Quel type de peine doit-on choisir ? Quel degré de privation doit-on imposer ? Cela dit, une théorie de la peine peut très bien se fonder sur d'autres bases.

27. Une théorie de la peine n'explique cependant pas en soi le comportement d'un juge, le nombre d'années d'emprisonnement ou le type de sanction infligée (prison, bracelet électronique, amende, sursis, fouet, etc.).

trace, *a priori* absurde, d'idées[28]… néo-réhabilitatrices. Pourquoi parler d'une trace *a priori* absurde ? Parce que la théorie de la réhabilitation paraît bien moins apte à s'accommoder des discours pro-souffrance des proches de victimes[29] que les trois autres théories (rétribution, dissuasion, dénonciation). Pourquoi parler alors de néo-réhabilitation ? Parce qu'on y retrouve l'idée qu'il faudrait faire traverser une épreuve douloureuse à l'autre pour pouvoir sortir soi-même de celle qu'on subit. On pourrait y voir une sorte de miroir renversé de la théorie de la réhabilitation, laquelle exige, elle aussi, que l'infracteur à réhabiliter soit soumis à une véritable épreuve. Il y a pourtant entre ces deux philosophies de la réhabilitation une différence de taille. Ici on ne parle plus de la réhabilitation de l'infracteur, mais bien de celle des victimes et de leurs proches. Des victimes parce que, même si elles sont décédées, les peines de mort ou d'emprisonnement les réhabiliteraient comme êtres humains après le drame qu'elles ont vécu. Des proches des victimes parce que les peines de mort ou d'emprisonnement les réhabiliteraient puisqu'ils recouvreraient enfin un certain équilibre psychologique. Au fond, ce qui changerait avec le *closure*, c'est l'identité des personnes réhabilitées. On peut aussi se demander s'il n'y a pas ici un dédommagement affectif. Pour dédommager affectivement les proches des victimes (et sans doute les victimes elles-mêmes), l'infracteur doit mourir[30] ou du moins passer de nombreuses années de sa vie en prison.

Conclusion

Pour les opposants à la peine de mort et aux longues peines carcérales, la nouvelle donne est en définitive loin d'être aisée à comprendre. L'expert qui aujourd'hui dans les médias se déclare opposé à la peine de mort ou met en évidence les inconvénients de l'incarcération ne

28. Nous préférons ici éviter le terme « théorie ».

29. Absurde non pas au sens où la théorie de la réhabilitation de la première modernité ne viserait pas à faire souffrir (son intention est en effet claire : ôter le désir de récidiver par l'application d'un *châtiment*), mais plutôt au sens où, à la différence des trois autres théories, elle est malgré tout centrée sur le mieux-être du délinquant et semble par là donner moins de prises à l'intégration d'un discours pro-souffrance par ou pour les victimes ou leurs proches.

30. Lors d'une conférence que nous avons donnée sur le sujet, Dan Kaminski, professeur de criminologie à l'Université catholique de Louvain (Belgique), a très justement proposé le terme de « peine de mort réparatrice ».

peut plus se contenter de dénoncer les abus de l'État, il est directement confronté à la souffrance spontanée et brutale des proches des victimes, des « survivants ». Mais ce n'est pas tout, la nouvelle donne peut aussi déplaire aux proches des victimes qui désirent simplement exprimer ce qu'ils ressentent. Éprouver de la colère ou de la haine, ce n'est pas nécessairement faire la promotion de la peine de mort. Par ailleurs, pour un proche de la victime, être amené à prendre position sur la libération du condamné peut paradoxalement avoir pour effet d'empêcher le processus de deuil que la justice voulait pourtant favoriser (Rossi, 2008). Sans compter que si un proche de la victime décline l'invitation à prendre position, il risque de renforcer sa culpabilité latente (*Ibid.*).

La montée du *closure* peut amener à établir une distinction entre les « bons » et les « mauvais » proches des victimes, et il importe de ne pas tomber à notre tour dans le piège. Il ne s'agit pas ici de diaboliser le père désorienté qui souhaite l'exécution ou tout au moins l'emprisonnement du meurtrier de sa fille ni non plus d'angéliser la sœur qui pardonne au chauffard qui a tué son frère. Non, il s'agit plutôt d'examiner le bien-fondé d'une philosophie pénale qui s'appuie sur la parole, en fait sur certaines paroles, des proches des victimes pour légitimer une évidence qui n'en est pas une : un jeu à somme nulle qui ferait croire que, en infligeant plus de douleur à l'un, on soulagera la douleur de l'autre.

Il est donc normal, et sans doute même souhaitable de donner un plus grand espace de parole aux proches des victimes, mais encore faut-il être persuadé de sa nécessité et le définir correctement. Quand un proche d'une victime d'homicide se retrouve devant un tribunal, ce n'est pas nécessairement pour se venger. Cela peut être le cas, mais cela peut être souvent aussi pour déverser sa colère à l'infracteur, pour représenter la personne disparue, pour défendre la mémoire de celle-ci, pour obtenir des dédommagements en réparation des préjudices subis, etc. (Rossi, 2008). La plupart de ces motivations sont compréhensibles, et certaines sont même nobles. Maintenant, faut-il pour autant, en raison des drames survenus et des attentes qui les suivent, « livrer de la douleur » (Christie, 2005) quand les personnes qui ont souffert le réclament[31] ? Quand des

31. Notons également que nous sommes loin de prétendre que le rôle actif joué par les proches de victimes dans le processus pénal a inévitablement pour effet d'augmenter le tarif pénal imposé aux infracteurs. Roberts (2008, p. 7) note, entre autres, que les recherches n'ont pas montré que les déclarations des victimes avaient des effets amplificateurs sur le quantum de la peine.

individus vivent une perte subite (par exemple, après l'effondrement d'un viaduc, après un accident de voiture dû au mauvais état de la route, après une opération chirurgicale manquée, après un meurtre brutal), il est légitime de penser à offrir une bouée de sauvetage aux proches des victimes. Mais, pour « passer le cap », ont-ils vraiment besoin du droit criminel moderne, de peines plus sévères, de torrents de sang ? Il n'est pas interdit de penser qu'il y a ici ambiguïté concernant l'identité de celui qui demande, sur ce qui est demandé et à qui. Il peut en effet sembler aller de soi que ce soient les proches des victimes qui demandent justice, mais n'est-ce pas la justice pénale elle-même qui uniformise et banalise, alors que les attentes en matière de justice peuvent prendre des formes très variées ? La question se pose donc : pour être pleinement reconnue, la justice pénale n'a-t-elle pas tant besoin (voire plus encore) des proches des victimes[32] que de l'inverse ? L'affaire Bouchard-Trottier le montre bien : plus qu'à allonger et à aggraver une peine, l'argument du *closure* sert à justifier l'existence de cette dernière.

32. Si elle a repris des couleurs récemment, la philosophie pénale moderne a fait l'objet de vives critiques au cours des cinquante dernières années. Parmi les critiques formulées, citons : 1) l'expression d'une aversion croissante des individus et des institutions pour la violence physique et la souffrance ; 2) le postulat d'une intériorisation graduelle par les individus des contraintes sociales ou l'inscription de celles-ci dans un processus de civilisation des mœurs ; 3) la somme de savoirs accumulée par les sciences humaines (y compris la médecine) qui montrent les dangers liés à la criminalisation et à la pénalisation de toute une série de problèmes sociaux; 4) la démolition méthodique des théories de la peine (rétribution, dissuasion, traitement) sur lesquelles s'était édifié le droit criminel depuis 250 ans ; 5) la tentative de discréditation des objectifs les moins louables et donc les moins avouables des prisons, à savoir l'exclusion spatiale et sociale de surnuméraires jugés socialement improductifs ; 6) l'autoréflexion et l'examen de ses propres fondements auxquels se livre le droit criminel occidental depuis les années 1960 et 1970 ; 7) le succès, certes relatif, remporté par les défenseurs des « groupes minoritaires » ou des « groupes fragilisés » (les *détenus*, les *femmes* détenues, les détenus *handicapés*, les détenus *immigrés*, les détenus *autochtones*, les détenus *en mauvaise santé*, les détenus *âgés*, etc.) ; 8) l'organisation plus structurée et mieux documentée des groupes de pression, des associations, des médias et parfois même des partis politiques qui dénoncent l'aporie pénale et le scandale carcéral ; 9) la prise de position de ces mêmes groupes en faveur de solutions alternatives concrètes et d'autres modes d'évaluation des sanctions pénales (Cauchie, 2009).

Références

Brochu, M. (18 octobre 2007), « La grande marche des enfants : la mémoire de Marc-Antoine Trottier », CJIT 106.7 FM [http://72.29.76.55/~cjitfmco/llongchamps/spip.php?article577]

Bunch, K. (2 avril 2001), « Does seeing execution help or hurt? », *WebMD* [en ligne : www.webmd.com/balance/features/does-seeing-execution-help-hurt]

Canadian Broadcasting Corporation (5 juin 2009), « Tories to repeal "faint hope" parole clause », [en ligne : www. cbc.ca/canada/story/2009/06/05/faint-hope-clause060509. html.

Cartuyvels, Y. et Ph. Mary (1997), « Malaise de la justice : et au-delà ? », *L'Affaire Dutroux. La Belgique malade de son système,* Bruxelles, Complexe, p. 97-126.

Cauchie, J. -F. (2009), *Peines de travail. Justice pénale et innovation,* Bruxelles, De Boeck – Larcier.

Christie, N. (2005), *Au bout de nos peines,* Bruxelles, Larcier/De Boeck, 1981.

Cour du Québec (12 janvier 2006), *R. c. Michel Bouchard,* District de Lac-Mégantic, Chambre criminelle, QCCQ 6395, n° 480-01-000218-034.

Delchambre, J. -P. et J. Remy (1995), *Travail et lien social,* Bruxelles, Fondation Roi Baudouin.

Gerber, R. et J. D. Johnson (2007), *The Top Ten Death Penalty Myths : The Politics of Crime Control,* Westport (Conn.), Praeger.

Jenish, D. (2009), « Faint hope: Background », *The Canadian Encyclopedia,* [www. thecanadianencyclopedia.com]

Pires, A. P. (1998), « Aspects, traces et parcours de la rationalité pénale moderne », dans C. Debuyst, Fr. Digneffe et A. P. Pires (dir.), *Histoire des savoirs sur le crime et la peine.* Vol. 2. *La Rationalité pénale et la naissance de la criminologie,* Bruxelles/Ottawa, De Boeck Université, p. 3-52.

Pires, A. P. (2001), « La rationalité pénale moderne, la société du risque et la juridicisation de l'opinion publique », *Sociologie et Société,* 23, 1, p. 179-204.

Pires, A. P. (2002), « Codifications et réformes pénales », dans L. Mucchielli et Ph. Robert (dir.), *Crime et sécurité. L'état des savoirs,* Paris, La Découverte, p. 84-92.

Radio-Canada (20 octobre 2005), « Le cri du cœur d'un père ébranle un juge », [en ligne : www.radio-canada.ca/regions/estrie/nouvelles/200510/19/001-michel_bouchard. shtml]

Radio-Canada (12 janvier 2006), « Trois ans de prison pour Michel Bouchard », [en ligne : www.radio-canada.ca/regions/estrie/2006/01/12/003-bouchard. shtml]

Radio-Canada (7 juin 2007), « Un père outré », [en ligne : www. radio-canada.ca/regions/estrie/2007/06/07/004-pierre_trottier_outre. shtml]

Roberts, J.V. (2008), « Déclaration des victimes : enseignements tirés et priorités pour l'avenir », dans Ministère de la Justice, *Victimes d'actes criminels : recueil des recherches n° 1,* Ottawa, Ministère de la Justice, p. 3-16.

Rossi, C. (2008), « Le double visage des proches des victimes d'homicides. Approche comparée en droit pénal et victimologie », thèse de doctorat, Montréal, École de criminologie, Université de Montréal.

Salter, S. (27 janvier 1998), « Closure, Politics, and Justice », *San Francisco Examiner*, p. A-13.

Sauvageau, J. (1998), « Le discours parlementaire sur la peine de mort : essai de criminologie réflexive du passage à l'acte législatif », thèse de doctorat, Louvain-la-Neuve, École de criminologie, Université catholique de Louvain.

U. S. Congress, House of Representatives (1995), 104th Congress, *H. R. 729, Effective Death Penalty Act of 1995.*

U. S. Congress, House of Representatives (1996), 104th Congress, *S. 735, Antiterrorism and Effective Death Penalty Act of 1996.*

U. S. Congress, House of Representatives (8/9 février 1995), 104th Congress, Congressional Record. Proceedings and Debates, 141(1), Committee of the Whole House on the State of the Union for the consideration of bill *H. R. 729, Effective Death Penalty Act,* Washington, D. C.

U. S. Congress, House of Representatives (18 avril 1996), 104th Congress, Congressional Record. Proceedings and Debates, 142(1), Conference Report on bill *S. 735, Antiterrorism and Effective Death Penalty Act,* Washington, D. C.

Zimring, F. E. (2003), *The Contradictions of American Capital Punishment,* New York, Oxford University Press.

CHAPITRE 3

La RPM dans la mise en forme et l'interprétation de la loi pénale

The barbarian invasions: Modern penal rationality in the Canadian youth justice system[1]

Veronica Piñero

Introduction

R. v. D. B., a divisive 2008 decision from the Supreme Court of Canada, constitutes a milestone in the history of the youth justice system.[2] The majority of the Supreme Court held that the automatic presumption of serious penalty for serious offences committed by youths was contrary to section 7 of the Charter, and this violation

---

1. The title of this paper is intended to play off a remark made by Alvaro Pires when discussing the need to focus on "positive due process guarantees" instead of on "negative due process guarantees" (Pires, in De Giorgi, 2002, p. 511). The author would like to acknowledge the generous funding of the Social Sciences and Humanities Research Council of Canada.

2. D. B. was a 17-year-old youth (a young person within the meaning of the *Youth Criminal Justice Act*) who pleaded guilty to manslaughter. As manslaughter is a "presumptive offence," D. B. had to demonstrate – instead of the Crown – why a youth sentence should be applied to him instead of an adult sentence. Youths who commit offences but "presumptive offence" are entitled to both youth sentences – which are more lenient than adult sentences – and to a publication ban of their identifying information. D. B. challenged the constitutionality of the onus provisions in the presumptive offence regime under s. 7 of the Charter [right to life, liberty and security of the person]. The trial judge allowed the Charter challenge and D. B. received a youth sentence. The Crown appealed and the Ontario Appeal Court upheld the decision. This decision was appealed to the Supreme Court of Canada and was upheld by 5 members of the Court (4 found that presumptive offences were not against s. 7 of the Charter).

was not justified under section 1 of the Charter (1982).[3] This regulation, also known as "presumptive offences," is part of the recently enacted *Youth Criminal Justice Act* (2002) according to which young offenders 14 years or older who commit murder in the first and second degree, attempted murder, manslaughter and aggravated sexual assault, or have a third conviction for a serious violent offence are to be automatically imposed an adult sentence instead of a youth sentence.[4] In addition, the publication ban on young offenders' identifiable information does not apply. After several conflicting decisions at the provincial level,[5] the majority of the Court held that the regulation of "presumptive offences" infringed the Charter on three main grounds. First, this regulation was contrary to the presumption of diminished moral blameworthiness

---

3. Section 1: The *Canadian Charter of Rights and Freedoms* guarantees the rights and freedoms set out in it subject only to such reasonable limits prescribed by law as can be demonstrably justified in a free and democratic society.
   Section 7: Everyone has the right to life, liberty and security of the person and the right not to be deprived thereof except in accordance with the principles of fundamental justice.
4. "presumptive offence" means
   (a) an offence committed, or alleged to have been committed, by a young person who has attained the age of fourteen years, or, in a province where the lieutenant governor in council has fixed an age greater than fourteen years under section 61, the age so fixed, under one of the following provisions of the *Criminal Code*:
      (i) section 231 or 235 (first degree murder or second degree murder within the meaning of section 231),
      (ii) section 239 (attempt to commit murder),
      (iii) section 232, 234 or 236 (manslaughter), or
      (iv) section 273 (aggravated sexual assault); or
   (b) a serious violent offence for which an adult is liable to imprisonment for a term of more than two years committed, or alleged to have been committed, by a young person after the coming into force of section 62 (adult sentence) and after the young person has attained the age of fourteen years, or, in a province where the lieutenant governor in council has fixed an age greater than fourteen years under section 61, the age so fixed, if at the time of the commission or alleged commission of the offence at least two judicial determinations have been made under subsection 42(9), at different proceedings, that the young person has committed a serious violent offence.
5. Quebec (Minister of Justice) v. Canada (Minister of Justice) (2003); R. v. D. B. (2006); R. v. K. D. T. (2006).

based on age, which the court understood was a principle of fundamental justice. Nevertheless, the Court held that as a presumption, it could be rebuttable – yet it did not comment on the procedure for this:

> *[t]he question is not whether young people who commit more serious crimes can attract more serious penalties. They can. In some cases, it may even be that they should receive the same sentence as an adult.* What is before us, however, is whether young people who commit presumptive offences should *automatically* be presumed to attract an adult sentence, or whether, as previously, they continue to be subject to the youth justice sentencing provisions unless the Crown can demonstrate that the combination of the circumstances of the crime and the offender warrant the imposition of an adult sentence. (R. v. D. B., 2008, paragraph 5) [emphasis added]

Second, the presumption of adult sentence required young offenders to prove why a youth sentence should be imposed on them instead of an adult sentence. As an adult sentence is considerably more severe than a youth sentence, it is normally the Crown who is required to satisfy the Court of any aggravating factors justifying a more severe sentence.[6] According to the Court, the burden should be on the Crown and not on the young offenders to demonstrate why a more severe sentence is necessary: "[t]he onus on the youth person reverses this traditional onus on the Crown and is, consequently, a breach of s. 7 [of the Charter]" (R. v. D. B., 2008, paragraph 82). Third, and last, as an adult sentence carries a lift on the publication ban, and being the publication ban part of the sentence, this made "the young person vulnerable to greater psychological and social stress" (stigmatization) (R. v. D. B., 2008, paragraph 87). As a result, lifting the publication ban "renders the sentence significantly more severe" (*Ibid.*). Again, for the Court it was the Crown who had to justify the enhanced severity instead of the young persons, and the reversal of the onus was also a breach of the Charter (*Ibid.)*.

6. A maximum adult sentence in the case of presumptive offences is, by definition, more severe than the maximum permitted for a youth sentence. A youth sentence for murder cannot exceed ten years; for second degree murder, seven; and for manslaughter, three. The maximum adult sentence for these offences is life in prison.

While the decision of the Supreme Court has been broadly cherished, nowhere in the majority's vote was the "best interest of the child" to be found as a reason for the decision. On the other hand, the vote of the minority put a strong emphasis on the need to protect society, and how the regulation of "presumptive offences" was an adequate measure to provide society with such a security.

The Supreme Court of Canada decision was released 100 years after the first Canadian youth justice system was created, which was deeply embedded on the notion of "child protection." Indeed, this system was strongly based on a balance of "child protection" and "protection of the society," where the former was presented as a medium for the latter: "[b]y protecting the child one makes a good citizen of him, and thus prevents crime" (Trépanier and Tulkens, 1993, p. 197). On the other hand, since the 18th century the adult justice system has been mainly concerned with the protection of society and the social exclusion of the offender (Mead, 1918; Mack, 1909). How did the protection of society become the main goal of the youth justice system leaving the "protection of the child" aside?

This research focuses on the current need to inflict harsh punishment on young offenders as a way of protecting society (punitive request), despite the welfare origins of youth justice legislation. Indeed, this article argues that, even though the above-identified sections of the *Youth Criminal Justice Act* can be contrary to section 7 of the Charter, they are consistent with a criminal law philosophy that stresses the value of "punishment" and puts an emphasis on the "exclusion of the offender" as a medium for "protecting society." This criminal law philosophy, which has characterized the modern adult criminal justice system since the middle of the 18th century, has been gradually introduced in the area of youth criminal intervention since the second half of the 20th century. Such an intervention strategy is characterized by an emphasis on the sort of criminal behavior committed by the young offender and on "the paraphernalia of hostile procedure" instead of on the concept of "protection of the child" (rehabilitation and reintegration). The focus of this article is on what happened during this 100 year period and how the "modern penal rationality" "invaded" the youth justice system. For this, this research traces the genealogy of the Canadian youth justice system and explores major events that have had an impact on its philosophy.

1. Towards a welfare approach to delinquency: the *Juvenile Delinquents Act*[7]

Canada's first attempt to draw a distinction between the adult and youth criminal justice systems dates from the mid-1800s. In 1857 the Canadian Provinces passed statutes to provide young persons with a speedy criminal procedure and special detention facilities.[8] Despite the number of statutes enacted during the 1857-1907 period, the first Canadian comprehensive juvenile justice legislation to draw a clear distinction between the youth and adult justice systems was the Juvenile Delinquents Act (1908), which came into force on July 20, 1908. This statute, which set the tone for the Canadian approach to youth misbehavior until 1984 (when the *Young Offenders Act* partially came into force), did not have a clear declaration of principles (Trépanier, 1990). Nevertheless, it is manifest that it was philosophically grounded in the doctrine of *parens patriae*.[9] Its main aim was to provide "wise care, treatment, and control" to youths who had committed a conduct forbidden by the *Canadian Criminal Code* or any other provincial or municipal piece of legislation (An *Act respecting Juvenile Delinquents*, 1908, preamble).

The *Juvenile Delinquents Act* was introduced in the Senate of the Dominion of Canada as Bill (FFF) An *Act respecting juvenile delinquents* in 1907 by the Secretary of State, Hon. Mr. Scott. The bill died on Parliament's Order Paper when Parliament prorogued; however, it was reintroduced the following session as *Bill (QQ) An Act respecting Juvenile Delinquents* and assented to as *An Act respecting Juvenile Delinquents* on

7. The following analysis deals with Canadian federal legislation. The analysis of the enacted provincial legislation in the area of youth protection is beyond the scope of this research.

8. These statutes are: *An* Act for the More Speedy Trial and Punishment of Juvenile Offenders, Statutes of the Canadian Province (1857); An Act for the Establishment of Prisons for Young Offenders – for the Better Government of Public Asylums, Hospitals and Prisons, and for the Better Construction of Common Gaols, Statutes of the Canadian Province (1857) (respectively).

9. The concept of the doctrine of "parens patriae" is defined by Faust and Paul as "[t]he legal provision through which the state may assume ultimate parental responsibility for the custody, care, and protection of children within its jurisdiction" (Faust and Brantingham, in Faust and Brantingham, 1979, p. 32).

July 20, 1908.[10] When the bill was first introduced, the Hon. Mr. Scott presented the purposes of the bill, which dealt with "saving children" in need:

> [t]he bill now in the hands of hon. gentlemen proposes to deal with another question, one that is not entirely new, still, in my judgment an important Bill. *It is for the betterment of a large class of the community, the children who are surrounded by an environment that leads to evil, and the purpose of the Bill is to lay down such methods of procedure as may at all events minimize the tendency to crime of children who happen to be unfortunately situated either in houses where the examples before them are not of a high order, or other causes that are tending in the direction of evil* (Senate, 1907, p. 804) [emphasis added]

Worth noting, he never drew a clear distinction between two groups of problematic situations regarding children: 1) "neglected children" and "abused children," and 2) "children in conflict with law." While the former represents children who have been victimized either by a lack of care or by physical, emotional, or psychological aggression, the latter refers to children who have committed behavior forbidden by the criminal law. Indeed, it seems that the Hon. Mr. Scott tried to deal with both categories by the same sort of intervention (criminal law). The misunderstanding over these two categories of problematic situations with regard to children was present both in the discussions held in the Senate in the 1906-1907 and 1907-1908 parliamentary sessions (Hylton, 2001). Indeed, this brought into question who had legislative authority for enacting legislation regarding this matter. Trépanier and Tulkens (1995) argue that parliamentarians turned to criminal law for regulating youth misbehavior because of an issue of jurisdiction: while Parliament had (and have) exclusive legislative powers for regulating all matters coming within the classes of subjects of criminal law, provincial legislatures had (and have) exclusive legislative powers for enacting regulation related to the

10. Leon notes that, when Senator Scott introduced Bill (FFF) in the Senate, he "failed to consult with the Minister of Justice, Mr. Aylesworth. Taking offence, Aylesworth refused to support the proposed legislation and it was over a year before he consented, under much pressure, to introduce the Bill to the House of Commons. However, Senator Scott was permitted to introduce the Bill to the Senate in April 1907 as a means of generating discussion, on the condition that it did not go beyond second reading" (Leon, 1978, p. 45).

protection and welfare of children.[11] As a result, parliamentarians assimilated "neglected children" and "abused children" (provincial jurisdiction) to "criminal children" (federal jurisdiction), and therefore, they had jurisdiction for regulating all these situations.[12] Another reason for turning to criminal law for addressing youth misbehavior was that some of the behavior parliamentarians wanted to control were already regulated ("criminalized") by the *Canadian Criminal Code*. As a result, parliamentarians could use the existing norms (regulation of behaviors) while avoiding the "paraphernalia of hostile procedure" through the use of youth courts (regulation of procedure and sanction).

The absence of distinction between 1) "neglected children" and "abused children," and 2) "children in conflict with law" was found within Canadian society as well (Bennett, 1988). Trépanier and Tulkens (1995) note that 19th century Canadian society faced several transformations with regard to the socio-legal status of children: the urbanization and development of the national economy had an impact on the typical family structure, and gender specific roles led women to focus on children's education within and outside the family structure. Middle-class women formed associations for discussing what the best interests of the child were, and how to achieve such goals. In addition, philanthropic institutions and social purity movements started to focus on children as the main subjects of intervention, in an attempt to "mold the nation" (Valverde, 1991). Labor legislation excluded children from factories and communities invested in children's education for producing "useful children," well-fitted to their future role in society (Nelson,

11. Nevertheless, in A. G. (Quebec) v. Lechasseur et al. (1981), the Supreme Court of Canada held the supremacy of federal "youth criminal" legislation over provincial "child protection" legislation. It noted that, even though both pieces of legislation were valid, the solution offered by the federal legislation was paramount. Therefore, if federal and provincial legislation offer different solutions to a same situation, the federal solution should be preferred to the provincial solution. In this case, the Supreme Court of Canada did not declare the unconstitutionality of the provincial legislation, but its inoperability.

12. In Attorney General of British Columbia v. Smith (1967) it was argued that the *Juvenile Delinquents Act* (1908) was *ultra vires* legislation since it related to the welfare of children, and such a matter was under the authority of provincial legislatures. The Supreme Court of Canada held the validity of the Juvenile Delinquent Act (1908) on the grounds that the Act "is genuine legislation in relation to criminal law in its comprehensive sense" (Attorney General of British Columbia v. Smith, 1967, p. 712).

2000; Gaffield and West, in Berkeley, Gaffield and West, 1978). These movements, mostly led by a middle-class ideology of childhood,[13] were interested both in regulating morality, especially sexual morality, and young people's welfare, in an attempt to achieve a certain kind of citizen (Valverde, 1991). "Save the children and you mold the nation": this was one of the three mottoes of the Moral Education Department of the Woman's Christian Temperance Union (WCTU) stated in 1910 (Valverde, 1991). This language of "social motherhood" was present in most of the interventions directed towards children during this period, both in the discourse of the political sphere and the social purity activists.

The *Juvenile Delinquents Act* was strongly embedded in the notion of "child protection" and, as Trépanier (1990) notes, parliamentarians did not see any contradiction between pursuing such an objective and the notion of "protection of society." The socio-environmental approach in which the *Juvenile Delinquents Act* was grounded perceived "child protection" as a medium for "protecting society": "[c]hildren are not born criminals; they are made criminals by the environment by which they happen to be surrounded. Remove the environment and the child grows up an entirely different character" (Senate, 1907, p. 806).[14] Since the sources of youth delinquency were strongly associated to the child's socio-familial environment, any sort of intervention directed towards "removing the child" from a non-acceptable socio-familial environment was seen as a way of "protecting the child." A child "removed" from such an undesirable environment and "introduced" to Canadian protestant middle-class moral values would become a law-abiding citizen and a useful member of society (Valverde, 1991). According to the *Juvenile Delinquents Act*, the main factor to decide the sort of criminal intervention to impose on young persons was neither the seriousness of the offence nor the degree of responsibility, but their socio-familial environment and needs (Trépanier, 1990).[15]

---

13. For a discussion about the role of middle-class interests in the legislative process (*formal social control*) see Hagan and Leon (1977).

14. Bennett (1988) notes that child-saving reformers in late Victorian Canada held a social environmental view of youth criminality.

15. However, the *Juvenile Delinquents Act* (1908) drew a distinction between criminal behavior, such as indictable and non-indictable offences. Nonetheless, this regulation was to be implemented through child welfare principles.

What were the reasons behind the enactment of the *Juvenile Delinquents Act*? The 1908 preamble to the Juvenile Delinquents Act highlighted the need to draw a distinction between the criminal procedure for young and adult offenders. The reason for this was an attempt to "protect the young offender" from the influence of adult offenders ("rescue the young offender"), and this was perceived as necessary for granting "protection to society". Moreover, for the *Juvenile Delinquents Act* (1908) both objectives were seen as going "hand in hand":

> *[w]hereas it is inexpedient that youthful offenders should be classed or dealt with as ordinary criminals, the welfare of the community demanding that they should on the contrary be guarded against association with crime and criminals*, and should be subjected to such wise care, treatment and control as will tend to check their evil tendencies and to strength their better instincts [...] (Juvenile Delinquents Act, 1908, preamble). [emphasis added]

As a result, the *Juvenile Delinquents Act* (1908) drew a distinction between adult delinquents and juvenile delinquents, and defined the latter as:

> any child who violates any provision of *The Criminal Code*, chapter 146 of the Revised Statutes, 1906, or of any Dominion or provincial statute, or of any by-law or ordinance or any municipality, for which violation punishment by fine or imprisonment may be awarded; or who is liable by reason of any other act to be committed to an industrial school or juvenile reformatory under the provisions of any Dominion or provincial statute. (*Id.*, section 2(c)

Accordingly, the Juvenile Delinquents Act (1908) defined "child" as "a boy or girl apparently or actually under the age of sixteen years" (*Id.*, section 2(a)).[16]

Was the *Juvenile Delinquents Act* (1908) intended to only address behaviors forbidden by the criminal law or "dangerous/risky situations" as well? According to the statute, there was a need to address behavior that could lead young persons to become "young offenders." Furthermore,

---

16. The maximum age for a young person to be considered a child was modified many times during the 1908-1981 period and provinces were provided with discretion for selecting the maximum age that better fitted their needs. As a result, all Canadian provinces regulated the maximum age for children to be dealt within the youth justice system differently.

in an attempt to "rescue the young person" the *Juvenile Delinquents Act* (1908) regulated "situations" that were not criminal offences.[17] The justification for such an intervention was to "protect society":

> [w]hereas it is inexpedient that youthful offenders should be classed or dealt with as ordinary criminals, the welfare of the community demanding that they should on the contrary be guarded against association with crime and criminals, and *should be subjected to such wise care, treatment and control as will tend to check their evil tendencies and to strength their better instincts* (*Id.*, preamble). [emphasis added]

> [t]his Act shall be liberally construed to the end that its purpose may be carried out, to wit: That *the care and custody and discipline of a juvenile delinquent shall approximate as nearly as may be that which should be given by its parents, and that as far as practicable every juvenile delinquent shall be treated, not as a criminal, but as a misdirected and misguided child, and one needing aid, encouragement, help and assistance* (*Id.*, section 31). [emphasis added]

One of the main innovations of this Act was the introduction of juvenile courts for dealing with juvenile delinquents (*Id.*, section 4). The juvenile court was intended to provide children not only with a different sort of judicial environment that avoided the "paraphernalia of hostile procedure," but also with a special procedure concerned about their needs (*Id.*, sections 5, 7, 10-14, 22, 31). In addition, in the case of a child proved to be a juvenile delinquent, the act established the possibility of committing the child "to the care or custody of a probation officer or of any other suitable person… [or] to the charge of any children's aid society… [or] if a boy, to an industrial school for boys, or, if a girl, to an industrial school or refuge for girls" (*Id.*, section 6(1).

---

17. For instance, the Juvenile Delinquents Act (1908) considered truancy, vagrancy, smoking, playing on the street, etc., as delinquencies. In 1924 the definition of "juvenile delinquent" was amended and the phrase "who is guilty of sexual immorality or any similar form of vice" was added. Consequently, this definition was expanded:
    "juvenile delinquent" means any child who violates any provision of the *Criminal Code*, chapter one hundred and forty-six of the Revised Statutes, 1906, or of any Dominion or provincial statutes, or of any by-law or ordinance of any municipality, for which violation punishment by fine or imprisonment may be awarded, *or who is guilty of sexual immorality or any similar form of vice*, or who is liable by reason of any other act to be committed to an industrial school or juvenile reformatory under the provisions of any Dominion or provincial statute (*An Act to amend the Juvenile Delinquents Act*, 1924, section 1). [emphasis added].

Bill FFF died on Parliament's Order Paper when Parliament prorogued; nevertheless, it was reintroduced with minor amendments in the Senate the following session as Bill QQ (Senate, 1908). Several petitions were brought up to the House of Commons during the 1907-1908 session "praying for the enactment of a Juvenile Delinquent Act, similar to that introduced in the Senate by the Honorable the Secretary of State, in 1907" (House of Commons, 1908, p. 219). This sort of method was not an unusual practice. Private bodies, and among them social purity movements, heavily relied on governmental institutions for implementing their reforms (Valverde, 1991). For instance, Hon. Mr. Scott – who first introduced this bill in the Senate – expressly declared that he was familiar with child saving institutions since his own son had been the president of one of these societies for years (Senate, 1908).[18] According to Valverde, "by the 1880s both the federal and provincial states seem to have acquired an almost unshakeable legitimacy in the eyes of the educated Anglophone middle classes" (Valverde, 1991, p. 34). Social purity activists relied in their work, among other procedures, on letters to politicians:

> [t]hese private bodies interacted heavily with the state, however. They organized their work with a view to influencing state legislation and policy, as well as setting up pilot projects in public education and rescue work that might then be taken over, or at least funded, by the state. The state in turn responded to the pressure from these organizations and from public opinion as molded by the moral reformers by taking moral initiatives with greater or lesser enthusiasm. The private bodies were much more powerful than their successors of today: in the absence of large government bureaucracies and associations of professionals, churches and women's groups commanded a great deal of respect and were in many ways treated as experts, not as opinionated interest groups. (Valverde, 1991, p. 52)

Moral and welfare language can be found as well in the speech pronounced by the Hon. Mr. Beique at the Senate during the second reading of Bill QQ: "active children are full of mischief, and vicious tendencies are easily developed if any occasion is afforded to them" (Senate, 1908, p. 975); "still more desirable is to spare no efforts in coming to the rescue of the poor, and especially of children" (*Ibid.*).

18. His son was W. L. Scott, Local Master for the Supreme Court of Ontario and President of the Ottawa Children's Aid Society.

Much of the discussion in the Senate about Bill QQ was devoted to the regulation of juvenile courts and the required personal characteristics of juvenile court judges.[19] With regard to the former, several members of the Senate were concerned about the fact that the regulation of such courts by the federal government may infringe section 92(6) of the *British North America Act* (1867). According to this subsection, provinces have exclusive legislative powers for regulating "[t]he establishment, maintenance, and management of public and reformatory prisons, in and for the province." However, such an argument was rejected: Bill QQ was drafted in such a way as to prevent the federal government from invading provincial jurisdiction and interfering with their institutions (Senate, 1908). Concerning the required personal characteristics of juvenile court judges, the need of a paternal role was well remarked by the Hon. Mr. Coffey:

> [n]o matter what standing the applicant may hold in the community – no matter how persistently and how ardently his friends may sue for his appointment as juvenile court judge, it were but a crime to fill out a parchment for him unless he possessed a well balanced mind and a warm, sympathetic nature – firm where needs be, but ever recognizing in the little waif before him a child of nature who has wandered from the path of rectitude but who should be directed homeward to the ideal once again. (Senate, 1908, p. 976)

Bill QQ was read a third time in the Senate on June 16, 1908 and passed to the House of Commons for its concurrence, where it received Royal Assent on July 20, 1908 with almost no debate. This statute was in force until 1984 without major amendments, when the *Young Offenders Act* came into force derogating the former.

2. The need to "protect society": the *Young Offenders Act* (1982) and the *Youth Criminal Justice Act* (2002)[20]

In 1961 the Department of Justice appointed an advisory committee for evaluating the problem of juvenile delinquency in Canada, which

19. For an analysis of the development of youth courts in the United States, see Platt (1977).

20. The following analysis deals with Canadian federal legislation. The analysis of the enacted provincial legislation is beyond the scope of this research.

released its report four years later (Canada, 1965). This committee was requested to make "recommendations concerning steps that might be taken by Parliament and Government of Canada to meet the problem of juvenile delinquency in Canada" (*Id.*, p. 2). Accordingly, it released 100 recommendations, all of them very much oriented towards the notion of "child protection." Among them, the committee recommended that "[j]uvenile law enforcement responsibilities of detection, apprehension and deterrence should be accomplished in such a way as not to compromise effective principles of rehabilitation or to neglect preventive functions" (*Id.*, p. 288). With regard to this principle, it is possible to identify in its "semantics" the notions of "protection of society" (detection, apprehension, and deterrence of criminal behaviour) and "protection of the child" (rehabilitation and prevention). Moreover, according to the Committee, there was to be a balance between both concepts, and the purpose of youth criminal law intervention was still very much oriented towards the notion of "child protection." The recommendations released by this report, which suggested some minor and major amendments to the *Juvenile Delinquents Act,* did not result in any modification of the Act.

In 1973 the Solicitor General of Canada established a committee for undertaking "a review of the developments that had taken place in the field since Bill C-192" (Solicitor General, 1975, p. 6).[21] In addition, "this Committee was to consider the deliberations of a Federal/Provincial Joint Review Group [...] for the purpose of reviewing the programs, services and financial implications as well as the legislation involving young persons in conflict with the law in Canada" (*Ibid*). The 1975 report had a different approach to youth offending from the 1965 report: first, the former did not recommend a modification of the *Juvenile Delinquents Act,* but the enactment of a new piece of legislation (*Id.*, p. 7). Second, the 1975 report expressly recognized that the notions of "child protection" and "protection of society" may sometimes conflict between each other (*Id.*, p. 3, 59-60, 70). Finally, the 1975 report showed some concerns about the observance of due process rights in youth courts (*Id.*, p. 3, 11, 15, 33-36).

In 1977 the Solicitor General of Canada released a second report based on the proposals, recommendations, objections, and amendments

21. Bill C-192 was an earlier draft of the *Young Offenders Act* (1982).

put forward in the course of the consultations of the 1975 report (Solicitor General, 1977). The 1977 report also proposed that a new a piece of legislation, the *Young Offenders Act,* replace the *Juvenile Delinquents Act* (*Id.,* p. 12). However, the proposed legislation was not novel, but an amended version of the 1975 An Act respecting young persons in conflict with the law and to repeal the *Juvenile Delinquents Act.* The 1977 proposal addressed the recommendations that provincial and territorial governments, along with interested groups and individuals, made to the 1975 proposal.

The conflict between the notions of "child protection" and "protection of society" in the 1977 report is much more evident than in the 1975 report. For instance, both proposals had a declaration of principles in their preamble, but their approach to youth crime was different. The first paragraph of the preamble of the 1975 proposal stated that:

> [y]oung persons in conflict with the law should bear responsibility for their contraventions but should not be held accountable therefore in the same manner, or suffer the same consequences thereof, as adults, but, rather, should be considered as persons who, because of their state of dependency and level of development and maturity, have special needs and require aid, encouragement and guidance and, where appropriate, supervision, discipline and control. (Solicitor General, 1975, p. 84)

On the other hand, the first three paragraphs of the preamble to the 1977 proposal put more emphasis on the notion of "protection of society" than on the notion of "child protection":

> [y]oung persons who commit offences should bear responsibility for their contraventions and while young persons should not *in all instances* be held accountable in the same manner or suffer the same consequences for their behaviour as adults, *society must nonetheless be afforded the necessary protection for such illegal behaviour.*
>
> *In affording society protection from illegal behaviour,* it is to be recognized that young persons require supervision, discipline and control, but also, because of their state of dependency and level of development and maturity, young persons have special needs and require guidance and assistance.
>
> *Where not inconsistent with the protection of society* consideration should be given to using alternative social and legal measures for dealing with young persons who have committed offences, which come within the jurisdiction of this Act (Solicitor General, 1977, p. 12). [emphasis added]

The preamble to the *Young Offenders Act*, after some minor amendments, followed this latter version. The 1977 proposal was introduced in Parliament as Bill C-61, the Young Offenders Bill, by the Solicitor General (Hon. Bob Kaplan) on February 16, 1981. This bill received Royal Assent on July 7, 1982.

During the second reading of the bill, the Solicitor General identified the three principles of the bill – accountability, protection of society, and due process guarantees:

> The proposed legislation blends three principles. The first is that young people should be held more responsible for their behaviour, but not wholly accountable since they are not yet fully mature and are dependent on others. *The second point is that society has a right to protection from illegal behaviour, even though committed by a minor.* The third point is that young persons have the same rights to due process of law, natural justice and fair and equal treatment as adults, and that these rights must be guaranteed by special safeguards. Thus the bill is intended to strike a reasonable and acceptable balance between the needs of young offenders and the interests of society (House of Commons, 1981, p. 9308). [emphasis added]

Worth noting, for the Solicitor General the notions of "child protection" and "protection of society" were compelling principles, but at the same time, principles that could conflict with each other – besides, the notion of "child protection" started to be left without content. Similar positions were held by several parliamentarians:

> *[w]e have to look to the protection of society.* The state has a duty toward its citizens. Citizens have a right to live their peaceful lives uninjured. It is not a hazard of my life that I must run the risk of being robbed, of being mugged, of my life being taken or having my property vandalized. That is not the role of our citizens. *It is the duty of the state to protect them.* It is the duty of the remaining citizens not to inflict those damages upon their fellow citizens (*Id.*, p. 9657, Hon. Marcel Lambert). [emphasis added]

> [m]y criticism is that I do not believe the bill goes far enough. For example, *I believe that the concept of retribution might well be followed with respect to youth. A youth involved in a misdemeanor or a crime should repay the debt he owes to society* and to the person or persons against whom he has committed his crime. (*Id.*, p. 10079, Hon. Arnold Malone). [emphasis added]

> I would now like to turn to the contents of the bill which, as I have stated, has many substantive changes within its pages which are badly needed. In Bill C-61 [*Young Offenders Bill*] *we see that the over-all philosophy has shifted from one of parental responsibility in the Juvenile Delinquents Act to the more acceptable and practical approach of a youth being held responsible to some degree for his action* (*Id.*, p. 9521, Hon. Albert Cooper). [emphasis added]

The shift from the notion of "child protection" to the notion of "protection of society" as the main goal of youth justice intervention was as well plainly recognized during the discussions held in Parliament:

> [i]t has been suggested by the drafters of the legislation that there is a shift in emphasis away from the important principle of 1908. In fact, one policy analyst of the Department of the Solicitor General, Mr. Tom Sterritt, has been very actively involved in drafting the bill. He stated that the new bill changes the focus of the law and *that it may not be the needs or the welfare of the child that are paramount any more; it may be the protection of society. Indeed, the protection of society is and must be of great importance, but one must question whether by substituting a Criminal Code for children we in any way enhance the protection of society*. I suggest the evidence is very much to the contrary (*Id.*, p. 9316, Hon. Svend J. Robinson) [emphasis added].

On the other hand, there was also a position that tried to reconcile the notion of "child protection" with the notion of "protection of society": "we can set a couple of goals in a progressive juvenile system; *we can protect society and the welfare of the child.* Those goals are not mutually exclusive" (*Id.*, 9648, Hon. Mr. Waddell) [emphasis added]. None the less, he also noted that "[t]he bill before us today by contrast is not very progressive. *Basically, it provides a criminal code for juveniles.* There is some mention of diversion but it is really a criminal code for juveniles" (*Id.*, 9650, Hon. Mr. Waddell) [emphasis added].

Bill C-61 was read third time in the House of Commons on May 17, 1982 and passed to the Senate for its concurrence. During the second reading of the bill, the Hon. Joan Neiman commented on the declaration of principles of the bill:

> [t]he new legislation is aimed at providing a comprehensive process for dealing with juvenile crime that encourages respect for the law and promotes the wellbeing of both young offenders and society. The key principles which underlie the proposed *Young Offenders Act* are:

> That young persons should be held more responsible for their behaviour, but not wholly accountable since they are not yet fully mature;
>
> *That society has a right to protection from illegal behaviour;*
>
> That young persons have the same rights to due process of law and fair and equal treatment as adults, and that these rights must be guaranteed by special safeguards; and
>
> That young persons have special needs because they are dependents at varying levels of development and maturity and, therefore, also require guidance and assistance.
>
> *These principles reflect the federal government's intent to strike a reasonable and acceptable balance between the needs of young offenders and the interests of society* (Senate, 1982, p. 4181). [emphasis added]

Having received Royal Assent on July 7, 1982, the Young Offenders Act introduced a new approach to youth criminal law intervention, which can be considered as a breaking point (Baron and Hartnagel, in Fleming, O'Reilly and Clark, 2001). On the one hand, the *Young Offenders Act* moved away from the previous philosophy to youth crime based on a unified concept of protection were the notions of "child protection," "protection of society," and "rehabilitation and reintegration" went "hand in hand." From now on, the youth justice system gave greater weight to the notions of "youth accountability," "deterrence," and "protection of society." Not only was this approach opposed to the notion of "protection of the child," but it also led the youth justice system to become closer to the penal rationality of the adult justice system. As Trépanier (1990) notes, the Young Offenders Act placed the kind of criminal behavior committed as the main factor for sentencing.[22] For this statute, the notions of "child protection" and "protection of society" were opposed and co-existing objectives that in some situations may lead to different types of interventions. In addition, the statute placed more emphasis on society's right to be protected from crime than

22. The enactment of the Young Offenders Act marked a profound change in the philosophy of dealing with youthful offenders. The Juvenile Delinquents Act, R. S. C. 1970, c. J-3, previously in force required (s. 38) that the youthful offender "be treated, not as a criminal, but as a misdirected and misguided child and one needing aid, encouragement, help and assistance". The declaration of principle in s. 3 of the Young Offenders Act (partly quoted) places much greater emphasis on the responsibility of young persons for their own actions while also prescribing that they should not "in all instances be held accountable in the same manner or suffer the same consequences for their behaviour as adults" (R. v. M. (S. H.), 1987, paragraph 524).

on the child welfare approach that characterized the "parens patriae" philosophy in which the *Juvenile Delinquents Act* was grounded. The final declaration of principles, as enacted in 1982, read:

> 3. (1) It is hereby recognized and declared that
>
> (a) while young persons should not in all instances be held accountable in the same manner or suffer the same consequences for their behaviour as adults, *young persons who commit offences should nonetheless bear responsibility for their contraventions*;
>
> (b) *society must, although it has the responsibility to take reasonable measures to prevent criminal conduct by young persons, be afforded the necessary protection from illegal behaviour*;
>
> (c) *young persons who commit offences require supervision, discipline and control*, but, because of their state of dependency and level of development and maturity, they also have special needs and require guidance and assistance;
>
> (d) *where it is not inconsistent with the protection of society,* taking no measures or taking measure other than judicial proceedings under this Act should be considered for dealing with young persons who have committed offences;
>
> (e) young persons have rights and freedoms in their own right, including those stated in the *Canadian Charter of Rights and Freedoms* or in the *Canadian Bill of Rights,* and in particular a right to be heard in the course of, and to participate in, the processes that lead to decisions that affect them, and young persons should have special guarantees of their rights and freedoms;
>
> (f) in the application of this Act, *the rights and freedoms of young persons include a right to the least possible interference with freedom that is consistent with the protection of society, having regard to the needs of young persons and the interests of their families*;
>
> (g) young persons have the right, in every instance where they have rights or freedoms that may be affected by this Act, to be informed as to what those rights and freedoms are; and
>
> (h) parents have responsibility for the care and supervision of their children, and, for that reason, young persons should be removed from parental supervision either partly or entirely only when measures that provide for continuing parental supervision are inappropriate (*Young Offenders Act*, 1982, section 3). [emphasis added]

This declaration of principles allowed the implementation of deterrence and retribution theories within the youth criminal justice system.

In addition, it did not solve the problem about whether the youth justice system should give priority to the notion of "child protection" or to the notion of "protection of society." Actually, it seems that the *Young Offenders Act* gave priority to the latter over the former (see subsection 3.1. d).

During the twenty year period that goes from April 2, 1984, when the Young Offenders Act (1982) entered into force, to April 1, 2003, when the *Youth Criminal Justice Act* (2002) entered into force, the *Young Offenders Act* (1982) was amended 20 times. However, only one of these amendments introduced a modification to the stated legislative principles of the youth criminal justice system: An Act to amend the *Young Offenders Act* and the Criminal Code (1995). This statute amended several sections of the *Young Offender Act* (1982), among them its declaration of principles. Paragraph 3 (1) (a) was modified by introducing the notion of "crime prevention" into the objectives of the youth criminal justice system:

> 3 (1) (a). *crime prevention is essential to the long-term protection of society* and requires addressing the underlying causes of crime by young persons and developing multi-disciplinary approaches to identifying and effectively responding to children and young persons at risk of committing offending behaviour in the future;
>
> (a. 1) while young persons should not in all instances be held accountable in the same manner or suffer the same consequences for their behaviour as adults, young persons who commit offences should nonetheless bear responsibility for their contraventions; [emphasis added]

Subsection 3 (1) (c. 1), identifying the protection of society as the main goal of the justice system, was added to subsection 3 (1) (c):

> 3 (1) (c. 1) *the protection of society, which is primary objective of the criminal law applicable to youth*, is best served by rehabilitation, wherever possible, of young persons who commit offences, and rehabilitation is best achieved by addressing the needs and circumstances of a young person that are relevant to the young person's offending behaviour; [emphasis added]

As a result of these amendments, the *Young Offenders Act* enforced its preference for the notion of "protection of society" over the notion of "child protection." Not only was the notion of "protection of society" expressly stated in the amendment, but also the measures to be implemented were directed towards achieving this goal.

This amendment was introduced and read first for the time in the House of Commons as *Bill C-37, An Act to amend the Young Offenders Act* and the Criminal Code on June 2, 1994 by the Minister of Justice and Attorney General, Hon. Alan Rock. During the second reading of the bill, he noted that:

> [b]y introducing Bill C-37 the government addressed the very real public concerns about crimes of violence by youths in Canada. *The government recognizes the importance of public protection in the justice system*, but it recognizes that protection of the public is best achieved through the rehabilitation of offenders wherever possible. The government emphasized the accountability aspect of the justice system and at the same time, it fulfilled commitments it had given to the electorate last year during the election campaign [crime prevention policies for reducing crime rates] (House of Commons, 1994, p. 4872). [emphasis added]

The notion of "protection of society" was present as well in the discourse pronounced by other members of Parliament: "*[t]he juvenile justice system in its operation should mirror the adult system as much as possible if it is to be understandable by the community and develop general deterrents*" (*Id.*, 4886, Hon. Paul Forseth) [emphasis added]. Nevertheless, there was a strong opposition to this bill as well: "the Minister of Justice has finally caved in to pressures from the most conservative elements of his party. Bill C-37, which proposes to amend the *Young Offenders Act* and the Criminal Code, *draws its inspiration from a philosophy that is repressive*" (*Id.*, 4875, Hon. Pierrette Venne) [emphasis added]. Hon. Pierrette Venne, referring to the modification to the objectives of the declaration of principles of the *Young Offenders Act* noted that: "[c]lause 1 [proposed amendments to subsections 3 (1) (a) and 3 (1) (c)] *marks the end of the rehabilitation philosophy.* It signs its death warrant, making sure that it will be bogged down in correctional red tape. It is a smoke screen" (*Id.*, p. 4876) [emphasis added]. She continued: "[b]y seeking to repress, the minister is putting in place mechanisms which are bound to make the law itself challenged. Rehabilitation will no longer be a goal; social reintegration is now only a remote objective. *The key word now is protection of society*" (*Id.*, p. 4877) [emphasis added]. Bill C-37 received its third reading in the House of Commons on February 28, 1995 and was passed to the Senate for its concurrence, and on June 22, 1995 it received Royal Assent.

Meanwhile, there were some proposals to comprehensively review the Young Offenders Act (1982), which was facing some problematic issues, such as the transfer of young offenders to adult courts, the overuse of youth courts for minor cases, and the high rate of incarceration, both as punishment and pre-trial (Barnhorst, 2004). Because of this, on June 22, 1994 then Minister of Justice and Attorney General (Hon. Allan Rock) wrote to the chair of the House of Commons Standing Committee on Justice and Legal Affairs, Hon. Warren Allmand asking

> to undertake a comprehensive review of the Young Offenders Act and of the youth justice system in Canada in general; to look at present social circumstances; to examine our experience with the Young Offenders Act during the past 10 years; to engage Canadians in the discussion; to hear from a wide spectrum of persons with experience with the act; to examine how the youth justice system in general could be improved; to look at the cost, *the purpose and the principles of the present act; to determine how to weave our priority for crime prevention into the system*; to comment on how the youth justice system should reflect the changes we are considering in connection with special program review, on how we can get parents more involved in juvenile justice, an on how best to restore and enhance public confidence in the youth justice system (House of Commons, 1994, p. 4874). [emphasis added]

In April 1997, the House of Commons Standing Committee on Justice and Legal Affairs released its report entitled "Renewing Youth Justice" (House of Commons, 1997). This report, which was very much oriented towards the notion of "protection of society," had 14 recommendations. Among them, the Committee recommended amending the Young Offenders Act to address some compelling matters, such as the reduction of the minimum age of criminal responsibility for some serious offences (criminal offences causing death or serious harm) from 12 years of age to 10 (*Id.*, recommendation 9) and the possibility for youth court judges to allow the publication of young offenders' names when public authorities consider that such a measure was important for "public safety" (*Id.*, recommendation 13). With regard to the purposes and principles of youth criminal intervention, "protection of society" was identified as the principal goal:

> [t]he Committee recommends that the Young Offenders Act be amended by replacing the present declaration of principle with a statement of purpose and an enunciation of guiding principles for

> its implementation in all components of the youth justice system. *The statement of purpose should establish that protection of society is the main goal of criminal law* and that protection of society, crime prevention and rehabilitation are mutually reinforcing strategies and values that can be effectively applied and realized in dealing with youth offending (*Ibid.*).

On May 12, 1998 the Federal Government released a report to respond to the House of Commons Standing Committee on Justice and Legal Affairs' report (Department of Justice, 1998). The former, which also was oriented towards the notion of "protection of society," recommended several strategies for reducing youth crime rates, among them, the enactment of new legislation to replace the Young Offenders Act. Bill C-68, An Act in respect of criminal justice for young persons and to amend and repeal other acts, was introduced in the House of Commons by the Minister of Justice and Attorney General of Canada (Hon. Anne McLellan) on March 11, 1999. The bill died on Parliament's Order Paper when Parliament prorogued, but it was reintroduced in the following Parliament session as *Bill C-3, An act in respect of criminal justice for young persons and to amend and repeal other acts.* However, this bill had a similar fate to the former. Having an alike text to the two previous bills, *Bill C-7, An Act in respect of criminal justice for young persons and to amend and repeal other acts* [*Youth Criminal Justice Act*], was introduced on February 5, 2001 and enacted on February 19, 2002.

During the second reading of Bill C-7 the then Minister of Justice and Attorney General of Canada (Hon. Anne McLellan) stated that the purposes of this bill linked the notions of rehabilitation and reintegration to attain the objective of "protection of society":

> Canadians want a system that prevents crime by addressing the circumstances underlying a young person's offending behaviour, that rehabilitates young people who commit offences and safely reintegrates them into the community, and ensures that a young person is subject to meaningful and appropriate consequences for his or her offending behaviour. *Canadians across the country know that this is the most effective way to achieve the long term protection of society.* Bill C-7 constructs a youth justice system which will do just that (House of Commons, 2001, p. 703). [emphasis added]

Moreover, she noted that "[u]nlike the YOA [*Young Offenders Act*], the proposed youth criminal justice act provides guidance on the priority that should be given to key principles" (*Id.*, p. 704). Despite the *Youth Criminal Justice Act* having a more clear declaration of principles than the *Young Offenders Act* did, still the conflict between "child protection" and "protection of society" remains, and the odds are that the latter will prevail over the former:

> 3. (1) The following principles apply in this Act:
>
> (*a*) the youth criminal justice system is intended to
>
> (i) *prevent crime* by addressing the circumstances underlying a young person's offending behaviour,
>
> (ii) rehabilitate young persons who commit offences and reintegrate them into society, and
>
> (iii) ensure that a young person is subject to meaningful consequences for his or her offence in order to promote the *long-term protection of the public*;
>
> (*b*) the criminal justice system for young persons must be separate from that of adults and emphasize the following:
>
> (i) rehabilitation and reintegration,
>
> (ii) fair and proportionate accountability that is consistent with the greater dependency of young persons and their reduced level of maturity,
>
> (iii) enhanced procedural protection to ensure that young persons are treated fairly and that their rights, including their right to privacy, are protected,
>
> (iv) timely intervention that reinforces the link between the offending behaviour and its consequences, and
>
> (v) the promptness and speed with which persons responsible for enforcing this Act must act, given young persons' perception of time;
>
> (*c*) within the limits of fair and proportionate accountability, the measures taken against young persons who commit offences should
>
> (i) reinforce respect for societal values,
>
> (ii) encourage the repair of harm done to victims and the community,
>
> (iii) be meaningful for the individual young person given his or her needs and level of development and, where appropriate, involve the parents, the extended family, the community

and social or other agencies in the young person's rehabilitation and reintegration, and

(iv) respect gender, ethnic, cultural and linguistic differences and respond to the needs of aboriginal young persons and of young persons with special requirements; and

(*d*) special considerations apply in respect of proceedings against young persons and, in particular,

(i) young persons have rights and freedoms in their own right, such as a right to be heard in the course of and to participate in the processes, other than the decision to prosecute, that lead to decisions that affect them, and young persons have special guarantees of their rights and freedoms,

(ii) victims should be treated with courtesy, compassion and respect for their dignity and privacy and should suffer the minimum degree of inconvenience as a result of their involvement with the youth criminal justice system,

(iii) victims should be provided with information about the proceedings and given an opportunity to participate and be heard, and

(iv) parents should be informed of measures or proceedings involving their children and encouraged to support them in addressing their offending behaviour.

(2) This Act shall be liberally construed so as to ensure that young persons are dealt with in accordance with the principles set out in subsection (1) (Youth Criminal Justice Act, 2002, section 3). [emphasis added]

It is worth noting the different philosophical and normative message of the *Juvenile Delinquents Act* (1908) and the *Youth Criminal Justice Act* (2002). Even though the former did not have a declaration of principles, its regulation was philosophically grounded in the notion of "parens patriae." The purpose of this statute was to "protect the child," and such a measure and the notion of "protection of society" were seen as going "hand in hand." In addition, its purpose clearly was "to mend if possible the defective situation and reinstate the individual at fault [...] [without resorting to] a great part of the paraphernalia of hostile procedure" (Mead, 1918, p. 594). On the other hand, the *Youth Criminal Justice Act* has an explicit declaration of principles, which opposes the notion of "protection of society" to the notion of "protection of the child," giving priority to the former over the latter.

Conclusion

In Canada, the problem of juvenile misbehavior was originally dealt with a paternalistic approach strongly grounded in the notion of "child protection," which was fully compatible with the notion of "protection of society." Such a theoretical approach was completely modified with the enactment of the *Young Offenders Act* (1982) and the *Youth Criminal Justice Act* (2002). The main concern of both statutes has been the seriousness of the criminal offence committed, and how to prevent society from the dangers that such behavior implies. It is quite possible to affirm that the tendency in the youth justice legislation observes two main characteristics: on the one hand, a discourse powerfully grounded in the concepts of legality and due process rights. On the other hand, there has been an emphasis on the seriousness of the committed act, the dangerousness of the behavior for the safety of the community, and the repressive theories of criminal law intervention (such as deterrence and retribution). Young people in conflict with the law are not dealt with as "children in need of protection," but as children who should be held accountable for their acts and punished accordingly. The discourse of legality and due process appears as a sort of "compensation" for an explicit philosophical approach centered on punishment. In some way, youth criminal law intervention, originally grounded in the notion of "child protection," has moved towards an intervention strongly grounded in the theoretical approach of adult criminal law intervention. The main concern of the latter is not the personal circumstances that led someone to commit a crime, but the seriousness of the offence and how to prevent further threats that may jeopardize society.

References

Barnhorst, R. (2004), « The Youth Criminal Justice Act: New Directions and Implementation Issues », *Canadian Journal of Criminology and Criminal Justice*, 46, 3, p. 231-250.

Baron, S. W. and T. F. Hartnagel (2001), «"Lock'em up" : Attitudes toward Punishing Juvenile Offenders », in T. Fleming, P. O'Reilly and B. Clark, eds., *Youth Injustice. Canadian Perspective,* 2d ed., Toronto, Canadian Scholar's Press Inc., p. 371-395.

Bennett, P. (1988), «Taming "Bad Boys" of the "Dangerous Class": Child Rescue and Restraint at the Victoria Industrial School», *Social History*, 21, 41, p. 71-96.

Faust, F. L. and P. J. Brantingham (1979), « Origins of the Juvenile Court », in F. L. Faust and P. J. Brantingham, eds., *Juvenile Justice Philosophy. Readings, Cases and Comments*, St. Paul, West Publishing Co., p. 27-138.

Gaffield, C. and W. G. West (1978), « Children's Rights in the Canadian Context », in H. Berkeley, C. Gaffield and W. G. West, eds., *Children's Rights. Legal and Educational Issues*, Toronto, The Ontario Institute for Studies in Education, p. 4-33.

Hagan, J. and J. Leon (1977), « Rediscovering Delinquency: Social History, Political Ideology and the Sociology of Law », *American Sociological Review*, 42, p. 587-598.

Hylton, J. H. (2001), « Get Tough or Get Smart? Options for the Canada's youth justice system in the twenty-first century » in T. Fleming, P. O'Reilly and B. Clark, eds., *Youth Injustice. Canadian Perspective,* 2d ed., Toronto, Canadian Scholar's Press Inc., p. 563-580.

Leon, J. S. (1978), « New and old themes in Canadian juvenile justice: the origins of delinquency legislation and the prospects of recognition of children's right », in H. Berkeley, C. Gaffield and W. G. West, eds., *Children's Rights. Legal and Educational Issues*, Toronto, The Ontario Institute for Studies in Education, p. 35-58.

Mack, J. W. (1909), « The Juvenile Court », *Harvard Law Review,* 23, p. 104-122.

Mead, G. (1918), « The Psychology of Punitive Justice », *American Journal of Sociology*, 23, p. 577-602.

Nelson, W. (2000), « "Rage against the Dying of Light": Interpreting the Guerre des Eteignoirs », *The Canadian Historical Review*, 81, 4, p. 551-581.

Platt, A. M. (1977), *The Child Savers – The Invention of Juvenile Delinquency,* 2d ed., Chicago, University of Chicago.

Pires, A. (2002), « La "Ligne Maginot" en droit criminel : la protection contre le crime versus la protection contre le prince », in R. De Giorgi, ed., *Il Diritto e La Differenza. Scritti in onore di Alessandro Baratta,* vol. 1, Lecce, Edizione Pensa Multimedia, 2002, p. 509-534.

Prentice, A. (1977), *The School Promoters. Education and Social Class in Mid-Nineteenth Century Upper Canada*, Toronto, McClelland and Stewart.

Trépanier, J. (1990), "La loi canadienne sur les jeunes contrevenants : principes et objectifs guidant le choix des mesures ordonnées par les tribunaux", *Revue Internationale de Criminologie et de la Police Technique*, 3, p. 273-308.

Trépanier, J. and F. Tulkens (1993), « Juvenile justice in Belgium and Canada at the beginning of the century: two models or one? », *The International Journal of Children's Rights*, 1, p. 189-211.

Trépanier, J. and F. Tulkens (1995), *Délinquance & Protection de la jeunesse (aux sources des lois belge et canadienne sur l'enfance)*, Bruxelles, De Boeck-Wesmael S. A.

Mariana Valverde (1991), *The Age of Light, Soap, and Water. Moral Reform in English Canada, 1885-1925*, Toronto, McClelland & Stewart Inc.

Jurisprudence

A. G. (Quebec) v. Lechasseur et al., [1981] 2 S. C. R. 253, 28 C. R. (3d) 44.

Attorney General of British Columbia v. Smith, [1967] S. C. R. 702, 65 D. L. R. (2d) 82.

Quebec (Minister of Justice) v. Canada (Minister of Justice) (2003) (Quebec), 175 C. C. C (3d) 321, 228 D. L. R. (4th) 63.

R. v. D. B., 2008 S. C. C. 25, [2008] 2 S. C. R. 3.

R. v. D. B., 208, O. A. C. 225, [2006] O. J. No. 1112.

R. v. K. D. T., 2006 B. C. C. A. 60, 222 B. C. A. C. 160.

R. v. M. (S. H.) (1987), 78 A. R. 309, 35 C. C. C. (3d) 515 (C. A.).

Legislation

An Act for the Establishment of Prisons for Young Offenders – for the Better Government of Public Asylums, Hospitals and Prisons, and for the Better Construction of Common Gaols, Statutes of the Canadian Province, 1857, c. 28.

An Act for the More Speedy Trial and Punishment of Juvenile Offenders, Statutes of the Canadian Province, 1857, c. 29.

An Act in respect of criminal justice for young persons and to amend and repeal other Acts, S. C. 2002, c. 1.

An Act respecting Juvenile Delinquents, S. C. 1908, c. 40.

An Act to amend the Juvenile Delinquents Act, S. C. 1924, c. 53.

An Act to Amend the Young Offenders Act and the Criminal Code, S. C. 1995, c. 19.

Bill C-424, *An Act to amend the Youth Criminal Justice Act (protection of the public)*, 2nd Sess., 40th Parl., 2009, cl. 1.
Canadian Charter of Rights and Freedoms, Part I of the Constitution Act, 1982, being Schedule B to the Canada Act 1982 (U. K.), 1982, c. 11.
Constitution Act, 1867 (U. K.), 30 & 31 Vict., c. 3, s. 92 (6), reprinted in R. S. C. 1985, App. II, No. 5.
Young Offenders Act, R. S. C. 1985, c. Y-1.

Government Documents

Canada. Department of Justice, Report of the Committee on Juvenile Delinquency, *Juvenile Delinquency in Canada*. (Ottawa : Queen's Printer, 1965).
Canada. Department of Justice. *A Strategy for the Renewal of Youth Justice* (Ottawa : Ministry of Supply and Services, 1998).
Canada. Solicitor General, Report of the Solicitor General's Committee on Proposals for New Legislation to Replace the Juvenile Delinquents Act, *Young Persons in Conflict with the Law*. (Ottawa : Queen's Printer, 1975).
Canada. Solicitor General. *Highlights of the Proposed New Legislation for Young Offenders* (Ottawa : Queen's Printer, 1977).
Debates of the House of Commons, 32nd Parl., 1st Sess.
Debates of the House of Commons, 35th Parl., 1st Sess.
Debates of the House of Commons, 37th Parl., 1st Sess.
Debates of the Senate, 10th Parl., 2nd Sess.
Debates of the Senate, 10th Parl., 3rd Sess.
Debates of the Senate, 32nd Parl., 1st Sess.
House of Commons, *Journals*, 10th Parl., 3rd Sess.
House of Commons, *Thirteen Report of the Standing Committee on Justice and Legal Affairs : Renewing Youth Justice* (Ottawa : Ministry of Supply and Services, 1997).

La rationalité pénale moderne et le système politique : les paradoxes de la création de la loi contre la torture au Brésil

Mariana T. Possas

Introduction

La recherche de Pires sur la *rationalité pénale moderne* – le système d'idées relatif à la peine criminelle construit en Occident dans la seconde moitié du XVIIIe siècle et basé sur les théories (modernes) de la peine – s'est notamment concentrée sur l'actualisation de cette dernière par le système juridique (Pires, 1998, 2001, 2008a). Ce système d'idées était déjà présent dans le système politique (gouvernement, Parlement), au moment de l'instauration de lois pénales (Pires, Cellard et Pelletier, 2001 ; Pires, 2002 ; Pires et Garcia, 2007).

En fait, les recherches menées sur la rationalité pénale moderne ont montré que les théories de la peine sont actualisées dans diverses trames et divers circuits de communication : dans la religion, dans la philosophie pénale, dans le gouvernement, dans le droit criminel, dans les mouvements sociaux, chez les éducateurs, dans les médias de masse, dans les sciences, etc. Pires (2008b) attire l'attention sur le fait que les diverses *actualisations* ne sont pas toujours *du même ordre*. En effet, les théories de la peine peuvent être actualisées pour « appuyer » ou pour « accompagner » des protestations ou des revendications. C'est souvent le cas avec les communications élaborées par des mouvements sociaux ou des médias de masse. Le système d'idées peut aussi être actualisé pour appuyer ou accompagner (ou réagir contre) des *décisions* prises par des *organisations* qui ont pour fonction de statuer *politiquement* ou *juridiquement* sur les peines à appliquer (Parlement, tribunaux, administration pénitentiaire, etc.).

On peut ainsi dire que, dans certains types d'opérations, le système politique et le système de droit criminel actualisent le *même système d'idées*. Or, ce système d'idées est intégré aux opérations décisionnelles et à l'établissement des autoportraits dominants du système de droit criminel. Les théories de la peine, par exemple, sont considérées dans la doctrine juridique comme des théories « fondatrices » du droit criminel. En ce qui concerne le système politique, il y a d'abord lieu de signaler que ces théories de la peine ne le « fondent » nullement. Elles sont tout au plus une forme d'expression du pouvoir politique, une forme de « vengeance du roi » ou « de la société » exercée par l'autorité politique (Foucault, 1975) qui édicte une loi dotée d'un statut particulier et assortie de peines particulières en se fondant, elle aussi, sur ce même système d'idées.

Tout d'abord, sur le plan de la reproduction des idées, il faut avoir égard à un certain nombre de caractéristiques propres aux systèmes sociaux (selon la théorie des systèmes)[1]. Ceux-ci n'incorporent pas tels quels les renseignements provenant de l'extérieur : le système qui les reçoit les traite avant de les intégrer dans sa propre dynamique interne. Et ce « traitement » s'appuie sur les paramètres internes du système, c'est-à-dire sur son code, ses programmes, ses finalités, son langage, etc. Ainsi, les théories de la peine sont traitées différemment par chaque système, même si les systèmes ne modifient pas les énoncés particuliers qui sont actualisés dans leurs communications respectives. En dépit de l'existence d'un sens partagé, il y a aussi une *modification informative* du sens en raison du processus même de réception (Pires, 2009, p. 3). Les théories de la peine doivent ainsi être chargées de sens pour l'autopoïèse du système politique de même que pour celle du système de droit criminel. On pourrait ainsi dire que le système récepteur détermine la forme que prendra l'énoncé ou la théorie transférée.

Visant à alimenter la réflexion sur la rationalité pénale moderne et le système politique, le présent chapitre analyse l'actualisation de ce système d'idées dans le contexte de la mise en forme de lois. Je concentrerai

1. Il faut noter que la théorie des systèmes de Niklas Luhmann a été utilisée dans ce travail pour le traitement de concepts clés tels que « système politique », « système juridique », « communication » et « observation ».

mon attention sur le processus (parlementaire) de création de lois criminelles, et plus spécialement de la loi contre la torture promulguée au Brésil en 1997. Je m'appuierai sur les analyses du matériel empirique recueilli au cours de ma recherche doctorale (thèse déposée en 2009 à l'Université d'Ottawa), matériel composé notamment d'entretiens qualitatifs menés auprès de politiciens qui ont participé à l'élaboration de la loi en question ainsi qu'auprès de militants des droits de la personne opposés à la torture au Brésil[2].

Analyser le cas de la création du crime de torture et de la peine correspondante représente un défi, car il s'agit de faire la critique de l'utilisation massive de la peine afflictive d'exclusion sociale dans les cas de crimes considérés comme spécialement abjects ou répugnants. La première chose dont il faut prendre note en ce qui concerne le crime de torture est qu'il y a plusieurs types de torture pratiqués contre différentes victimes (pensons aux cas de violence policière qui se produisent dans les postes de police et aux mauvais traitements que font subir les gardiennes aux enfants dont elles ont la garde). La peine sévère de prison peut-elle vraiment être appliquée dans tous les cas de torture dont parle la loi[3] ? Étant donné le drame que représente la persistance de la pratique de la torture par la police au Brésil, pourquoi faudrait-il s'abstenir de faire la critique de l'actualisation de la rationalité pénale moderne ? Soustraire à la critique ou à la réflexion les peines (ou la manière de concevoir les peines) attribuées à des crimes considérés comme plus graves signifie, à mon avis, perpétuer le système de pensée dominant dans lequel la prison est toujours la seule solution possible ou envisageable. Autrement dit, on serait encore emprisonné dans la « bouteille à mouches » (Pires et Acosta, 1994[4]) de la rationalité pénale moderne.

2. J'ai réalisé au total 28 entretiens pour ma recherche doctorale, soit 20 auprès de politiciens et 8 auprès de militants des droits de la personne.

3. La loi brésilienne contre la torture (loi 9 455/97) définit le crime de torture de manière très ouverte et englobe plusieurs actes commis tant par des fonctionnaires que par des citoyens ordinaires.

4. L'idée de « bouteille à mouches » a été employée par Pires et Acosta (1994) pour désigner l'obstacle cognitif que représente la rationalité pénale moderne. Comme des mouches prises à l'intérieur d'une bouteille, la pensée moderne sur les peines demeure emprisonnée par la rationalité pénale moderne et ne parvient pas à en sortir même si la bouteille est ouverte.

Les catégories *(auto)portrait*, *idée-motivation* et *idée-moyen* : les possibilités analytiques

L'analyse de mes données m'a conduite à relever une série de situations où la rationalité pénale moderne était présente dans les communications politiques, y compris celles qui ont abouti à une décision de nature législative (comme la proposition d'un projet de loi, le vote d'un amendement à une loi, etc.). Du point de vue de l'analyse, l'une des situations intéressantes que la recherche a mise en évidence concerne le recours à la distinction « conservateur/progressiste » pour qualifier des positions politiques en matière criminelle.

Les termes *conservateur* et *progressiste* sont employés par les politiciens pour se désigner eux-mêmes (« auto-observation ») ou pour désigner leurs confrères (« observation externe »). Ils peuvent aussi être utilisés pour qualifier leur *portrait* ou leur image politique générale et pour désigner les *idées* communiquées concernant les peines. Je distingue deux types d'idées : les « idées-motivations » ou « raisons d'agir » (défendre les droits fondamentaux, augmenter la sécurité publique, etc.) et les « idées-moyens » ou « manières d'agir » (créer une nouvelle peine, retirer les droits de visite dans les prisons, etc.).

Ces catégories m'ont permis de voir que la manière dont les politiciens emploient ladite distinction dans leurs discours crée un « point aveugle » qui les empêche de considérer de façon critique leurs propres choix en matière de peines. Ils n'aperçoivent pas les contradictions que recèlent leurs discours sur la peine. Très souvent, un politicien considéré comme « progressiste » en arrive à prôner des idées « conservatrices » en matière de punition, à réclamer, par exemple, des peines de prison encore plus sévères. C'est justement ce problème que je compte décrire et discuter dans ce chapitre.

Je dois faire maintenant une remarque d'ordre méthodologique : du point de vue de l'auto-observation, la plupart des interviewés se considéraient comme progressistes (dans la mesure où ils se distinguaient eux-mêmes des conservateurs). Ainsi, on doit présumer que l'opposition conservateur/progressiste a surtout été mise en évidence par les progressistes, ou provient d'auto-observations effectuées par eux. Comme j'ai beaucoup moins de données sur les politiciens qui se jugent « conservateurs », ou même qui appartiennent à des partis politiques associés à la droite, il est difficile de dire si les deux groupes utilisent l'opposition conservateur/progressiste ou si cette opposition est plutôt propre à la gauche (ou aux progressistes). Néanmoins, j'ai pu déceler chez les conservateurs (en me fondant sur les entretiens) une tendance à imiter la manière dont les progressistes distinguent les deux catégories (conservateurs/progressistes).

Considérons d'abord les catégories *portrait* et *idée-moyen* : si l'on tient compte de toutes les possibilités d'observation et si on présume qu'il n'existe aucune garantie de cohérence « idéologique » (les portraits conservateurs et les portraits progressistes peuvent respectivement ne pas véhiculer uniquement des idées conservatrices et des idées progressistes), on obtient un cadre constitué de quatre combinaisons possibles : des (auto)portraits conservateurs avec des idées-moyens conservatrices, des (auto)portraits progressistes avec des idées-moyens progressistes, des (auto)portraits conservateurs avec des idées-moyens progressistes et, enfin, des (auto)portraits progressistes avec des idées-moyens conservatrices.

Tableau 1

(Auto)portraits et idées-moyens

		(AUTO)PORTRAITS	
		CONSERVATEURS (poC)	**PROGRESSISTES (poP)**
IDÉES-MOYENS	Conservatrices (iC)	**CAS 1 (poC-iC)**	CAS 2 (poP-iC)
	Progressistes (iP)	CAS 3 (poC-iP)	**CAS 4 (poP-iP)**

Les cas 1 (poC-iC) et 4 (poP-iP) sont les plus attendus, car ils sont les plus « cohérents » : on s'attend à ce qu'un politicien ayant tracé un *(auto)portrait* conservateur défende des *idées-moyens* conservatrices, et ce, dans tous les domaines, y compris le pénal. De même, on s'attend normalement à ce qu'un politicien ayant tracé un (auto)portrait progressiste soutienne des idées-moyens progressistes. Par ailleurs, les cas 2 (poP-iC) et 3 (poC-iP) sont moins visibles, ou pas visibles du tout, même s'ils sont très fréquents dans la réalité. Je regarderai ces deux derniers cas comme des *situations* ou des *points de cécité*.

En m'appuyant sur mes données, j'ai pu discerner plusieurs situations où le cas 2 (poP-iC) apparaît, c'est-à-dire où les portraits qui sont considérés comme progressistes véhiculent des idées-moyens conservatrices en matière de peines. Le cas 3 (poC-iP) est présent aussi dans mes données, mais est beaucoup moins fréquent. Toutefois, cela ne peut être conçu comme une information pertinente pour l'analyse puisque, dans mon corpus empirique, les individus considérés comme conservateurs sont très peu nombreux.

Par ailleurs, dans ces mêmes situations empiriques, j'ai constaté que les idées-motivations correspondaient aux portraits : les portraits progressistes avaient des « motivations » considérées comme progressistes (comme la défense des droits fondamentaux, de la dignité humaine, du principe de la liberté, etc.). Il en allait de même pour les conservateurs. Cependant, l'idée-moyen ne correspond pas nécessairement au portrait ni à l'idée-motivation qui l'accompagne. Considérons par exemple une situation assez fréquente dans les entretiens : un militant qui se perçoit comme progressiste réclame, au nom des droits de la personne (motivation progressiste ou de « gauche »), de longues peines de prison (idée-moyen conservatrice en ce qui concerne les peines).

D'autre part, j'ai aussi rencontré des politiciens conservateurs qui, dans le but d'éliminer les « mauvais éléments » de la société au nom de l'ordre et de la sécurité publique (idée-motivation conservatrice), réclamaient des peines moins sévères ou même l'abolition des peines de prison (idées progressistes). Bref, il est important de le souligner, les motivations ne déterminent pas la « qualité » des idées-moyens relatives aux peines. Je qualifierai ces situations inattendues de *paradoxe conservateur-progressiste* (cas 3 du tableau 1) et de *paradoxe progressiste-conservateur* (cas 2 du tableau 1).

L'hypothèse que je soutiens dans ce chapitre est que l'actualisation de l'idée-motivation (« raisons d'agir ») peut obnubiler l'examen critique des idées-moyens (« manières d'agir »). Autrement dit, la motivation, vue comme progressiste, a un tel pouvoir justificateur qu'elle empêche de voir que l'idée-moyen défendue peut être opposée à l'(auto)portrait qui y est associé. Ainsi, comme je l'ai dit plus haut, un politicien progressiste ayant une idée-motivation qu'il juge progressiste va très souvent soutenir une idée-moyen conservatrice en matière de peines, telle l'augmentation des peines de prison. Pourtant, cela ne va en aucun cas l'amener à remettre en cause son auto-observation en tant que progressiste. Même chose pour les politiciens conservateurs : un (auto)portrait conservateur, dont la motivation est vue aussi comme conservatrice, va être assorti d'une idée-moyen progressiste en matière de peines, tel l'allègement de la peine de prison. Là non plus, cela n'affecte en rien son auto-observation.

qui s'opposent à l'endurcissement des peines comme moyen de résoudre le problème du crime (bien entendu, cela ne veut pas dire qu'ils demandent la *réduction* des peines) ; 3) comme des personnes qui recommandent l'application de peines alternatives pour certains crimes dans certaines conditions ; et, enfin, 4) comme des personnes qui favorisent la réhabilitation du prisonnier et l'amélioration des conditions de vie en prison.

Les conservateurs, en cherchant à conforter la « bonne conscience » de la raison punitive d'un droit pénal répressif et non critique (De Hert, Gurtwich, Snacken et Dumortier 2006), utiliseraient les peines d'une façon plutôt réactive ou punitive, sans se soucier de la réhabilitation ni des conditions carcérales. Ils considéreraient ainsi que la peine de prison est le seul ou le meilleur moyen d'éliminer la criminalité et que les peines alternatives ne peuvent être l'objet d'un « débat sérieux » sur les sanctions criminelles. Cette différence entre les conservateurs et les progressistes en ce qui concerne la manière d'envisager la punition apparaît aux yeux des progressistes comme non problématique et tranchante.

En ce qui concerne les conservateurs, les « progressistes » les définissent, grosso modo, de deux manières : 1) ils estiment que le recours au droit criminel est la réponse « naturelle » aux problèmes ; 2) ils prônent des peines (carcérales) sévères pour les crimes en général (leur attitude est, pour ainsi dire, plus « punitive » à l'endroit des criminels que celle des progressistes).

Il importe de signaler que le qualificatif « conservateur » a été attribué dans les entretiens suivant une idée très générale, sans égard au type précis de crime dont on parle, ce qui aurait pu changer complètement la perspective. Commençons par l'extrait d'un militant[6] :

1	Alors, l'aile conservatrice du Parlement veut des peines sévères pour les crimes communs, elle veut la diminution de l'âge pénal à 14 ou 16 ans. Aujourd'hui l'âge pénal est 18 ans [...]. Je crois que ceci ne résout pas le problème de la sécurité publique et de la violence. Je crois qu'on a besoin de plus de projets proactifs, qui travaillent plus avec la prévention de la violence qu'avec les actions prises après que la violence a été commise. [...] Ceci est un regard spécifique du Parlement brésilien :	Réponse réactive (peine)/réponse proactive (mesures sociales)

6. J'ai numéroté tous les entretiens en distinguant les militants des politiciens. Les politiciens sont indiqués par la lettre P suivie d'un chiffre, et les militants par la lettre M, également suivie d'un chiffre.

dans sa majorité il pense aux projets de loi relatifs à la criminalité de façon réactive. Alors il va toujours penser aux peines plus dures auxquelles la société penserait, parce que, dans le Parlement, la fraction plus conservatrice de la société est davantage représentée [...]. La société civile a tendance à penser de façon proactive plutôt que réactive. (M2)	Effets immédiats / effets à moyen et à long terme

Ici, on précise ce en quoi réside la distinction conservateur/progressiste : les premiers valorisent plutôt la réponse pénale et les seconds valorisent aussi des réponses alternatives au pénal. Pour le militant en question, les conservateurs sont ceux qui valorisent les réponses « immédiates » et « réactives » au problème de la criminalité, telles des longues peines de prison. Les progressistes seraient ceux qui valorisent des réponses « non réactives » ou encore « proactives ». Si une réponse n'est pas « réactive », elle ne peut être normalement que « préventive », mais la réponse dont il s'agit ici consiste en général à prévenir l'acte plutôt qu'à réagir à l'acte après son exécution. Notons qu'ici la notion de « prévention » n'a pas de rapport direct avec celle de « prévention pénale », qui a le sens de dissuasion. Il me semble que, dans ses propos, le militant voulait mettre l'accent sur des mesures de nature « sociale » telles que l'éducation, la distribution de la richesse, etc.

Il y a encore une autre distinction qu'on peut relever dans les propos cités. Il y a d'un côté les *réponses immédiates* et de l'autre les *réponses non immédiates ou à moyen et à long terme*. Les conservateurs seraient alors ceux qui proposent des réponses immédiates au crime, tel l'établissement de peines sévères, tandis que les progressistes suggéreraient des réponses non immédiates au crime et à la violence. Ces dernières consisteraient dans les mesures préventives que j'ai mentionnées plus haut, qui excluent la punition carcérale. Cette deuxième distinction renferme ainsi une dimension temporelle qui est absente de la première.

Examinons maintenant de plus près les deux distinctions que nous avons discernées : 1) valorisation des sanctions criminelles (peines carcérales)/valorisation des mesures préventives ; et 2) réponses immédiates (longues peines de prison)/réponses à moyen et à long terme (mesures préventives). Si on considère le point de vue des progressistes (valorisation des mesures préventives et réponses à moyen et à long terme), on ne constate aucune référence aux sanctions criminelles. Cela ne signifie pas que les progressistes sont contre les sanctions criminelles ou même que les sanctions criminelles doivent être moins utilisées ou remplacées par des programmes de prévention du crime. La distinction nous indique seulement que les progressistes valorisent les mesures sociales tandis que les conservateurs ne le font pas. En d'autres termes, le fait d'opposer les progressistes aux conservateurs uniquement sur la base de la valorisation de réponses au crime autres que la peine ne permet pas d'inférer leur position concernant les sanctions criminelles ni non plus de déterminer s'ils sont réellement moins punitifs que les conservateurs.

Passons maintenant à la distinction conservateur/progressiste sur la question des sanctions criminelles. J'ai trouvé ici deux types d'attribution de sens : d'abord, il y a opposition entre les politiciens préoccupés par la réhabilitation et ceux qui ne le sont pas. Pour ces derniers, une peine sévère constitue une « bonne » punition :

2	Au Brésil on ne pense pas beaucoup à la resocialisation, à la réintégration. Alors, si le type commet un crime et surtout si ce crime touche tout le monde, mais spécialement la classe moyenne, la répercussion sera beaucoup plus grande. Parce que les milieux réactionnaires estiment que la peine sévère, l'appareil étatique, punissent le criminel de façon juste. (P1)	Resocialisation/ peine strictement répressive

Ces propos font implicitement la distinction entre *peines de prison sans programme de réhabilitation* et *peines de prison avec programmes de réhabilitation*. Les progressistes seraient ceux qui veulent la réhabilitation des condamnés, tandis que les conservateurs y seraient indifférents. Si on considère uniquement les termes de la distinction, il est impossible de dire s'il y a une différence entre les positions des conservateurs et des progressistes sur la question du recours aux peines de prison ou même de leur sévérité. Favoriser la réhabilitation, ce n'est pas nécessairement favoriser l'abolition de la peine de prison ou un raccourcissement de sa durée. Cela indique seulement une position concernant la question des effets de la peine chez le condamné.

Il y a aussi un certain nombre d'entretiens dans lesquels la distinction conservateur/progressiste repose sur le degré de sévérité des peines : d'un côté, il y a ceux qui réclament des *peines plus sévères* et de l'autre

Conservateurs et progressistes devant la punition du crime de torture

Maintenant, en quoi réside la distinction *conservateurs/progressistes* au chapitre de la punition du crime de torture ? En général, lorsqu'on passait d'un crime « ordinaire » au crime de torture, ce sur quoi il y avait opposition changeait considérablement.

Les citations des entretiens seront classées en deux catégories : 1) celles dans lesquelles la prison apparaît comme la seule peine acceptable pour le crime de torture, et qui excluent, donc, la possibilité d'appliquer des peines alternatives ou une amende ; 2) celles qui prescrivent explicitement une peine de prison sévère.

Dans la première catégorie, j'ai distingué les extraits qui s'opposent à l'application de peines alternatives (prestation pécuniaire, confiscation de biens, travaux communautaires, suppression de certains droits et limitation des déplacements durant les fins de semaine) de ceux qui refusent de considérer l'amende comme une peine acceptable pour la torture. Signalons qu'au Brésil l'amende n'est pas considérée comme une peine alternative (ou « restrictive de droits », selon les termes du Code criminel brésilien). L'amende peut remplacer la prison (dans des cas déterminés, le Code criminel laisse le choix entre la peine de prison et l'amende) ou elle peut être ajoutée à la peine de prison (prison *et* amende)[7]. Les peines alternatives, quant à elles, ne vont pas, dans la plupart des cas, apparaître dans la loi après chaque crime comme la peine prévue, sauf quelques exceptions. Elles peuvent cependant être appliquées *par le juge* (et non par le législateur) dans les cas où il y a imposition de moins d'un an de prison ou dans les cas de crimes « sans intention » (en portugais, *crime culposo* ; article 54 du Code criminel brésilien). Ces peines remplacent les peines de prison dans des cas considérés comme moins graves.

Dans les deux extraits suivants, les interviewés (un militant et un politicien d'un parti de gauche) se sont déclarés clairement contre l'application des peines alternatives pour les cas de torture.

---

7. L'article 180 du Code criminel brésilien, par exemple, définit le crime constitué par le fait de recevoir le produit du crime (en portugais, *receptação*). La peine est de 1 à 4 ans de prison avec amende. Dans l'article 184 du Code criminel brésilien, qui définit le crime de violation des droits d'auteur, la peine prévue est de 3 mois à 1 an de prison ou une amende.

5 Tu me demandes s'il est possible d'avoir une peine alternative pour une personne qui pratique la torture. Je pense que non, dans aucun cas. Il faut avoir une peine de prison pour celui qui utilise la torture parce que c'est un crime qui lèse l'humanité ; on ne peut pas le traiter comme un crime ordinaire.
(M2)

6 Je pense que, au point de départ, les peines alternatives sont un cadeau. J'ai torturé et je suis condamné à payer 500 reais, 1000 reais ? Ou je dois faire des travaux à l'encre dans la rue ? Moi je trouve que c'est très peu. Très peu. [...] D'après moi, il faut une peine qui prive de la liberté.
(P6)

Dans le cas de la torture, l'amende aussi est complètement écartée. Dans les trois citations suivantes, les interviewés refusent de considérer l'amende comme une peine « sérieuse » pour punir la torture. La première citation est d'un politicien de gauche, et les deux suivantes de politiciens appartenant à des partis du centre :

7 Dans le cas de la torture, je pense qu'effectivement la peine idéale est la prison. Je trouve très difficile d'imposer ici une sanction pécuniaire [...] pour un crime aussi offensant à l'égard de l'être humain.
(P1)

8 Comme le crime est grave, la punition doit l'être aussi. Peux-tu concevoir que quelqu'un qui torture reçoive une simple amende ? C'est déraisonnable, la nature du crime est trop grave pour que le coupable reçoive une peine moins grave que la prison.
(P7)

9 Le crime de torture ne peut être combiné avec l'amende, c'est-à-dire personne n'accepterait l'amende comme peine. Personne n'aurait l'audace de penser qu'on peut résoudre le problème de la torture avec l'amende.
(P8)

Même si l'amende est une peine « par excellence » d'après la loi pénale, c'est-à-dire une peine qui est prévue dans la loi et qui ne dépend pas nécessairement de la décision du juge, il ne semble pas qu'elle apparaisse aux politiciens (progressistes) et aux militants comme une peine convaincante pour le crime de torture. Comme dans le cas des peines alternatives, les interviewés ont été assez explicites : pour eux, seule la peine de prison peut être appliquée dans le cas de la torture. La raison du non-recours à ce genre de peine est encore une fois que la torture est un crime trop grave, que c'est un crime contre la dignité humaine. Alors, pour protéger la dignité humaine, il faut une peine (sévère) de prison.

Considérons maintenant les citations qui parlent de la sévérité de la peine, et qui font valoir de façon explicite la nécessité d'imposer une lourde peine de prison :

> 10 En vérité, l'idéal c'est que la peine infligée pour la torture soit la peine la plus grave inscrite dans le Code. [...] regarder la torture comme une action ayant simplement provoqué une lésion corporelle n'est pas véritablement punir, parce que la peine est trop légère et trop courte, est trop humaine... Par exemple, quand j'étais ombudsman de la police, des policiers s'en sont pris à un citoyen qui prenait un verre, il était mal habillé, etc., les policiers l'ont sorti du bar et l'ont battu pendant des heures. [...] Les policiers ont été condamnés à un an de prison pour lésions corporelles, mais ils sont demeurés moins d'une journée en prison.
> (M2)

Ici l'interviewé met en évidence le problème que représente le fait de considérer la torture comme un acte ayant simplement occasionné des lésions corporelles, attitude qui était fréquente dans le passé, notamment avant la promulgation de la loi. Il estime que punir la torture comme s'il s'agissait d'un crime ayant seulement provoqué des lésions corporelles équivaut à ne pas punir parce que la peine est trop légère. D'autant que, comme nous l'avons dit plus haut, quand les peines de prison sont légères (jusqu'à un an d'incarcération), le juge peut les remplacer par des peines alternatives. Dans ce cas, les accusés ne sont pas envoyés en prison. Et cela est inacceptable pour un défenseur des droits de la personne. Ici, donc, l'absence de peine de prison ou même la légèreté de celle-ci équivalent à une « non-punition ».

Bref, lorsqu'il s'agit du crime de torture, les progressistes (ce qui comprend les militants des droits de la personne, les politiciens de gauche et certains politiciens du centre) défendent une « non-diversification » de la réaction de l'État, qui doit consister uniquement dans l'application d'une lourde peine de prison.

En résumé, les positions adoptées par les progressistes et les conservateurs relativement aux peines pour le crime de torture diffèrent par les traits suivants :

1. Les conservateurs favorisent l'application de peines *moins lourdes*. Cela ne signifie pas qu'ils rejettent la peine de prison pour le crime de torture; ils réclament simplement une diminution de la durée de l'incarcération. Ils veulent avant tout ne pas trop limiter l'action de la police lorsqu'elle doit être violente ou plus répressive.

2. Les progressistes favorisent des peines carcérales très sévères, soit en vue d'amener la société à bien marquer qu'elle condamne ce genre de comportement, soit en vue d'éliminer la pratique de la torture (rappelons que, dans les projets de loi sur le crime de torture, l'une des demandes formulées fréquemment par les progressistes était d'alourdir la peine pour torture suivie de mort en l'assortissant d'un maximum de 30 ans de prison[8]). Les peines alternatives sont en général complètement écartées de même que toute punition autre que la prison.

Tableau 4

La distinction conservateur/progressiste du point de vue des positions relatives aux peines pour le crime de torture

(Auto)portraits	CONSERVATEURS	PROGRESSISTES
Idées-motivations	Ne pas trop limiter l'action (violente) de la police	Diminuer la violence de la police, démontrer que la société condamne ce type de violence, défendre les droits de la personne
Idées-moyens	Peines moins lourdes de prison	Peines très lourdes de prison

Le tableau 4 on révèle une concordance entre les *portraits* et les *idées-motivations :* les politiciens conservateurs favorisent une position considérée comme conservatrice (approbation du recours à la violence par la police dans certains cas), alors que les politiciens de gauche et les militants (les progressistes) défendent la dignité humaine à travers leur

8. Au Brésil, selon une règle constitutionnelle, les peines d'emprisonnement ne peuvent en aucun cas excéder 30 ans (Code pénal, art. 75).

personne ne paraissent pas se rendre compte de l'écart qu'il y a entre le problème qu'ils soulèvent et le remède proposé.

Conclusion

À l'aide des catégories portrait, idée-motivation et idée-moyen, j'ai discerné les différents niveaux d'utilisation de la distinction (conservateur/progressiste). Et en combinant ces trois catégories, j'ai constaté que les politiciens et les militants sont plus attachés à l'idée-motivation qu'à l'idée-moyen : lorsque la motivation apparaît comme progressiste, le politicien de la gauche (progressiste) est incapable de voir qu'il peut défendre une idée-moyen conservatrice sur la peine (demande d'alourdissement des peines de prison) qui s'accorde mal avec son orientation politique. Il en va de même pour le politicien qui se définit comme conservateur et qui émet des idées progressistes en matière de peines (demande d'allègement de la punition de façon à l'adapter au cas concret).

Examinant de nouveau les situations paradoxales les plus fréquentes (poP-moP-iC et poC-moC-iP), je note que l'élément dissonant est toujours l'idée-moyen ; les idées-motivations, quant à elles, s'accordent constamment avec le portrait. Il m'apparaît que ce qui préserve l'identité politique (conservateur ou progressiste) des interviewés dans le domaine pénal, ce sont leurs idées-motivations. Par ailleurs, les idées-moyens seraient plus « libres » ou plus « dégagées » sur le plan idéologique, comme si elles étaient simplement un « complément » de l'idée-motivation et ne méritaient pas d'être analysées de façon isolée. Autrement dit, il suffit que la motivation demeure cohérente pour que l'identité politique soit préservée.

Les politiciens (des deux tendances) sont incapables de voir le problème, d'assumer la présence d'un paradoxe dans leurs discours et, par conséquent, de réexaminer leur position. Il en résulte sur la question de la peine qu'au lieu de s'interroger les politiciens progressistes finissent, sans s'en rendre compte, par soutenir le système d'idées dominant fondé sur l'exclusion sociale et la « punition-souffrance », soit la rationalité pénale moderne.

Références

Cohen, S. (1992) "Human Rights and crimes of the state: the culture of denial," *Australian & New Zealand Journal of Criminology*, 26, July 1993, p. 97-115.

De Hert, P., S. Gurtwirth, S. Snacken et E. Dumortier (2006), « La montée de l'État pénal : que peuvent les droits de l'homme ? », dans Y. Cartuyvels *et al.* (dir.), *Les Droits de l'homme, bouclier ou épée du droit pénal ?,* Bruxelles, Publications des Facultés universitaires Saint-Louis, 2007, p. 235-290.

Foucault, M. (1975), *Surveiller et punir*, Paris, Gallimard, 2001.

Pires, A. P. (1998), «Aspects, traces et parcours de la rationalité pénale moderne», dans C. Debuyst, F. Digneffe et A. Pires, *Histoire des savoirs sur le crime et la peine.* Vol. 2. Ottawa, De Boeck Université, p. 3-52.

Pires, A. P. (2001), « La rationalité pénale moderne, la société du risque et la juridicisation de l'opinion publique », *Sociologie et Sociétés*, XXXIII, 1, p. 179-204.

Pires, A. P. (2002), « Codifications et réformes pénales », dans L. Mucchielli et Ph. Robert (dir.), *Crime et sécurité. L'état des savoirs*, Paris, Éditions La Découverte, p. 84-92.

Pires, A. P. (2008a), « Un "fait inconfortable" : les relations paradoxales entre droits de la personne et punition dans l'activité législative », document de travail non publié, Chaire de recherche du Canada en traditions juridiques et rationalité pénale, Université d'Ottawa.

Pires, A. P. (2008b), « Résumé du cours CRM 6760 (philosophie pénale) », document non publié, Département de criminologie, Université d'Ottawa, hiver, 2008.

Pires, A. P. (2009), « Réflexions théoriques et méthodologiques sur les transferts des valeurs : le cas du droit criminel », dans N. Goyer et W. Moser (dir.), *Exploration d'un champ conceptuel*, Ottawa, Presses de l'Université d'Ottawa, coll. «Transferts culturels/Cultural Transfers» (sous presse).

Pires, A. P. et F. Acosta (1994), « Les mouches et la bouteille à mouches : utilitarisme et rétributivisme devant la question pénale », *Carrefour. Revue de réflexion interdisciplinaire*, 16, 2, p. 8-39.

Pires, A. P., A. Cellard et G. et Pelletier (2001), « L'énigme des demandes de modifications législatives au Code criminel canadien », dans P. Fraile (dir.), *Régulation et gouvernance. Le contrôle des populations et du territoire en Europe et au Canada. Une perspective historique*, Barcelone, Publicacions Universitat de Barcelona, p. 195-217.

Pires, A. P. et M. Garcia (2007), « Les relations entre les systèmes d'idées : droits de la personne et théories de la peine face à la peine de mort », dans Y. Cartuyvels*et al.* (dir.), *Les Droits de l'homme, bouclier ou épée du*

Le choix de ces situations typiques nous amène à signaler que la notion d'innovation employée ici n'a pas une portée absolue : il est possible de créer des instruments normatifs et des institutions nouvelles dans le cadre de la gestion des problèmes internationaux sans introduire des innovations dans le système de pensée (rationalité pénale moderne). En d'autres termes, les nouveautés sur le plan de la gestion n'apportent pas *nécessairement* des innovations dans les « discours *savants* qui ont été *sélectionnés*, *validés*, *stabilisés* et *généralisés* par le système social en question » (Pires, 2004, p. 183).

Ainsi, le présent travail examine deux questions relatives à la rationalité pénale moderne : 1) la façon dont le système politique l'actualise dans les nouveaux programmes juridiques (du moins sur le plan des formes de gestion ou des structures normatives) ; et 2) la thèse suivant laquelle la rationalité pénale moderne n'a pas de passeport : elle est dotée « d'une certaine universalité » puisqu'elle concerne « des aspects cognitifs du système pénal qui ne sont pas limités par les frontières géographiques » (Pires, 2005, p. 193). Il s'agit alors d'idées qui « sont disponibles dans notre culture juridico-pénale occidentale et moderne » (Pires, 2005, p. 194).

Le texte s'organise comme suit : tout d'abord, nous apporterons des éclaircissements concernant ce domaine d'investigation que j'appelle la gestion des problèmes internationaux par l'entremise d'une communication sur le crime et la peine et nous établirons une distinction entre le moment de la « création de la législation ou des organisations » par le politique et celui de la « détermination du droit » par le juge (section 1). Ensuite, nous décrirons les deux situations typiques évoquées plus haut, lesquelles ont été choisies essentiellement en fonction des aspects qui intéressent cette réflexion sur la rationalité pénale moderne (section 2). Enfin, nous formulerons des remarques conclusives à propos de la question qui sert de titre à ce texte (section 3).

La mise en forme des « crimes internationaux »

La gestion de problèmes internationaux par le moyen d'une communication sur le crime et la peine est traitée ici comme un champ d'investigation portant, entre autres choses, sur les spécificités du processus de mise en forme d'un problème quelconque en « crime national » et en « crime international ».

Tout d'abord, par « problèmes internationaux » il faut entendre deux choses : les problèmes de *portée internationale*, c'est-à-dire ceux qui impliquent deux ou plusieurs États, et les problèmes de *résonance internationale.*

Le premier groupe a rapport aux problèmes qui, tant du point de vue phénoménologique (la configuration de la situation problème) que du point de vue du contrôle, impliquent directement deux ou plusieurs pays. Le second groupe est relatif aux problèmes qui ont été sélectionnés par les organisations politiques internationales comme « des problèmes d'intérêt d'international » même s'ils sont circonscrits aux frontières d'un seul État.

Cet ensemble de problèmes peut être objet de gestions – ou interventions – de différents types, militaire, médical, politique, religieux, économique et juridique, et ils peuvent dans certains cas se combiner entre eux. Quel que soit le type de gestion, ce champ d'étude s'intéresse à la présence des communications sur le crime et la peine.

Dans ce contexte plus large, le présent texte porte exclusivement sur la constitution d'une catégorie déterminée de « crimes » : le « crime international ». Reprenant l'heureuse formulation d'Acosta (1987), nous nous intéressons au « processus de mise en forme » d'un fait quelconque en « crime national » et en « crime international ».

Comme le montrent Pires, Cellard et Pelletier (2001, p. 196), ce processus de mise en forme peut « commencer à s'actualiser à différents moments », et « débuter chez l'acteur social lui-même », qui « demande de créer un nouveau crime ». Cependant, cette recherche comprend deux autres moments : 1) la création de « lois » et d'organisations ; et 2) la détermination du droit par l'activité juridictionnelle. Ainsi, la constitution d'un fait quelconque en tant que « crime national » et en tant que « crime international » peut procéder soit de sa présence dans le cadre d'une structure normative internationale, soit de l'articulation de deux ou plusieurs pays dans le processus de détermination du droit. Dans ce dernier cas, on distingue deux types de situations. L'élément « international » dans l'activité juridictionnelle peut provenir (2.1.) des règles d'application extraterritoriale de la loi pénale ou (2.2.) de la mise en place des mécanismes de coopération juridique (au sens large).

Au cours de la seconde moitié du XXe siècle, ces deux moments du processus de mise en forme en *crime international* ont subi de profondes transformations.

Le processus «classique» de création de «lois» n'a été rendu effectif que par l'intermédiaire de conventions internationales qui énonçaient les règles de négociation entre gouvernements, celles-ci devant être signées et ratifiées avant d'être incorporées aux droits nationaux. De plus, les conventions qui créaient des obligations juridiques internationales concernant la criminalisation de nouvelles conduites exigeaient l'établissement d'une loi interne qui définissait le crime et lui attribuait une peine.

La détermination du droit, à son tour, était exclusive aux juridictions nationales, et se fondait sur les règles concernant la compétence juridictionnelle. Le principe général, celui de la «territorialité», pose que le juge du territoire où le crime a été commis est l'autorité compétente pour intenter un procès et juger les exceptions à ce principe, groupées aussi sous la catégorie «extraterritorialité [2]». En outre, au cours du procès, les éléments «internationaux» – concernant la preuve matérielle, les accusés et l'exécution de la peine – étaient gérés selon des règles de coopération internationale très spécifiques portant sur l'extradition, les lettres rogatoires et la reconnaissance de sentences étrangères.

On peut dire que ce sont là les deux voies du processus «classique» de constitution d'un fait quelconque en *crime international*. Les situations typiques décrites dans la section suivante mettent en évidence les modifications survenues dans ce domaine au cours des dernières décennies. Comme nous le verrons ensuite, sur le plan de la création des lois, on a choisi de créer un type d'instrument normatif nouveau pour constituer des «crimes internationaux» : les Quarante Recommandations du GAFI/OECD. Sur le plan de la détermination du droit, une organisation a été créée pour constituer une juridiction internationale : la Cour pénale internationale[3].

2. Les exceptions au principe de territorialité sont 1) le principe de personnalité : les pays ont la compétence pour juger les crimes commis par leurs citoyens hors territoire (actif) ou contre leurs ressortissants (passif) ; 2) le principe de protection, relatif aux crimes contre les intérêts nationaux commis dans un autre pays (exemple classique : la falsification de la monnaie) ; 3) la compétence universelle, qui permet de procéder à des investigations et de juger certains crimes quels que soient les lieux où ceux-ci ont été commis et l'implication de ses citoyens (comme victimes ou comme auteurs).

3. Sur ce plan, nous pouvons observer des changements aussi importants dans les mécanismes de coopération internationale, lesquels débordent le cadre de notre étude.

Une vue d'ensemble des deux situations typiques

Nous donnons dans cette section une vue d'ensemble des deux situations typiques que nous avons choisi d'examiner[4]. La description s'appuie sur des sources documentaires, à savoir les instruments normatifs internationaux, texte et préambule, ainsi que les rapports institutionnels produits par les deux organisations[5]. L'analyse que nous ferons ensuite porte exclusivement sur les communications du système politique[6].

Quant aux textes normatifs, il faut préciser que lorsque nous parlons de « normes pénales », nous pensons à des normes orientées vers les citoyens, tandis que, dans les instruments internationaux analysés ici, les normes sont orientées vers les États. Il s'agit de règles (des recommandations politiques et des obligations juridiques) relatives à la gestion de problèmes déterminés ou, plus précisément, à l'établissement ou à la réorganisation des programmes juridico-pénaux sur le plan interne ou international. Dans ce type particulier de norme, le couple constitué par la norme de comportement et la norme de sanction (afflictive) peut prendre une autre forme que celle qu'on trouve habituellement dans les lois nationales. Alors, dans cette perspective, ce n'est pas la façon

4. Dans une recherche réalisée antérieurement, nous avons montré que le CPI et le GAFI prédominent sur les autres organismes de gestion des problèmes internationaux. Cette prédominance est due à l'envergure de ces organismes de gestion. Les programmes qu'ils ont élaborés sont complets, avec un début, un développement et une fin et non pas décousus. Ils sont largement appliqués, surtout dans les pays occidentaux. Voir à ce sujet Machado (2004).

5. Nous laissons de côté le recensement de la littérature fort abondante qui traite des deux situations typiques étudiées dans ce texte. Pour une vue d'ensemble de ces travaux, voir Machado (2004, 2012). Les ouvrages plus récents qui intéressent particulièrement notre sujet seront indiqués à titre illustratif dans la suite du texte.

6. Les communications du système juridique dans ces deux situations typiques exigeraient une nouvelle recherche. Du côté du GAFI, il fallait étudier les décisions des juges nationaux de certains pays, car ce régime ne crée pas une juridiction internationale. Du côté de la CPI, il fallait attendre le développement de ces activités, car l'examen des quatre cas en est encore à ses débuts. Par contre, les tribunaux pénaux internationaux ad hoc créés par le Conseil de sécurité de l'ONU ont déjà réalisé un certain nombre d'études et d'analyses. Pour le rôle joué par les théories de la peine au Tribunal pénal international en Yougoslavie, voir Poncela (2002, p. 330).

d'exprimer ou de rédiger la norme qui nous intéresse, mais le message qu'elle envoie aux États[7].

En raison de la complexité des situations typiques et des objectifs de la présente étude, la description ne mettra en évidence que trois aspects : 1) le rôle attribué à la juridiction pénale vis-à-vis d'autres juridictions et d'autres formes de résolution de conflits; 2) le recours quasi exclusif à la peine (afflictive) comme forme d'intervention juridique; et 3) la relation entre le pénal et les autres branches du droit, principalement le droit civil et le droit administratif. Ces trois aspects fourniront des éléments empiriques qui permettront de réfléchir sur la question de l'actualisation de la rationalité pénale moderne sur le plan international.

Le Statut de Rome et la Cour pénale internationale

Après une longue et difficile négociation entre les États, le statut de la Cour pénale internationale permanente a été approuvé en juillet 1988, avec 120 voix pour, 7 voix contre (États-Unis d'Amérique, Chine, Israël, Irak, Qatar, Yémen et Libye) et 21 abstentions dont celles de l'Inde, de la Turquie, de l'Iran, du Soudan, de la Syrie et de l'Égypte. Ayant été ratifié par un minimum de 60 pays le 11 avril 2002, le statut est entré en vigueur le 1er juillet 2002. En septembre 2012, 121 pays l'avaient ratifié.

En accord avec le Préambule de l'État, la Cour pénale internationale est définie comme une institution « permanente, indépendante et rattachée au système de l'ONU, qui est compétente pour juger les crimes les plus graves qui touchent la communauté internationale dans son ensemble », tout particulièrement le génocide, les crimes contre l'humanité, les crimes de guerre et les crimes d'agression[8].

---

7. Pour cette raison, ce texte n'abordera pas la question des différents types de forces contraignantes que comportent les normes internationales étudiées ici. Pour une discussion plus détaillée des instruments *soft law*, voir Machado (2004).

8. Les règles de procédure et de preuve, ainsi que les dispositifs relatifs aux éléments constitutifs des crimes, sont définis dans deux autres documents qui s'intitulent « Règlement des procédures et de preuve » et « Les éléments des crimes ». En règle générale, les définitions des quatre groupes de crimes décrits dans le Statut de Rome correspondent, à peu de choses près, à celles des conventions ou des traités internationaux. Le crime d'agression constitue une exception, à cause de l'absence d'un accord sur sa définition, et sera intégré par la suite au Statut au moyen d'un amendement (article 5.2).

Concernant les crimes contre l'humanité (art. 7) le Statut dresse une série d'actes – assassinat, massacre, torture, privation de liberté violant les normes fondamentales du droit international, etc. – commis dans le cadre « d'une attaque généralisée ou systématique lancée contre toute population civile et en connaissance de cette attaque » (art. 7). L'article comprend aussi d'autres formes particulières de crimes, comme la déportation ou le déplacement forcé d'une population civile, la violence sexuelle (conception et stérilisation imposées), la disparition de personnes et l'apartheid. La liste n'est pas exhaustive et comprend tout acte analogue considéré comme inhumain (art. 7.1).

En ce qui concerne les crimes de guerre (art. 8), la compétence de la Cour s'exerce « en particulier lorsque ces crimes s'inscrivent dans le cadre d'un plan ou d'une politique ou encore quand ils sont commis sur une grande échelle ». Les infractions figurant dans la convention de Genève de 1949 sont répertoriées, dans un grand article, de même que d'autres violations graves des lois et des dispositions applicables aux conflits armés internationaux et aux conflits armés qui n'ont pas de caractère international. Enfin, la définition du crime de génocide est la même que dans la Convention de 1948.

La Cour pourra exercer sa compétence sur les crimes commis après l'entrée en vigueur du Statut (art. 11), à l'initiative d'un État-membre (art. 13 et 14), sur la requête du Procureur de l'accusation (art. 13c et 15) ou encore du Conseil de sécurité de l'ONU, en s'appuyant sur l'autorisation consacrée par le chapitre VII de la Charte de l'ONU, qui se rapporte à la « Menace à la Paix et à la Sécurité Internationale ». Dans les deux premières hypothèses, la CPI ne pourra exercer sa compétence que si 1) l'État où le crime a eu lieu ou 2) l'État de la nationalité de l'accusé du crime font partie du Statut ou ont admis expressément la compétence de la Cour concernant le crime en question (art. 12.2 et 12.3). Par contre, lorsque la situation est déférée au Procureur de l'accusation par le Conseil de sécurité de l'ONU, il n'y a pas de conditions préalables pour l'exercice de la compétence de la Cour (art. 12 et 13).

Conformément au Statut, la Cour exercera sa compétence sur des personnes physiques âgées de 18 ans ou plus (art. 25 et 26) sans aucune distinction fondée sur la qualité officielle, y compris les chefs d'État (art. 27) et les autorités militaires (art. 28). Les procès devront être conduits en présence de l'accusé (art. 63), qui dispose d'un ensemble de droits (art. 67), et en particulier du droit à la présomption d'innocence (art. 66) et à l'indemnisation en cas de détention illégale (art. 85). Tous les crimes sont imprescriptibles (art. 29) et intentionnels, c'est-à-dire qu'ils ont été commis en connaissance de cause et en connaissance des éléments matériels du crime (art. 30).

La juridiction de la CPI est *complémentaire* aux juridictions pénales nationales (art. 1). Cela signifie que, lorsqu'une affaire fait l'objet de poursuites de la part d'une juridiction nationale, le procès devant la CPI sera engagé uniquement si la Cour estime que la juridiction nationale n'a pas la volonté ou la capacité de le faire (art. 17.1a, b, c.). L'absence de la « volonté d'intervenir » sera déterminée par la CPI quand elle considère que la procédure nationale entreprise a pour but de soustraire la personne à ses responsabilités auprès de la Cour (art. 17.2c), ce qui a pour effet de la retarder de manière indue (art. 17.2b) ou si le procès n'a pas été ou n'est pas conduit « de manière indépendante et impartiale » (art. 17.2c). Concernant la « capacité d'enquêter ou d'ouvrir un procès » contre une personne, la Cour examinera si l'État est en mesure ou non de se saisir de l'accusé à la suite de l'effondrement de la totalité ou d'une partie substantielle de son propre appareil judiciaire (art. 17.3). La Cour pourra prononcer l'irrecevabilité si l'affaire en question n'est pas considérée comme suffisamment grave pour justifier l'adoption de mesures par le Tribunal (art. 17.2d).

Malgré les difficultés de déterminer, dans des cas concrets, la disposition, la capacité, l'indépendance et l'impartialité des décisions prises dans un cadre national, le statut de la Cour donne clairement priorité aux juridictions nationales, d'où son caractère complémentaire. Il faut ajouter que la Cour ne considère aucune forme de juridiction autre que la pénale. Outre le dispositif sur la complémentarité déjà mentionné (art. 1), le Préambule définit ce qui suit :

> « Rappelant qu'il est du devoir de chaque État de soumettre à sa *juridiction criminelle* les responsables de crimes internationaux »
>
> « Soulignant que la cour pénale internationale dont le présent Statut porte création est complémentaire des *juridictions pénales nationales* » (Souligné par nous)

La peine d'emprisonnement occupe une place centrale dans le système de peines appliqué par la Cour. Il n'y a que trois types de peines prévus : l'emprisonnement, l'amende et la confiscation. Les deux derniers ne peuvent être appliqués de manière isolée, ils doivent être ajoutés à la peine d'emprisonnement (art. 77.2). L'emprisonnement peut être fixé pour une durée de 30 ans au plus ou à perpétuité « si l'extrême gravité du crime et la situation personnelle du condamné le justifient » (art. 77.1. b).

Pour la fixation de la peine, on tient compte d'éléments tels que la « gravité du crime » et la « situation personnelle du condamné » (art. 78. 1). Le « Règlement de procédure et de preuve » de la Cour précise que la peine prononcée « doit être au total proportionnée à la culpabilité » (art. 145.1. a), sans indiquer les éléments à prendre en compte pour mesurer la culpabilité. De toute façon, le Règlement présente une liste de considérations dont la Cour doit tenir compte pour fixer la peine. Outre les circonstances liées au crime et au condamné, le Règlement désigne « le dommage causé [...] aux victimes et aux membres de leur famille » (art. 145.1c). Des éléments tels que des « condamnations pénales antérieures » et la « vulnérabilité particulière de la victime » constituent des « circonstances aggravantes » (art. 145.2b). Certains comportements du condamné après les faits, comme « les efforts [...] pour indemniser les victimes et son attitude coopérative à l'égard de la Cour », sont vus comme des circonstances atténuantes. Au sujet des circonstances aggravantes et atténuantes, le Règlement précise que la Cour en « tient compte, selon qu'il convient » (art. 145.2).

Soulignons que les règles sur la fixation de la peine ne donnent pas d'indications concernant les théories modernes de la peine (rétribution, dissuasion, dénonciation et réhabilitation) qui composent le système d'idées appelé *rationalité pénale moderne*[9].

C'est le Préambule qui attribue un effet dissuasif à la punition des auteurs des crimes relevant de la compétence de la Cour : « Déterminés à mettre un terme à l'impunité des auteurs de ces crimes et à concourir ainsi à la prévention de nouveaux crimes ».

Les victimes ont une participation très limitée. Elles peuvent présenter « des observations » lors de la procédure au moment opportun. Selon le Statut, la Cour « permettra, au cours du procès si le juge l'estime nécessaire, que soient présentées et prises en compte les opinions et les observations des victimes ». Lorsque les intérêts personnels des victimes sont concernés, la Cour permet que leurs vues et leurs préoccupations soient exprimées et examinées aux stades de la procédure qu'elle juge

9. Voir, à ce sujet, le texte de Margarida Garcia au début de cet ouvrage.

appropriés et d'une manière qui n'est ni préjudiciable ni contraire aux droits de la défense et aux exigences d'un procès équitable et impartial (art. 68.3).

Comme nous l'avons vu, les victimes ne peuvent saisir directement la Cour. Seuls les États membres, le Procureur, dans certaines circonstances, et le Conseil de sécurité de l'ONU peuvent le faire. Reste la possibilité de soumettre une communication au Procureur et d'espérer qu'il s'intéresse au cas.

Depuis juillet 2002, le Bureau du procureur a reçu plus de 8 252 communications de plus de 130 pays. Trois des quatre investigations en cours en 2009 ont été déférées à la Cour par des États signataires du Statut de Rome – l'Ouganda, la République démocratique du Congo et la République centrafricaine – et portent sur des événements qui se sont déroulés sur leur territoire. La situation dans la région du Darfour, au Soudan, qui n'est pas un État signataire du Statut de Rome, a été déférée à la Cour par le Conseil de sécurité.

Le Statut offre à la Cour la possibilité d'accorder des réparations aux victimes, y compris la restitution et l'indemnisation, sur demande ou de son propre chef dans des circonstances exceptionnelles (art. 75). Une décision précisant la réparation à accorder pourra être rendue par la Cour à l'égard de la personne condamnée (art. 75.2) ou, le cas échéant, une indemnité sera versée par une société fiduciaire aux victimes, selon les dispositions du Statut (art. 79). Les victimes pourront faire appel « de la décision indiquant la réparation à accorder » (art. 82.4), mais ne pourront contester les sentences prononcées par le tribunal (art. 81).

Voilà en gros les principales caractéristiques de la Cour pénale internationale.

Les Quarante Recommandations du GAFI

Créé par les chefs d'État ou de gouvernement du G7 et par le président de la Commission de l'Union européenne, le GAFI a, pour commencer ses activités, produit un document intitulé « Quarante Recommandations », qui avait pour but d'établir les lignes maîtresses d'un régime anti-blanchiment d'argent. Le GAFI visait à harmoniser les systèmes juridiques nationaux à cet égard, à augmenter le rôle du système financier et à créer des mécanismes assurant la coopération internationale. Tous les pays de l'OCDE (Organisation de coopération et de développement économiques) ont approuvé le document après sa publication en 1990 et ont pris en considération les quarante recommandations qu'il contient. D'autres pays non membres de l'OCDE ont été invités à participer au GAFI. Les « Quarante Recommandations » ont été actualisées en 1996 et en 2003, de manière à refléter les difficultés sur lesquelles la dynamique du système financier fait achopper certains pays. Après le 11 septembre 2001, le GAFI a élargi son mandat initial, jusqu'alors limité au blanchiment d'argent, pour y inclure le financement du terrorisme.

Depuis sa création, le GAFI s'attache à 1) élaborer et mettre régulièrement à jour un « modèle d'intervention étatique » qui comprend des aspects pénaux, administratifs et financiers, et aussi 2) à diffuser ce modèle partout dans le monde.

Il est possible de distinguer trois types d'actions dans ce modèle d'intervention étatique que nous appellerons ici « régime anti-blanchiment d'argent ». Le premier consiste à assurer l'indépendance de l'enquête du crime de blanchiment d'argent à l'égard de la procédure du « crime antérieur ». La norme de comportement concerne le mouvement du capital et l'origine illicite de ce dernier. Le deuxième type d'action consiste à obliger les personnes physiques et morales qui travaillent dans le secteur financier à identifier les clients, à tenir des archives et à faire connaître les transactions considérées comme suspectes. La création d'une unité d'intelligence financière constitue le troisième type d'action. Parmi les attributions de cette unité, mentionnons la centralisation des communications effectuées par les opérateurs financiers, l'application de sanctions administratives à l'égard de ceux qui violent les obligations légales, ainsi que l'échange de renseignements avec les autorités étrangères. Il s'agit donc d'une nouvelle organisation placée normalement sous l'égide du pouvoir exécutif (ministère de l'Économie) et qui, d'une certaine façon, installe le système de droit criminel à côté de la police, du ministère public et du juge[10].

L'effort de diffusion internationale s'est traduit par l'augmentation du nombre des pays membres du GAFI, par la création d'organes régionaux ayant les mêmes objectifs que le GAFI et par la coopération avec

10. Cette tâche est exercée au Brésil par le COAF (Conseil de contrôle des activités financières) et au Canada par le CANAFE (Centre d'analyse des opérations et déclarations financières).

d'autres organismes internationaux tels que la Banque mondiale, le Fonds monétaire international, l'Organisation des Nations Unies et l'Europol. En même temps, le GAFI a mis en place un programme de surveillance permanente de l'application du « modèle d'intervention étatique ». Assortis d'évaluations périodiques, ce programme de surveillance et sa manière de réagir à l'inobservance des recommandations du GAFI diffèrent selon que le pays concerné est membre ou non membre de l'organisme. Pour les pays membres, le principal procédé appliqué est la pression des pairs (*peer pressure*), qui varie en fonction des résultats de l'évaluation mutuelle. Les pays non membres du GAFI, quant à eux, peuvent être décrits dans une liste largement diffusée comme des « pays qui ne coopèrent pas avec le régime anti-blanchiment d'argent » (*name and shame*). Le cas échéant, des contre-mesures sont prises afin de dissuader les pays membres du GAFI de faire des affaires avec des personnes physiques et morales provenant de ces pays. L'objectif est de s'assurer que tous les pays – tout au moins ceux qui ont des centres financiers importants – suivent le même modèle d'intervention étatique en matière de blanchiment d'argent. On peut affirmer qu'à grande ou à petite échelle selon les pays, ce modèle créé il y a 20 ans a déjà été appliqué par plus de 180 pays[11]. Cela semble indiquer que les règles du GAFI ont un caractère véritablement contraignant qui ne découle pas uniquement d'une obligation juridique établie dans les traités ou les conventions internationales.

Si on le considère du point de vue de l'actualisation (ou non) de la rationalité pénale moderne, on peut déceler une certaine ambiguïté dans le GAFI. On peut dire que l'objectif central du GAFI est de localiser et de récupérer le capital qui résulte d'activités dites criminelles produisant de la richesse. Dès lors, la criminalisation du blanchiment d'argent apparaît comme un outil qui permet d'établir et de justifier des mesures restrictives comme l'accès à des renseignements bancaires, la saisie et, surtout, la confiscation. On peut dire que ce sont des mécanismes de droit civil et administratif incorporés aux procédures pénales.

Parvenir à priver une personne du capital résultant d'activités considérées comme criminelles est mis au premier plan dans la formulation du but dissuasif. Le Préambule de la Convention de l'ONU sur le trafic

11. FATF, *Annual Report, 2008-2009*, 23 juillet 2009, p. 6. www. fatf-gafi. org

de drogues instaure, sur le plan international, une certaine façon de combiner la « politique criminelle » et la « politique économique » dans des contextes définis. La liaison entre ces deux idées est ainsi établie dans le préambule :

> Reconnaissant les liens entre le trafic illicite et d'autres activités criminelles organisées connexes qui sapent les fondements de l'économie légitime et menacent la stabilité, la sécurité et la souveraineté des États,
>
> Reconnaissant aussi que le trafic illicite est une activité criminelle internationale dont l'élimination exige une attention urgente et le rang de priorité le plus élevé,
>
> Conscientes que le trafic illicite est la source de *gains financiers et de fortunes importantes* qui permettent aux organisations criminelles transnationales de pénétrer, contaminer et corrompre les structures de l'État, les activités commerciales et financières légitimes et la société à tous les niveaux. (ONU, 1988 ; souligné par nous)

Dans ce contexte, la « privation » de « gains énormes » devient la condition de la suppression du « mobile » du crime. En même temps, les « gains énormes » font aussi partie des causes profondes du problème à éliminer.

> Résolues à *priver* ceux qui se livrent au trafic illicite du fruit de leurs activités criminelles et à *supprimer ainsi leur principal mobile*,
>
> Désireuses d'*éliminer les causes profondes* du problème de l'abus des stupéfiants et des substances psychotropes, notamment la demande illicite de ces stupéfiants et substances et *les gains énormes* tirés du trafic illicite [...]. (ONU, 1988, Préambule ; souligné par nous)

Allant dans le même sens, les documents du GAFI indiquent que la criminalisation du blanchiment d'argent fournit diverses justifications pour mettre en place un ensemble de mesures qui risquent d'être impopulaires et qui visent à renforcer le contrôle public sur le flux de capital dans le système financier. Sur le plan de la justification, la notion de « crime » permet de considérer la « situation problème » comme une « menace ».

Partant d'un problème à résoudre tel que la difficulté d'exercer un contrôle public sur le système financier international, qui comporte de nombreuses solutions, on passe à la prédiction de quelque chose de terrible : les crises financières, l'instabilité économique, le mauvais fonctionnement de l'administration publique, l'insécurité externe et même la santé des citoyens. Dès lors, la « menace » que représente le « blanchiment d'argent » devient le résultat de toutes les menaces produites par les « infractions sous-jacentes » (crime organisé, corruption, trafic de drogues, etc.).

Par conséquent, les Quarante Recommandations du GAFI précisent que les pays « devraient criminaliser » (*should criminalise*) le blanchiment de capitaux et renvoient pour les détails de cette criminalisation aux conventions de l'ONU relatives au trafic illicite de drogues (1988), à la criminalité transnationale organisée (2000) et à la répression du financement du terrorisme (1999). Bien qu'elles proposent des mesures extra-pénales pour gérer ces problèmes, elles stipulent expressément que les États doivent leur « conférer le caractère d'infraction pénale[12] ».

De plus, les trois conventions font valoir que, pour définir la sanction, les États doivent prendre en compte la *gravité* de ces crimes. Seule la Convention contre le trafic de drogues (ONU, 1988) prévoit « des sanctions proportionnelles à la gravité des délits, telles que la peine de prison, ou d'autres formes de privation de liberté, sanctions pécuniaires et la saisie des biens[13] ».

Les situations typiques devant la rationalité pénale moderne

Jusqu'ici nous avons présenté une vue d'ensemble des deux situations typiques choisies et nous avons fourni des éléments qui permettent d'envisager la présence de la rationalité pénale moderne dans le cadre des communications du système politique (international). Nous croyons maintenant opportun d'organiser ces éléments autour de certaines *idées clés* de ce système de pensée appelé rationalité pénale moderne (RPM) : l'obligation de punir et la valorisation des peines afflictives (Garcia, 2009).

Comme la RPM est décrite en détail dans un autre chapitre de cet ouvrage (voir Garcia), nous expliquerons sommairement ces idées clés de façon à pouvoir introduire les remarques sur les situations typiques.

12. ONU, 1988, art. 3.1 ; ONU, 2000, art. 5, 6, 8, 23 ; ONU, 1999, art. 4.

13. ONU, 1988, art. 3.4 ; ONU, 2000, art. 11.1 ; ONU, 1999, art. 4b.

Le « droit de punir » est une « enveloppe vide » ; il peut prendre différentes formes suivant le contenu qui y est associé (Xavier, 2010). La forme prise par les théories de la peine est *l'obligation de punir au sens strict* ou, en d'autres termes, *l'obligation de faire souffrir* (Pires, 1998). Toute possibilité de ne pas punir, d'oublier ou de pardonner est exclue.

L'idée de « punition » est-elle aussi une « coquille vide » ? Les théories de la peine retiennent toutes la notion d'*infliger une souffrance*. Les mesures réparatrices, par exemple, ne constituent donc pas de « vraies » punitions criminelles.

Comme nous l'avons vu, le GAFI et la CPI actualisent ces idées de différentes manières.

La Cour pénale internationale

Dans le cas du Statut de Rome de la Cour pénale internationale, trois éléments ont attiré notre attention : 1) l'exclusion d'autres formes de résolution de conflits ; 2) la prévision des peines afflictives (emprisonnement à temps et à perpétuité et amende) ; 3) la constante affirmation que seule la justice *pénale* est une réponse adéquate et suffisante à l'ensemble des problèmes relevant de la compétence de la Cour.

Dans le Préambule du Statut, le « droit d'intervenir » est lié au « devoir de tout État d'exercer sa juridiction pénale contre les responsables de crimes internationaux ». La règle de complémentarité prend un sens précis dans ce contexte : la règle se rapporte aux juridictions *pénales* nationales (Préambule et article 10). Les règles concernant la recevabilité d'une affaire par la Cour et le principe *non bis in idem* font aussi mention de la responsabilité *pénale* de la personne concernée (art. 17.2a et art. 20.3).

Ainsi, les autres solutions – qui ne se limitent pas à la vengeance et à l'oubli – ne sont pas reconnues valables pour écarter la compétence de la Cour internationale. Restent cependant exclues des solutions possibles celles qui sont considérées comme du droit civil (comme les réparations aux victimes) et celles qui sont proposées par des « commissions de vérité et de réconciliation ».

En ce qui concerne la réparation, il faut veiller à ce que le Statut de Rome voie en elle non pas une sanction, mais plutôt un « droit des victimes ». La possibilité de considérer la réparation « comme une forme de peine infligée au coupable» a été discutée pendant les négociations du Statut, mais rapidement écartée (Vilmer, 2009, p. 13). Parmi les nombreuses questions qui ont été à l'ordre du jour, mentionnons ce que Vilmer (2009) a appelé une «résistance générale du droit pénal» à accepter un moyen du droit civil. Bref, «[...] le développement du régime de réparation de la CPI a effectivement été freiné par l'esprit dichotomique et parfois étroit de ceux qui ont souvent résisté à certaines propositions au nom de la distinction entre le civil et le criminel [...]» (Vilmer, 2009, p. 11).

Les «commissions vérité réconciliation» (CVR) se livrent, pour leur part, à des expériences alternatives de gestion de problèmes internationaux extrêmement riches et variées. Jaudel (2009, p. 75) les décrit de la façon suivante :

> [...] on peut dire que les CVR sont des commissions d'experts indépendants, mandatées par des États ou des institutions internationales pour une durée limitée, à effet d'enquêter sur les abus massifs aux droits de l'homme commis pendant une période déterminée du passé. En recueillant des témoignages, la commission est chargée de répertorier dans un rapport public les abus qu'on lui a signalés dans le cadre de son mandat, de proposer les moyens de réparer le tort fait aux victimes, de tenter d'en préciser les causes à l'effet d'en éviter le renouvellement et de faciliter la réconciliation nationale.

De façon générale, ces expériences – et les études théoriques qui en traitent – ont mis au premier plan la réconciliation et la préservation de la mémoire. «Pour tourner une page, il faut l'avoir lue» : la phrase de Desmond Tutu résume sans doute parfaitement l'aspiration majeure des commissions vérité réconciliation. Cela exige un renouvellement complet de la manière de gérer ces problèmes internationaux.

Malgré l'identité des situations problèmes que ces commissions et la CPI veulent gérer – des violations massives des droits de l'homme – les idées et les instruments mis en œuvre sont complètement différents. Par-delà les acteurs participants, la procédure et les sources, la différence la plus visible est à chercher du côté de la cible : les «coupables» et leur châtiment n'intègrent pas ce modèle de gestion. «Contrairement à ce qui se passe dans les cours de justice traditionnelles, la sanction des coupables ne constitue donc plus l'essentiel de ces tribunaux de nouveau genre qui se focalisent sur les victimes bien davantage que sur les responsables» (Jaudel, 2009, p. 77).

Le Groupe d'action financière sur le blanchiment d'argent

Le cas du GAFI semble un peu différent. Comme il a pour principal but de localiser et de récupérer le capital – et non seulement de punir des coupables – le GAFI, de par la teneur de ses documents, est plus disposé à reconnaître que d'autres branches du droit peuvent gérer ces problèmes. D'une certaine façon, on peut dire que le GAFI est plus conscient de la difficulté éprouvée par le droit pénal à faire face aux crises financières et à la circulation de capital considéré comme illicite. C'est pourquoi il est indispensable de renforcer le contrôle administratif des opérations financières et les mesures allant dans ce sens occupent une place centrale dans le régime[14].

D'autre part, l'expression « devoir de criminaliser », sans spécification du type de sanction, est susceptible d'être interprétée de deux manières. Il est possible de penser que les conventions reposent sur l'idée que « criminaliser » implique nécessairement deux choses : « attribuer une peine » et « une peine qui soit afflictive ». La peine de prison est alors sous-entendue. Il est également possible de considérer que les conventions qui ne font aucune mention de la peine de prison incitent les pays à appliquer d'autres types de sanctions.

Même si l'on estime que les textes normatifs internationaux font preuve d'ouverture à l'égard des normes de sanctions, des exemples d'incorporation de ces crimes dans les droits nationaux semblent indiquer que les États ne tiennent pas vraiment compte de cette ouverture. Une étude réalisée en 2009 sur la criminalisation du blanchiment d'argent dans cinq pays d'Amérique du Sud révèle que ces derniers ont opté pour de lourdes peines de prison. À l'exception du Paraguay, les quatre autres pays prévoient des peines minimales obligatoires de deux ans (Argentine et Uruguay), de trois ans (Brésil) et de cinq ans (Chili). Les peines maximales sont de 5 ans (Paraguay), de 10 ans (Argentine et Brésil) et de 15 ans (Chili et Uruguay). L'amende est prévue comme complément à la prison

14. Pour une vue d'ensemble des difficultés auxquelles fait face la procédure pénale dans la récupération du capital d'origine illicite, voir Daniel et Maton (2008, p. 133-135).

en Argentine, au Brésil et au Chili et comme une peine remplaçant la prison au Paraguay[15].

En même temps, il est plus difficile d'assurer le contrôle dans les autres branches du droit et dans le système économique lui-même, surtout si on met le contrôle en relation avec le « devoir de criminaliser ». Une étude portant sur la mise en œuvre des Quarante Recommandations du GAFI par l'ordre juridique de 95 pays a démontré que le respect des recommandations sur la criminalisation est presque total[16]. Sur le plan administratif et financier, le degré de conformité est beaucoup plus faible et varie grandement d'une région à l'autre (Jorge, 2010)[17].

Remarques finales

Pour conclure, nous reviendrons sur les deux questions sur la rationalité pénale moderne que nous avons examinées au début de ce texte.

En ce qui concerne l'actualisation de la RPM par le système politique, il semble qu'il existe quelques différences entre les situations typiques étudiées.

Comme nous l'avons vu, le Statut de Rome contient un « programme pénal complet » : non seulement il fixe des normes de comportement, de sanction et de procédure, mais il crée aussi une nouvelle structure organisationnelle pour l'exercice des fonctions juridictionnelles : la Cour pénale internationale. Les Quarante Recommandations du GAFI, quant à elles, établissent aussi des normes de comportement, de sanction et de procédure, sans enlever au juge national le pouvoir de décision dans un cas concret (compétence juridictionnelle territoriale). Ainsi, nous pouvons dire que le GAFI ne construit pas un nouveau programme pénal, comme le fait la CPI, mais qu'il modifie les programmes pénaux existants pour tenir compte du crime de blanchiment d'argent.

15. Ces sanctions se rapportent au crime de blanchiment d'argent dans sa forme la plus simple.

16. Seulement l'Azerbaïdjan, Haïti, Trinidad, le Cambodge et le Népal ont été considérés comme ayant passé outre aux recommandations 1 et 2 du GAFI portant sur la criminalisation du blanchiment d'argent (Jorge, 2010).

17. L'auteur s'appuie sur la systématisation de tous les rapports de conformité aux Quarante Recommandations préparés lors des évaluations mutuelles.

Dans le cas de la Cour, les éléments empiriques permettant de constater l'actualisation de la rationalité pénale moderne sont beaucoup plus forts et visibles. Nous pourrions même dire que tout se passe comme si la Cour était une extension du système de droit criminel (national). Le seul élément distinctif que nous avons relevé est l'absence de prévision d'une peine minimale. Comme nous l'avons mis en évidence dans une autre étude, les peines minimales (surtout de prison) constituent une pratique législative très rudimentaire, encore présente dans plusieurs pays. Selon les observations que nous avons effectuées jusqu'ici, les théories modernes de la peine n'exigent nullement cette pratique législative, mais elles la favorisent. Elles fournissent un fondement aux peines minimales (Machado et Pires, 2010).

Dans le cas du GAFI, l'actualisation de la rationalité pénale moderne se présente autrement. D'abord, étant donné que ce groupe est lié au système économique, il devient possible de pratiquer la dissuasion sans faire intervenir le pénal. Dans le cadre des justifications de la création du régime, le lien entre « politique criminelle » et « politique économique » a, d'une certaine façon, détaché la notion de dissuasion des peines de prison ou des opérations classiques du système de droit criminel. L'effet dissuasif provient plutôt de la mise en œuvre des moyens administratifs et financiers de localisation, de confiscation et de récupération du capital.

Nous pourrions aller jusqu'à dire que l'ouverture à l'établissement de nouvelles relations entre les différentes branches du droit, d'une part, et la valorisation de mesures orientées vers le patrimoine et non vers le corps de l'accusé, d'autre part, résultent d'une prise de conscience de l'incapacité du droit criminel à régler ce type de situation problème. Par ailleurs, la présente étude révèle que cette prise de conscience semble se manifester seulement sur le plan des stratégies d'action du droit criminel et ne pas toucher l'ensemble des théories (modernes) de justification de la peine criminelle.

Enfin, l'actualisation de la rationalité pénale moderne dans les situations typiques étudiées dans le présent texte montre que ce système de pensée est dépourvu de passeport. Comme nous l'avons vu, les idées clés de la RPM peuvent être facilement décelées dans les programmes juridiques qui ont été approuvés par une centaine de pays répartis sur les cinq continents. Tout au moins du point de vue géographique, la notion d'« Occident » ne nous permet pas de dire où la rationalité pénale moderne, actualisée par le politique, peut être trouvée actuellement.

Références

Acosta, F. (1987), « De l'événement à l'infraction : le processus de mise en forme pénale », *Déviance et Société,* 11, p. 7-34.

Daniel, T. et J. Maton (2008), « La recuperación de activos de la corrupción de funcionarios públicos a través de procedimientos civiles », dans G. Jorge (dir.), *Recuperación de activos de la corrupción*, Buenos Aires, Ediciones del Puerto, p. 133-155.

Garcia, M. (2009), « Le rapport paradoxal entre les droits de la personne et le droit criminel : les théories de la peine comme obstacles cognitifs à l'innovation », thèse de doctorat en sociologie, Montréal, Université du Québec à Montréal.

Jaudel, É. (2009), *Justice sans châtiment. Les commissions Vérité-Réconciliation*, Paris, Odile Jacob.

Jorge, G. (2010), « Políticas de control del lavabo de dinero » dans J. Tokatlian (dir.), *Drogas y prohibición : una vieja guerra, un nuevo debate,* Buenos Aires, Édiciones El Zorzal, p. 193-258.

Machado, M. (2004), *Internacionalização do direito penal. A gestão de problemas internacionais por meio do crime e da pena*, São Paulo, Ed. 34.

Machado, M. (2012), « Similar in their differences. Transnational legal processes adressing money laundering in Argentina and Brazil », *Law and Social Inquiry* 37, 2, p. 330-366.

Machado, M. et A. Pires (2010), « Intervention politique dans la sentence du droit : les fondements culturels de la peine minimale », *Criminologie,* 43, 2, p. 89-126.

Machado, M., A. Pires, C. Ferreira et P. Schaffa (2009). *A complexidade do problema e a simplicidade da solução : a questão das penas mínimas*, Brasília, Ministério da Justiça/PNUD, Série Pensando o Direito, vol. 17.

ONU (1988). Convention des Nations Unies contre le trafic illicite de stupéfiants et de substances psychotropes.

ONU (2000). Convention des Nations Unies contre la criminalité transnationale organisée.

Pires, A. (1998), « Aspects, traces et parcours de la rationalité pénale moderne », dans C. Debuyst, F. Digneffe et A. Pires (dir.), *Histoire des savoirs sur le crime et la peine.* Vol. 2. *La rationalité pénale et la naissance de la criminologie,* Bruxelles, De Boeck Université, p. 1-52.

Pires, A. (2004), « A racionalidade penal moderna, o público e os direitos humanos na modernidade tardia », *Novos Estudos CEBRAP*, 68, p. 39-60.

Pires, A. (2005), « Direito penal e orientação punitiva : um problema só externo ao direito ? », dans L. M. Karam (dir.), *Globalização, sistema penal e ameaças ao estado democrático de direito*, Rio de Janeiro, Lúmen Júris, p. 191-220.

Pires, A., A. Cellard et G. Pelletier (2001), « L'énigme des demandes de modifications législatives au Code criminel canadien », dans Q. Bonastra (dir.), *Régulation et gouvernance. Le contrôle des populations et du territoire en Europe et au Canada. Une perspective historique*, Barcelone, Université de Barcelone, p. 195-218.

Poncela, P. (2002), « Mesure et motivation de la peine dans les jugements du TPIY », dans M. Henzelin et R. Roth (dir.), *Le Droit pénal à l'épreuve de l'internationalisation* (p. 325-335), Paris, LGDJ.

Vilmer, J. (2009), *Réparer l'irréparable. Les réparations aux victimes devant la Cour pénale internationale*, Paris, Presses universitaires de France.

Xavier, R. (2010), « O sistema de direito criminal e a racionalidade penal moderna : ilustrações empíricas de dificuldades cognitivas em matéria de penas », *Revista do Instituto brasileiro de ciências criminais*, 84, p. 271-311.

Une analyse des communications de la torture selon la perspective des systèmes fonctionnels

Eliana Herrera-Vega
Sandra Lehalle

Introduction

CETTE ANALYSE trouve son origine dans une double provocation : d'abord, les images dérangeantes du traitement des prisonniers d'Abu Ghraib et, ensuite, les communications rédigées par les avocats du Département de la justice des États-Unis entre 2001 et 2005. Entre les images diffusées par les médias de masse et les communications écrites des mémorandums signés par John Yoo et Jay S. Bybee, il y a cependant un écart important puisque les images constituent des registres d'événements survenus, alors que les communications constituent des instructions à suivre, faites selon une modalité particulière. Notre analyse porte uniquement sur la modalité des communications présentes dans les mémos de torture. Nous postulons que la torture, telle qu'elle est actualisée dans les prisons d'Abu Ghraib et de Guantanamo, se fait à partir d'une modalité particulière : la communication bureaucratique (Weber, 2005, p. 213), qui décrit et définit les formes d'action possibles à l'égard des combattants illégaux ennemis. Pour mettre à jour les modalités de communication auxquelles obéit l'usage de la torture, l'utilisation de la théorie de systèmes élaborée par Niklas Luhmann[1] (King, 2009) s'est révélée essentielle. Pour décrire les communications de la torture, nous utilisons une partie limitée du corpus théorique établi par Luhmann :

1. Voir l'excellent travail de Michael King (2009) sur la réalité des systèmes sociaux dépeints par Luhmann.

les notions de sous-système de la société et de modalités de production; la notion de sémantique en tant que modalité d'autodescription de la société et de ses transformations et, enfin, le concept de communication, dont le sens dépend des repères fournis par la structure sociale des systèmes d'expertise. Nous considérons ensuite chacun de ces éléments et donnons une description des communications de la torture et de leurs conséquences. Nous étudions finalement les portées des communications de la torture en nous appuyant sur la lecture de la rationalité pénale moderne effectuée par A. Pires.

Systèmes et communications : l'apport de Niklas Luhmann

Les sociétés historiques font l'expérience de la complexité environnementale. C'est pour limiter cette complexité que les sociétés prennent diverses formes (Luhmann, 1995a, p. 192)[2] en se définissant comme des systèmes séparés de cet environnement[3] (Herrera, 2006). Ainsi, les sociétés segmentaires et les sociétés stratifiées ont ceci de commun avec la société moderne (différenciée par fonctions) qu'elles appliquent, aussi bien à l'interne qu'à l'externe, un principe de distinction leur permettant d'organiser la forme de la société et les lieux d'articulation des mécanismes et des agents (Luhmann, 1977 p. 29-53). En fait, l'autoréférence des systèmes partiels se fait par différenciation interne, chaque sous-système retrouvant, dans sa distinction par rapport à l'ensemble, sa place et son autodéfinition. La société différenciée par fonctions prend sa forme dans les conditions fournies par l'autopoïèse : les systèmes autoréférentiels qui se produisent d'eux-mêmes et déterminent leurs éléments propres ainsi que les opérations à réaliser récursivement (Luhmann, 1995a, p. 34-35)[4].

2. Luhmann (1995)[1995a] définit ainsi la tâche des systèmes partiels : « [T]*he subsystem relieves the strain on itself by assuming that many of the reproductive requirements needed in the overall system are fulfilled elsewhere by other subsystems.*»

3. Sur la complexité environnementale et les modalités de la production des communications entre systèmes, voir Herrera-Vega (2006).

4. Dans la pensée de Luhmann, il n'y a pas de communication en dehors de la communication de la société : « [...] *there is no communication outside the communication system of society. The system is the only one employing this type of operation, and to that extent it is... necessarily closed.* » « *Reproduction that is self referential[...] must adhere to the type of element that the system defines...* »

L'essor des systèmes concrétise la réduction de la complexité externe par l'établissement d'une croissance interne, la formation de sous-systèmes spécialisés qui sont destinés à gérer des aspects déterminés de la complexité environnementale (Herrera, 2006). Les sous-systèmes ainsi développés correspondent à une conception évolutionniste du changement social (Luhmann, 1992, p. 280)[5]. Ils développent des communications internes (et donc propres à leur fonctionnement), qui peuvent servir à l'établissement de rapports avec l'environnement externe.

C'est dans ce vaste panorama de la complexité que Luhmann fait une lecture alternative de la communication dans la société. Au lieu de penser la communication comme un transfert d'information entre les hommes, il élabore une vision du type des communications actualisées dans le cadre d'une société façonnée par les productions des systèmes partiels. Selon lui, la communication peut être conçue comme une sorte d'autoexcitation, introduisant du sens dans le système. La communication est induite par la double contingence de l'expérience et elle s'ajuste à la notion d'un *order out of noise,* stabilisant dans la forme du sens le surplus d'information dont le système ne peut pas, directement, faire usage. Le système social est ainsi formé par les communications et, complémentairement, par l'attribution de l'action aux communications (Luhmann, 1995a, p. 161, 175)[6]. Ensuite, la notion de la communication se fait, dans la théorie luhmannienne, sur le support fourni par l'environnement humain, mais d'abord et principalement en tant que communication systémique. En effet, pour Luhmann la communication n'est pas faite par les hommes (sujets psychiques dans sa terminologie), mais par les systèmes fonctionnellement différenciés. Son idée de communication se réalise dans le cadre d'une société moderne s'actualisant dans la forme des communications propres à ce type d'agencement. Alors que les

---

5. Au sujet de la notion de fonction des systèmes, voir Luhmann (1992, p. 280) : « *Society's primary subsystems are no longer based on strata but on functions. Social order is now maintained by the adequate functioning of politics, scientific research, economic care for the future, family-building, public education, etc., and no longer by living life according to one's inherited position in society. This does not mean that stratification has vanished, but it does mean that it loses its legitimacy.* »

6. Luhmann, (1995a, p. 175). Voir aussi, p. 161, les « *symbolically generalized media* ». Les médias symboliquement généralisées sont définis par Luhmann comme les médias qui font appel à des généralisations pour symboliser le rapport entre sélection et motivation ou, en d'autres termes, le rapport entre communication et action dans la société.

sciences sociales et la philosophie font l'expérience du « tournant linguistique », Luhmann offre une perspective renouvelée du phénomène communicationnel. Au lieu de se limiter aux analyses sémiologiques et aux troubles du langage, il envisage la communication du point de vue cybernétique (Herrera, 2006). Alors, il prend en compte et actualise les modalités de la communication faite par des systèmes d'expertise, des organisations, et ceci, dans les conditions d'une société globale, puisque les communications débordent les frontières géographiques.

Communications du politique devant la torture

Les systèmes contingents de la société pertinents pour notre analyse sont le juridique, organisé autour de la distinction légal/illégal et le politique, organisé autour de la distinction pouvoir/non-pouvoir (Luhmann, 1995a). Nous analyserons deux aspects des communications, d'abord les mémos de la torture et leur statut à l'égard des systèmes majeurs, et ensuite, les aspects discursifs (sémantiques) qui entrent en jeu dans le débat sur la torture et sa raison d'être. En arrière-fond, la perspective analytique comprend la torture en tant que phénomène communicationnel à mi-chemin entre le système politique et le système juridique.

Que sont les mémos de torture ?

Les « mémos de torture » (Greenberg et Dratel, 2005)[7] ont été rédigés par des avocats du Département de la justice des États-Unis entre 2001 et 2005. Il s'agit, en général, de documents produits à la demande de l'administration Bush et ayant pour but de déterminer ce qui constitue ou non de la torture ainsi que d'éventuelles exclusions qui permettraient l'utilisation de certaines méthodes d'interrogatoire. Certaines de ces communications proposent des justifications *a priori*, préalables à certaines actions ou décisions pouvant conduire à des actes de torture et entraîner des responsabilités. Parmi ces communications, on trouve notamment l'argumentation justifiant le refus d'accorder l'*habeas corpus* aux prisonniers du conflit ainsi que le refus de leur faire bénéficier des dispositions des traités internationaux les concernant. Dans leur mémo du

7. Nous désignerons ces mémos et documents publics par leur date de rédaction. Les numéros de pages renvoient à l'ouvrage de référence pour la compilation de ces mémos : Greenberg et Dratel (2005).

9 janvier 2002, les avocats Yoo et Delabunty affirment en effet que ces traités ne protègent pas les membres d'al-Qaida, pour la raison que cette organisation n'est pas un acteur gouvernemental et ne peut donc être partie aux conventions internationales qui régissent la guerre. Dans le cas des prisonniers d'Afghanistan, pays signataire des conventions de Genève, la communication proposée fait valoir que les talibans ne sont pas à la tête d'un gouvernement et que l'Afghanistan n'était pas un État fonctionnel au moment de l'engagement des hostilités.

La communication élaborée dans ces mémos propose également de multiples interprétations juridiques pour restreindre la définition de la torture prohibée, écarter les conventions internationales et établir les contraintes légales potentielles applicables aux interrogations des prisonniers des forces américaines en Afghanistan, autoriser certaines techniques d'interrogatoire[8] tout en se gardant de remplir les conditions qui permettraient de juger les agents comme exécuteurs de torture. De même, certains mémos apportent des justifications *a posteriori* de la torture et s'arment d'arguments pour se défendre pour les cas où il faudrait, par la suite, répondre des actes de torture devant le pouvoir judiciaire[9].

Quel système social « s'exprime-t-il » dans les mémos de torture ?

Dans le cas de la torture qui est actualisée dans les centres de détention des ennemis combattants, il est possible de discerner les liens existants entre les systèmes politique et juridique sous le rapport de la communication. Dans cette analyse, la démarche vise notamment à définir la fonction des mémos de la torture, confrontés à une lecture systémique de la société. Il s'agit de savoir si les mémos répondent aux modalités de production du système juridique ou à un autre système partiel de la société. En d'autres termes, il faut répondre à la question : quel système s'exprime-t-il dans les mémos de torture ? Nous analyserons à tour de rôle les arguments relatifs à la place occupée par les mémos dans le

8. Voir le mémo du 26 février 2002 sur les contraintes légales potentielles applicables aux interrogations des prisonniers des forces américaines en Afghanistan; voir aussi le mémo du 26 avril 2003 signé par le secrétaire de la Défense Rumsfeld, le mémo du 11 octobre 2002 relatif à une demande d'approbation de stratégies du général Hill et le mémo de Bybee du 1er août 2002.

9. Mémo de Bybee du 1er août 2002

système juridique et, après les avoir réfutés, nous établirons qu'ils relèvent en fait du domaine du système politique, régi par le code d'attribution pouvoir/non-pouvoir.

Des communications juridiques, à en juger par le langage et la structure de l'argumentation?

À en juger par l'argumentation et le langage utilisés, les mémos semblent avoir un caractère juridique, car ils sont conformes aux modalités de production des arguments juridiques. En effet, Luhmann a déterminé que, dans l'analyse des décisions juridiques, il est toujours nécessaire de fournir une source, un argument d'appoint sur lequel est construite la décision juridique, qui se fait dans les modalités de la réflexivité propre aux systèmes autopoïetiques (Luhmann, 1995b)[10]. L'argumentation juridique se fonde habituellement soit sur une autre décision juridique, soit sur un texte juridique fondamental, tel qu'une loi ou un document constitutionnel (Hart, 1994; Kelsen, 2004)[11].

Les mémos analysés tiennent ainsi compte des sources juridiques susceptibles d'être utilisées, comme le montre le mémo du 14 mars 2003 rédigé par l'avocat John C. Yoo[12]. Dans ce mémo, l'argumentation revêt un caractère juridique. Yoo considère à tour de rôle les sources du pouvoir présidentiel et les implications de ce dernier. Dans son analyse, il tient compte de la hiérarchie des normes, dans laquelle la Constitution, du fait qu'elle soutient l'édifice juridique, tient une des premières places. Le recours à la Constitution lui permet d'exclure l'application de normes secondaires visant l'interdiction de la torture.

> *As the Supreme Court has recognized, the Commander-in-Chief power and the President's obligation to protect the nation imply the ancillary powers necessary to their successful exercise. "The first of the enumerated powers of the President is that he shall be Commander-in-Chief of the Army and Navy*

10. Sur la nécessité de fonder les opérations, voir Luhmann (1995b) : « *Grounds are needed which cannot be grounded; that is, grounds which are not grounds* ».

11. Au sujet de la structure de l'édifice des normes juridiques, voir Kelsen (2004). En ce qui concerne le rapport aux modalités de décision à l'intérieur de la structure juridique des normes, voir Hart (1994).

12. La fonction de *Deputy Assistant Attorney General* (conseiller juridique) se rapporte à la branche exécutive du gouvernement américain.

of the United States. And, of course, the grant of war power includes all that is necessary and proper for carrying those powers into execution (Johnson v. Eisentrager, 339 U. S. 763, 788, 1950)". In wartime, it is for the President alone to decide what methods to use to best prevail against the enemy[13].

Des propos de John Yoo, nous retenons que la Constitution américaine et les interprétations données par la Cour Suprême définissent clairement les limites entre les systèmes politique et juridique. Dans l'interprétation qu'il propose, la Constitution est le mécanisme d'articulation entre les productions des deux domaines fonctionnels. Selon lui, c'est à partir d'une règle juridique, la Constitution américaine, que le système politique prend le dessus lorsque les conditions de l'environnement social sont déterminées par une nécessité qui prime sur toutes les autres : la défense de l'État-nation.

Il serait également possible de dire que les mémos sont juridiques, tout simplement parce qu'ils ont été écrits dans un bureau dont la fonction est de fournir des conseils juridiques. Il serait donc facile et tentant d'affirmer que le système juridique est la source des mémos qui présentent une argumentation juridique suivant laquelle des méthodes d'interrogatoire telles que la simulation de noyade se situent du côté légal de la distinction légal/illégal, dans l'application du code propre au fonctionnement du système juridique.

Le code d'application comme déterminant de l'appartenance d'une communication à un système social déterminé

Malgré l'utilisation de références juridiques et du langage juridique, l'argument avancé par John Yoo constitue un exemple clair de communication intrasystémique, puisqu'il est conforme aux modalités des communications institutionnelles et à l'orientation interne d'un système d'expertise. Il est, de plus, destiné à un auditoire déterminé : les membres du gouvernement américain, les militaires et les agents responsables de la classification et l'interrogatoire des combattants ennemis.

En outre, si l'on admet que ce qui est compris comme politique dépend du cadre référentiel du domaine politique, il s'ensuit que ce cadre se forme selon le code pouvoir/non-pouvoir. Le cadre référentiel,

13. Mémo de John Yoo du 14 mars 2003.

qui définit à son tour ce qui est considéré comme juridique, dépend du principe d'attribution légal/illégal. Dans l'argument de Yoo, la question posée au juridique ne renvoie pas directement au problème de la légalité et au code déterminant l'appartenance au système juridique. Donc, il est nécessaire de déterminer si l'objet à traiter doit être inclus dans le mécanisme de protection des droits de la personne. La question qui se pose consiste à définir ce qui peut constituer une augmentation ou une perte de pouvoir. La communication politique contient la réponse suivante :

> The Fifth and Eighth Amendments, as interpreted by the Supreme Court, do not extend to alien enemy combatants held abroad [...] several canons of construction apply here. Those canons of construction indicate that federal criminal laws of general applicability do not apply to properly authorized interrogations of enemy combatants, undertaken by military personnel in the course of an armed conflict. Such criminal statutes, if they were misconstrued to apply to the interrogation of enemy combatants, would conflict with the Constitution's grant of the Commander in Chief power solely to the President[14].

Ainsi, devant la question pouvoir/non-pouvoir, la réponse fournie dans le mémo ne peut pas être plus claire : l'intromission des codes provenant du domaine fonctionnel juridique signifie une perte corrélative de pouvoir pour l'exécutif. Cela conduit le conseiller juridique Yoo à utiliser un mécanisme d'articulation qui donne au système fonctionnel politique la prédominance sur le domaine juridique. Le mémo de la torture en question émane ainsi de l'exécutif et répond au code pouvoir/non-pouvoir, puisqu'il vise à délimiter les limites entre le système juridique et le système politique à l'égard des procédures d'interrogatoire des combattants ennemis[15], ce qui amène un accroissement de pouvoir (non pas de la légalité) aux mains du pouvoir exécutif américain.

---

14. C'est nous qui soulignons.

15. Mémo de John Yoo du 14 mars 2003 : « *By delimiting the legal boundaries applicable to interrogations, we of course do not express or imply any views concerning whether and when legally permissible means of interrogation should be employed. That is a policy judgment for those conducting and directing the interrogations.* »

La fonctionnalité systémique des communications politiques sur la torture

La torture actualisée dans des prisons telles qu'Abu Ghraib ne peut devenir une pratique systématisée que moyennant la diffusion de messages communicationnels précisant la raison d'être et le but des interrogatoires et déchargeant les agents exécuteurs de toute responsabilité juridique devant la prohibition légale de la torture. La torture actualisée nécessite en effet un appui communicationnel décrivant les modes d'action à adopter, comme dans certains manuels traitant de fonctions bureaucratiques. Pour cela, nous portons notre attention davantage sur les communications expertes touchant la torture que sur sa forme actualisée. Ainsi définie, la torture apparaît comme une communication visant l'application d'une procédure standard. Il en résulte un besoin de stabilisation des attentes des agents du gouvernement américain dans leurs rapports avec la population des territoires du conflit et avec les prisonniers. À cette fin, un ensemble de communications expertes a été produit dans le cadre des communications internes du gouvernement. Dans le cas étudié, les avocats répondent à la mission de justifier une exception au caractère absolu de l'interdiction de la torture en créant une communication juridique d'encadrement des pratiques contraires à cet interdit. À travers divers mémos rédigés entre 2001 et 2005, cette communication débat des limites actuelles de l'interdiction de la torture afin de construire un argumentaire légalement viable pour justifier des pratiques d'interrogatoire interdites par les conventions internationales et pour éviter les conséquences légales qu'elles impliquent (Lehalle, 2010).

L'analyse de cette communication politique nous permet de constater que celle-ci se concentre sur la situation des personnes détenues, identifiées comme des combattants ennemis illégaux (Herrera, 2011). Il est pertinent de souligner que, du point de vue historique, dans un État moderne, la communication politique se réalise dans les limites fixées par la règle de droit, qu'elle s'oppose à l'arbitraire et au bon vouloir du gouvernant. Dans la théorie des systèmes, il y a corrélation entre l'application de la règle universelle et neutre du droit et l'incapacité du domaine politique à se placer au-dessus des autres systèmes partiels de la société. Cependant, dans ce cadre général, il demeure que le système politique définit son domaine d'expertise par l'utilisation dynamique et soutenue du code régulateur qui lui est propre : pouvoir/non pouvoir. La communication politique s'appuie alors sur les notions et les principes de politique étatique (responsabilité et rôle de l'État, etc.), lesquels sont toutefois ajustés au code pouvoir/non pouvoir. Dans la communication politique examinée ici, l'argumentation est souvent structurée autour de la nécessité politique dans laquelle l'État se trouve à déterminer les circonstances « exceptionnelles » susceptibles d'entraîner une levée de l'interdiction de la torture. La question est alors de savoir si la torture est, pour l'État, une option viable et justifiable, et elle se pose à un double point de vue : d'un côté, le rapport avec les autres systèmes sociaux et leur interdiction de la torture, et de l'autre, le rôle et la signification de l'utilisation de la torture au sein du système politique en tant que mécanisme de maximisation du pouvoir.

Le double point de vue se retrouve dans les communications émanant du politique et dans les explications fournies par le système politique en vue de justifier l'usage des interrogatoires et des procédés décrits dans les mémos de la torture. L'argumentation présentée vise donc non seulement le système politique, mais aussi les systèmes environnants (juridique et des médias de masse).

Au sein du système politique

La communication analysée considère que la torture et les pratiques assimilables pourraient (du point de vue politique) constituer la meilleure option ou tout au moins la moins mauvaise. Au terme d'une analyse des coûts et bénéfices probables de la torture dans certaines circonstances, certains optent sans hésiter pour elle. La torture serait parfois justifiée par le comportement de l'ennemi et la réciprocité qu'il engendre. Mais surtout elle appelle inévitablement une décision politique inévitable et même responsable. L'enjeu de la torture serait ainsi la lutte contre le mal par le mal afin d'assurer la survie de l'entité politique (gouvernement, nation, État, société, etc.). La doctrine *dirty hands* juge regrettable mais nécessaire le recours à la torture par les détenteurs de pouvoir et de hautes responsabilités politiques (Walzer, 2004, p. 291). Il y a ainsi des arguments politiques sous-jacents à cette communication politique à caractère juridique. Ici la torture témoignerait de la difficulté de veiller au bien de sa communauté. Ce type de communication politique suggère donc que la torture se justifierait lorsqu'il s'agit de préserver le bonheur du reste de la société et de protéger le plus grand nombre de personnes. Les décisions et les gestes politiques difficiles mais courageuses que la torture exige permettraient à l'État de défendre des valeurs sociales et politiques importantes : protection des individus et de la société (Ignatieff, 2005, p. 21), de la nation, de la sécurité et de l'État ou même d'un objectif considéré comme supérieur (libéralisme, communisme, fascisme, religion) (Dorfman, 2004, p. 16).

Pour les tenants de cette communication politique sur la torture, qui sont convaincus qu'il convient d'adopter une approche relativiste devant la torture, la difficulté majeure consiste à déterminer la nature des circonstances qui justifieraient d'annuler l'interdiction de la torture. De Beccaria à Ignatieff, les tentatives de définition des conditions à respecter tournent le plus souvent autour de la gravité du danger couru[16] et du caractère urgent de la situation. On recommande souvent d'utiliser la torture en dernier recours, lorsque la preuve est concluante et seulement à l'aide de techniques déjà approuvées[17].

À l'égard des systèmes constituant l'environnement[18] du système politique (notamment le système juridique)

Bien qu'ils s'adressent surtout au système politique, les mémos analysés transmettent des messages clairs au système juridique. Qu'il s'agisse de refuser d'appliquer l'*habeas corpus* ou d'aller à l'encontre des conventions de Genève, la communication politique vient sans nul doute bousculer

16. Certaines de ces conditions sont mises en évidence dans ce que l'on appelle traditionnellement le « scénario de la bombe à retardement ». Dans ce scénario sont réunies un ensemble de variables : les autorités viennent de capturer un terroriste, juste avant qu'une attaque à la bombe soit perpétrée, avec assez de connaissances sur le risque (savoir qu'il est imminent), sur le terroriste (savoir qu'il détient de l'information) et sur l'attaque (connaître la gravité du danger), mais pour des raisons inexpliquées, il leur manque quelques détails essentiels que seule la torture peut fournir. Ce scénario, qui fait reposer la légitimité de la torture sur d'éventuelles conséquences (sauver des vies), soulève de vives critiques. Pour un examen approfondi des critiques, voir McCoy (2006).

17. En effet, si nul ne se prononce en faveur d'une torture physique intense, certains appuient différents types de torture légère et indiquent les techniques qui leur paraissent acceptables ou inacceptables.

18. On peut aussi analyser le message communicationnel transmis à d'autres systèmes partiels tels que le système des médias de masse. Nous nous abstiendrons ici de faire cette analyse et considérerons uniquement les effets communicationnels sur le système juridique.

des éléments propres au système juridique. De plus, appuyée par des auteurs universitaires, elle recommande de contenir la torture dans des limites réglementaires, légales ou judiciaires précises et de mettre en œuvre après coup des processus transparents de contrôle et de responsabilisation (Dershowitz, 2007 ; Ignatieff, 2004, p. 139). On envisage donc un mode de fonctionnement juridique où la torture et les pratiques semblables seraient réglementées selon des critères préétablis qui apporteraient une certaine sécurité aux acteurs concernés. Les interrogés pourraient ainsi savoir qu'ils ont en face d'eux des ennemis qui sont prêts à leur infliger un traitement des plus douloureux. Les agents interrogateurs observeraient, quant à eux, une procédure impersonnelle et appliquée uniformément, excluant tout sentiment particulier de haine ou tout désir de torturer.

Le point d'ancrage des communications politiques : la distinction ami/ennemi

Dans les communications politiques, le débat sur la torture se cristallise autour d'un conflit de valeurs (dignité vs sécurité), et surtout autour du conflit entre l'individu et la collectivité). Exprimant la tension classique entre universalisme et relativisme, le courant pro-universaliste affirme que l'individu est une unité sociale qui possède des droits inaliénables tandis que le courant relativiste fait valoir que la communauté est l'unité sociale de base et qu'à ce titre elle transcende les notions d'individualisme, d'égalité, d'équité et de liberté (Lehalle, 2009). Les relativistes centrent le débat sur les conséquences liées au fait de privilégier la dignité ou la sécurité, l'individu ou la collectivité, et leur position est avant tout utilitariste. Il ne s'agit pas là d'un argument nouveau puisque, comme le rappelle Freeman (2002, p. 62), le concept de droits humains a de façon récurrente été mis au défi par la philosophie utilitariste qui rejette les droits naturels et se fonde sur le principe d'utilité, envers le bien du plus grand nombre. Les partisans d'une interdiction relative de la torture se justifient toujours en faisant des mises en situation hypothétiques dans lesquelles apparaissent comme antinomiques les droits de l'individu et le bien de la société. Le scénario de la bombe à retardement relance l'éternel débat sur l'attitude autoprotectrice d'une société devant un ennemi. De Kant à Getwirth en passant par Dostoïevski, il s'agit là d'un débat récurrent sur les « probables » scénarios qui amènent à « relativiser » les droits d'un individu. La position relativiste exige d'abandonner l'universalisme homogène et généralisateur des droits humains au profit d'une mise en contexte adaptée à la réalité sociale et politique (celle de la lutte contre le terrorisme, par exemple). Les relativistes ne rejettent pas pour autant le discours des droits humains, mais plaident en faveur de l'interdiction générale supportant des exceptions qui correspondent à des intérêts particuliers, souvent ceux de l'État (Lehalle, 2009). Les droits humains peuvent donc aisément se retrouver en situation de vulnérabilité par rapport à des États puissants qui recherchent avant tout leur propre profit ou celui de leurs citoyens, parfois aux dépens d'autres États ou d'autres collectivités. En ce sens, le relativisme est doublement culturel puisqu'il affirme que la communauté est l'unité sociale de base, qu'elle doit primer sur les droits individuels et qu'il a une conception partisane de cette communauté.

Le cas des États-Unis illustre bien ce genre de particularisme devant les droits humains du fait qu'ils ont notamment refusé de signer le protocole additionnel à la Convention sur la torture ou qu'ils revendiquent un statut d'exception devant la Cour pénale internationale[19]. Diverses études (Mertus, 2004, p. 92, 217) menées auprès des acteurs politiques et militaires américains montrent que, malgré leur discours universaliste sur les droits de l'homme, les positions et les actions de ces derniers relèvent du relativisme. Mertus met en lumière un double standard selon lequel on plaide pour le respect des droits humains universels dans les autres pays, mais on se déclare maître de les appliquer comme on veut aux États-Unis. Les droits humains évoqués par ces acteurs correspondent en fait à un ensemble de valeurs américaines qu'il s'agit de transmettre aux autres pays de façon à servir ses propres intérêts. Cela constitue un exemple flagrant du relativisme normatif ou moral dans l'application des standards et l'acquittement des obligations selon les États.

En analysant la communication politique qui plaide en faveur de la torture, nous avons pu constater que le relativisme et les exceptions à l'interdiction absolue de la torture sont principalement justifiés par l'opposition entre les bons et les mauvais individus, les innocents et les ennemis, les gouvernements légitimes et les États déchus, les soldats attitrés et les ennemis combattants. La distinction proposée par Schmitt

---

19. Il est d'ailleurs assez significatif que les États-Unis aient perdu en 2001 leur siège à la Commission des droits de l'homme (une première depuis la fondation de celle-ci en 1947).

(2007, p. 26) se révèle très utile pour comprendre les oppositions présentes dans cette communication. En se fondant sur la distinction ami/ennemi pour juger de la force d'une union ou d'une séparation, d'une association ou d'une dissociation, Schmitt nous amène à envisager les concepts d'ami et d'ennemi non pas comme des métaphores ou des symboles, mais dans un sens concret et existentiel : l'ennemi représente l'autre, l'étranger dont la différence est en soi une source potentielle de conflits (Lehalle, 2009). Il devient possible de déterminer comment, dans le cas de la torture, la séparation entre ennemis et amis-victimes permet à certains de justifier un usage limité de la torture. C'est sur cette opposition ami/ennemi que la position relativiste devant la torture s'appuie essentiellement. En effet, pour la torture comme pour la plupart des droits humains, l'universalisme prône l'établissement de valeurs communes universelles entre les individus et les États, tandis que le relativisme (ou particularisme) privilégie la sauvegarde des intérêts des groupes sociaux dominants (les amis) et soutient peu les droits des moins puissants, des minorités moins populaires (les ennemis réels et potentiels). Ainsi, au point de jonction des systèmes juridique et politique, la torture, en tant que forme communicationnelle, actualise la forme du politique ami/ennemi, telle que faite par Schmitt et récemment par Jacobs, pour venir se graver dans la chair des présumés combattants ennemis des prisons d'Abu Ghraib et de Guantanamo (Herrera, 2011). L'opposition ami/ennemi réactualise donc la forme antagoniste du politique et permet une explication socialisée qui soutient la stabilisation de la torture.

La sémantique du politique et la torture

Le concept de sémantique permet à Luhmann de distinguer entre ce que la société fait et ce qu'elle dit. La sémantique est de l'autodescription de la société et elle accompagne, tardivement, les changements de la structure de la société.

> *Each period is marked by a different semantics of societal self-description, and the change of these semantics follows a certain pattern. As soon as the new consequences of functional differentiation become visible, the self-description of modern society has to change.* (Luhmann, 1992, p. 282)

Dans la description que Luhmann donne de la société moderne, la variation des sémantiques n'est que le reflet décalé des processus de modification des structures de la société comme les processus d'industrialisation, de démocratisation politique ou d'élargissement de l'éducation de masses dans les écoles. Selon Luhmann, elle correspond à la mise en route par la société du lent processus de découverte (qui s'engage à deux niveaux séparés : celui des agents et celui de la structure) des contours de la vie moderne. Mais de façon tout aussi importante, la sémantique remplit une fonction fondamentale dans la société moderne : elle limite les modalités possibles d'action. *« What an individual action is can be ascertained only on the basis of a social description »*, affirme Luhmann (1995a, p. 166). Ainsi, dans des situations particulières, une action individuelle n'est reconnue que si elle s'accorde avec la description sociale, à défaut de quoi elle passe inaperçue. Cela nous paraît capital à la compréhension des lectures faites de la torture, selon l'autodescription offerte à la société par le système politique. La sémantique décrit alors les lieux, les domaines, les attributions et la quantité de main-d'œuvre qui découlent d'une description donnée (Herrera, 2006, p. 225).

Nous avons vu plus haut que les communications politiques utilisent des outils juridiques et sont conçues par des juristes qui s'appuient sur la législation et le droit pour émettre des avis concernant la légalité de certaines pratiques susceptibles d'être considérées comme de la torture. En se livrant à une interprétation juridique des textes existants, ils montrent, dans leurs communications, que le droit est une ressource et un outil malléables. Le droit peut être utilisé pour justifier et argumenter des prises de position visant à maximiser les possibilités communicationnelles du domaine politique, tout en manœuvrant dans les limites fixées par le code d'attribution propre au dit système politique.

Cette lecture s'appuie sur la théorie de systèmes et elle part d'un constat simple : les systèmes sont capables de s'auto-observer et d'observer d'autres systèmes (Herrera, 2006). Il peut s'instaurer alors un dialogue interne au système politique, qui se répète dans les communications des avocats du Département de la justice. Ce dialogue décrit ce que le système politique (actualisé dans les arguments des avocats) envisage au plan interne et aussi ce que ce dernier croit être la réponse probable du système juridique tel qu'observé selon *son propre point de vue*. Il est important de noter que chacune des observations faites par le système politique est ultimement déterminée par l'application du code propre au fonctionnement du politique : pouvoir/non-pouvoir. Ainsi, chaque observation des autres systèmes situés dans l'environnement immédiat (dans le cas concret, le système juridique) que le système politique réalise se fait selon des modalités qui lui sont propres et non pas selon celles des autres systèmes.

De même, il importe de noter les liens étroits qui unissent les agents et le système politique (Herrera, 2011). Les avocats Yoo, Bybee et autres, dans l'exercice de leurs rôles, révèlent une fonction essentielle du système : celle d'envisager les réponses et les risques éventuels dans son interaction avec les autres systèmes de premier ordre. L'avocat générique du Département de la justice, considéré d'un point de vue abstrait, est donc l'*ego* qui pense ce qui peut être pensé et communiqué par un éventuel *alter* (le système judiciaire). En plaidant notamment le caractère impératif de l'action et la légitime défense, les avocats font appel, dans certains mémos, au concept de désobéissance légitime pour justifier l'élimination de la responsabilité criminelle (Gross, 2004, p. 229). Ce concept servirait à légitimer la levée de l'interdiction de la torture dans les cas où un intérêt supérieur exige un tel sacrifice pour lutter contre un danger ou un ennemi particulier.

Les mémos de la torture font ainsi partie des mécanismes internes permettant l'articulation entre l'action humaine et les demandes systémiques. Ils fournissent les justifications juridiques nécessaires à l'institutionnalisation des manuels de torture. Les mémos remplissent une double fonction : ils stabilisent les procédés et les attentes des acteurs et des institutions et ils sont source de sens en articulant les émissions sémantiques qui assurent la réitération du code des communications internes propre au fonctionnement du politique (Herrera, 2011). Dans la guerre contre le terrorisme, ils servent à actualiser des modalités de gestion de la complexité sociale et environnementale qui avaient été laissées de côté à la suite de la condamnation de la torture par la communauté internationale.

C'est ainsi que le problème de ce qui est considéré comme torture devient un problème strictement sémantique : si l'on place un prisonnier dans des positions inconfortables qui n'entraînent pas la mort, l'agent exécuteur demeure dans les marges de la conduite décrite par la procédure réglementaire du traitement de cet ennemi combattant. Il reste donc à l'écart de l'identification et de la définition de torture proposée par les protocoles et les traités des droits humains, même lorsque le traitement infligé correspond, au plan phénoménologique, au vécu humain de la torture (Herrera, 2011). L'utilisation de la torture par les États-Unis entre 2001 et 2005 illustre de façon frappante cette échappatoire sémantique à la protection que le droit international accorde aux prisonniers (Lehalle, 2010).

La rationalité pénale moderne

À partir des outils fournis par Luhmann, Alvaro Pires établit, à l'égard du système juridique, plusieurs distinctions pertinentes pour notre analyse. Pour Pires, la société évolue vers une augmentation de sa différentiation interne. Ainsi, le système juridique se divise à son tour et « le droit criminel commence à être vu, au XVIIIe siècle, comme un "droit" ou "système autonome" » (Pires, Cellard et Pelletier, 2001, p. 198). Le droit pénal arrive alors à l'étape cruciale de l'autopoïèse : il « va s'auto-observer, s'autodécrire et projeter un autoportrait complexe de lui-même ». La rationalité pénale moderne correspond à cet autoportrait, qui se caractérise par le fait qu'il est « strictement punitif et sera (est) construit essentiellement autour des théories (modernes) de la peine. Les théories dominantes à cet égard seront celles qui conçoivent la "protection de la société" ou des normes de façon hostile, abstraite, négative, et atomiste. Hostile parce qu'on représente le déviant ("celui qui cause la déception") comme un ennemi du groupe tout entier[20] ».

Il faut souligner que, dans la description fournie par Pires, le déviant est considéré comme un *ennemi du groupe tout entier*. Le droit pénal criminel intègre alors, à l'égard de la société (et en vue du fonctionnement juridique ultérieur), l'opposition ami/ennemi, distinction qui lui permet de continuer à traiter les « ennemis internes » comme des condamnés et dont chacune des modalités est ensuite reprise par le système punitif.

On peut alors affirmer, selon Luhmann, que le système juridique établit une double différentiation. Il existe d'abord une distinction qui lui permet de se présenter comme un système séparé des autres systèmes sociaux, et en particulier du système politique. En second lieu, il délimite à l'intérieur de lui-même des domaines fonctionnellement séparés

20. Pires, Cellard et Pelletier distinguent aussi d'autres traits caractéristiques du droit criminel. Ainsi, les théories dominantes sont « abstraites parce que le mal (concret) causé par la peine est perçu comme devant causer un bien moral immatériel ou un bien pratique invisible et futur. Négatives puisque ces théories excluent toute alternative visant à réaffirmer le droit par une action positive du déviant (le dédommagement, par exemple) et stipulent que seul le mal concret et immédiat causé au déviant (et à son entourage) peut produire un bien-être pour le groupe ou réaffirmer la valeur de la norme [...] et atomistes, parce que la peine n'a pas à se préoccuper des liens sociaux concrets entre les personnes... on voit l'intérêt public comme réclamant la peine et comme étant incompatible avec la simple pacification du conflit entre les parties.»

et distincts : ainsi, le domaine du droit criminel est considéré comme distinct des autres sous-systèmes juridiques tels que le droit constitutionnel et le droit des affaires. Le droit criminel, en tant que sous-système autonome, voit alors son sens particulier selon sa production sémantique, laquelle actualise la division du politique selon le code ami/ennemi. Le criminel sera traité comme un ennemi de la société, ainsi que l'a vu A. Pires. La rationalité pénale moderne correspond ainsi à un cas particulier de sémantique.

La rationalité pénale moderne, telle que l'a décrite Pires, entretient un rapport de complémentarité avec la sémantique de l'antagonisme politique à plusieurs égards. Les deux constituent des formes d'attribution, des modalités du possible et les deux sont contingentes. Malgré leur éventualité, les deux peuvent prendre diverses configurations qui s'actualisent dans la gestion contemporaine de la complexité. Elles gèrent de la même façon la complexité sociale, parce qu'elles cristallisent la gestion de la complexité par son refoulement : la lecture du criminel comme un ennemi signifie que ce dernier est dorénavant mis à l'écart de l'ensemble des agents sociaux. De façon analogue, la lecture de l'autre en termes antagonistes (Herrera, 2011) signifie que l'autre ne peut, symboliquement, être tenu pour égal et identique à l'être qu'on est : il est dépourvu d'identité. Cela nous permet de mieux comprendre le néant juridique dans lequel se retrouvent les prisonniers d'Abu Ghraib, de Guantanamo et des autres prisons régies par le code antagoniste. Le postulat de Schmitt, « *Soverän ist, wer* über *den Ausnahmezustand entscheidet* », prend alors toute sa valeur et est souverain celui qui statue sur l'exception. Dans le cas traité ici, est souverain le système politique qui, en s'attribuant le pouvoir d'établir des exceptions à l'application de la norme juridique, fait obstacle au devoir du juridique qui est de protéger et de respecter en toutes circonstances la dignité des prisonniers. Par ce geste d'exclusion, il réaffirme son pouvoir souverain et entreprend une colonisation[21] ultime de la réalité sociale. Cette réalité sociale envisage un retour aux avantages d'une société qui ne se construit pas par l'inclusion des acteurs dans de multiples systèmes de gestion experte de la complexité sociale. Il s'agit finalement d'une société dé-différenciée, apeurée, qui se réorganise selon le code transpolitique distinguant l'ami de l'ennemi et qui permet les abus et les mauvais traitements à l'égard de la personne qui perd sa place symbolique d'égalité devant le droit.

21. En rappelant les pathologies sociales dont Habermas (1984) avait fait le diagnostic.

Références

Dershowitz, A. (2007), Transcript of interview, November 13, 2007, Big think, [http://bigthink. com/ideas/5154], consulté le 4 avril 2012.

Dorfman, A. (2004), «The tyranny of terror: Is torture inevitable in our century and beyond?», dans S. Levinson (dir.), *Torture,* New York, Oxford Universiy Press.

Freeman, M. (2002), *Human Rights,* Cambridge, Polity Press, p. 62.

Greenberg, K. et J. Dratel (2005), *The Torture Papers,* Cambridge University Press. Inclut Mémo du 26 février 2002 sur les contraintes légales potentielles applicables aux interrogations des prisonniers des forces américaines en Afghanistan ; Mémo du 26 avril 2003 signé par le secrétaire de la Défense Rumsfeld ; Mémo du 11 octobre 2002 de demande d'approbation de stratégies du général Hill et mémo de Bybee du 1er août 2002 ; Mémo de Bybee du 1er août 2002 ; Mémo de John Yoo, du 14 mars 2003.

Gross, O. (2004), «The prohibition on torture and the limits of the law», dans S. Levinson (dir.), *Torture,* New York, Oxford University Press, p. 229.

Habermas, J. (1984), *The Theory of Communicative Action.* Vol. 1, translated by Thomas McCarthy, Cambridge, Polity, 465 p.

Hart, H. L. A. (1994), *The Concept of Law,* Oxford, Clarendon Press.

Herrera-Vega, E. (2006), *Trafic de drogues et capitalisme,* Paris, L'Harmattan.

Herrera-Vega, E. (2011), «The politics of torture in antagonistic politics, and its displacement by the regime of the arts. Abu Ghraib, Colombian paramilitaries and Fernando Botero», *Current Sociology,* 59, 6. p. 675-695.

Ignatieff, M. (2004), *Political Ethics in an Age of Terror: The Lesser Evil,* Toronto, Penguin, p. 139.

Ignatieff, M. (2005), « Moral prohibition at a price », dans K. Roth et M. Worden (dir.), *Torture,* New York, The New Press, p. 21.

Kelsen, H. (2004), *Pure Theory of Law,* Clark (N. J.), The Lawbook Exchange.

King, M. (2009), *Systems, not People, Make Society Happen,* Edimbourg, Holcombe Publishing.

Lehalle, S. (2009), « La torture : un cas d'école de la difficile tension entre universalisme et relativisme », *Monde Commun,* 2, p. 137-155.

Lehalle, S. (2010), « Droits humains et torture : un couple en pleine négociation théorique et juridique », *Science et Esprit,* 62, 2-3, p. 339-353.

Luhmann, N. (1977), « Differentiation of society », *Canadian Journal of Sociology*, 2, 1, p. 29-53.

Luhmann, N. (1992), «The direction of evolution », dans H. Haferkampf et N. Smelser (dir.), *Social Change and Modernity*, Berkeley, University of California Press.

Luhmann, N. (1995a), *Social Systems*, Stanford (Calif.), Stanford University Press.

Luhmann, N. (1995b), « Legal argumentation: An analysis of its form », *The Modern Law Review*, 58, 3.

McCoy, A. (2006), *A Question of Torture: CIA Interrogation from the Cold War to the War on Terror*, New-York, Metropolitan Books.

Mertus, J. (2004), *Bait and Switch: Human Rights and the US Foreign Policy*, New York, Routledge.

Pires, A., A. Cellard et G. Pelletier (2001), « L'énigme des demandes de modifications législatives au Code criminel canadien », dans P. Fraile (dir.), *Régulation et gouvernance. Le contrôle des populations et du territoire en Europe et au Canada : une perspective historique*, Barcelone, Université de Barcelone, p. 198.

Posner, R. (2004), «Torture, terrorism and interrogation », dans S. Levinson, *Torture*, New York, Oxford University Press, p. 291.

Schmitt, C. (2007), *The Concept of the Political*, Chicago, The University of Chicago Press.

Walzer, M. (2004), « Political action: The problem of dirty hands », dans S. Levinson, *Torture*, New York, Oxford University Press.

Weber, M. (2005), « Essays in sociology », dans M. Weber, H. Gerth et C. Wright Mills (dir.), *Sociology Classics*, London, Routledge.

POSTFACE

Naissance et développement d'une théorie et ses problèmes de recherche

Au tout début de ce texte, qui a pour moi une signification particulière, je ne peux m'empêcher d'exprimer mon état de bonheur et de témoigner de ma profonde reconnaissance envers Richard Dubé, Margarida Garcia et Maira da Rocha Machado, trois de mes anciens étudiants et collègues de recherche, pour cette touchante initiative qui m'a pris tout à fait par surprise. Du coup, retrouver dans cet ouvrage en mon hommage la totalité de mes étudiants de doctorat, de mes stagiaires postdoctoraux et de mes proches collaborateurs, et y lire leur travail qu'ils présentent en se référant à la théorie qu'ils ont contribué à développer et à en tester la pertinence, c'est à couper le souffle. Leurs contributions ont donné au développement de cette théorie une maturité cognitive qu'elle n'aurait pu atteindre autrement. En recevant sans explications ce manuscrit dans une boîte à l'occasion de mon 60e anniversaire, il m'a fallu un certain temps pour comprendre ce qui m'arrivait. Je me suis alors dit ceci : « Un chercheur, quand il est très prétentieux, peut s'attendre à recevoir un tel hommage après son décès. » Or, comme je ne crois pas être prétentieux et que je me sentais bien vivant, vous pouvez vraiment mesurer l'étendue de mon étonnement.

Je suis bien sûr parfaitement conscient des conditions objectives qui ont rendu toute cette expérience possible. L'obtention de ma Chaire de recherche du Canada en 2001 et la constitution d'un Laboratoire de recherche avec l'appui de l'*Ontario Innovation Trust / Fonds ontarien pour l'innovation* (OIT/FOI) et de la *Canada Fondation for Innovation / Fondation canadienne pour l'innovation* (CFI/FCI) ont été décisives. Cela m'a permis de former une véritable équipe d'étudiants (de maîtrise et de doctorat) autour d'un même programme de recherche, à l'image de ce qui arrive en sciences de la nature, au lieu d'avoir plusieurs étudiants dispersés sur des thèmes sans connexion les uns avec les autres. Ce même programme épistémologique et théorique était, par ailleurs, suffisamment lâche et ouvert pour permettre à tout un chacun d'y faire sa place selon ses intérêts académiques et ses compétences respectives. Les choix de thème et de terrain de recherche retenus m'ont même étonné par la difficulté et la diversité des questions soulevées, ainsi que par le fait que je n'avais pas nécessairement envisagé le champ qu'ils choisiraient pour appliquer et développer ce qui est devenu en cours de route la « théorie ». Cette conjoncture des plus favorables m'a aussi permis de garder à mes côtés un infatigable collaborateur de recherche, l'historien Gérald Pelletier, qui a joué aussi un énorme rôle pédagogique et de soutien auprès de mes étudiants, particulièrement lors des recherches archivistiques. Il a aussi publié (seul, ou en collaboration avec mon collègue André Cellard ou moi-même) sur une des recherches majeures attachées à cette théorie. Sa collaboration, reconnue par toute l'équipe, a toujours été marquée par la générosité, la disponibilité et la simplicité. Je ne vois pas comment j'aurais pu mener ce bateau à bon port sans son appui. Nous avons tous eu, au fil des années, l'impression d'avoir formé non pas seulement un groupe de chercheurs, mais bel et bien une « famille de chercheurs » autour d'un thème. Or, on comprendra bien qu'il m'est impossible de reprendre ici cette longue histoire de vie et de travail passée ensemble et de les remercier, chacun individuellement, pour les contributions originales qu'ils ont faites – et qu'ils continuent à faire – au développement de la théorie et à sa permanente mise à l'épreuve empirique. Si j'étais la « locomotive » de la théorie au départ, cette image est devenue assez vite imparfaite : elle cache le fait que dans la locomotive et pour son déplacement, il y a eu plus qu'un seul membre faisant partie de l'équipage.

Un dernier mot de remerciement à une interlocutrice à distance : la professeure et juge Françoise Tulkens, présidente de la deuxième session de la Cour européenne des droits de l'homme. Dès notre rencontre, au début des années 1990, elle a commencé à influencer ma façon d'orienter la théorie par une sorte de projet de vie qu'elle avait construit pour elle : c'est qu'elle était déjà convaincue qu'il était possible pour le droit criminel de s'autoreconstruire sans disparaître. Je résume rapidement l'importance de cet enjeu au cours des deux décennies précédentes (1970-1990), car ceci prépare bien les réflexions qui vont suivre.

À partir des années 1970, les réflexions fondamentales de Michel Foucault, d'une part, et de Louk Hulsman, d'autre part, semblaient prendre une direction à la fois convergente et divergente. Tous les deux ont stimulé, sans le formuler de cette façon, une critique en profondeur de ce système d'idées de la « rationalité pénale moderne ». Cependant, Foucault était enclin à une démarche voulant *repenser et refonder* le « droit de punir », tandis qu'Hulsman ne voyait pas comment un système social comme le système de droit criminel pouvait à la fois modifier radicalement sa façon d'être et rester encore un système de droit criminel. Pour lui, la reconstruction significative des structures d'un système le conduirait à son abolition. Cette mutation structurale irait de pair avec son extinction et son remplacement par d'autres formes plus appropriées de résolution des conflits, plus respectueuses des droits fondamentaux des individus et moins humainement coûteuses. Au moment où Hulsman nous a quittés, nous étions tous les deux en train de commencer une réflexion sur le sens à (re)donner au terme « abolitionnisme ». Pourrait-il inclure une refondation du droit criminel au sens de Foucault ? Je disais alors à Louk que le terme « abolitionnisme » avait été forgé en fonction d'un vieux concept de système social, concept qui gagnerait à être remplacé.

Rappelons brièvement que ce vieux concept de système privilégiait encore la notion de *structure*, et celle-ci était regardée comme ne pouvant se modifier fondamentalement sans « causer la mort » du système de référence. Le système était conçu selon le « principe de la substance » (Luhmann, 1968, p. 2), qui lui attribuait un noyau de *traits essentiels* ou d'*invariances*. Pour reprendre une expression de Sosoe (2006, ix), dans cette représentation conceptuelle, les structures d'un système n'étaient pas observées comme pouvant être « dynamisées ». Alors, changer les structures équivalait à changer de système. Ce concept substantialiste a commencé à être abandonné en sciences au moment où l'abolitionnisme s'affirmait comme discours critique à l'égard du droit criminel, mais ce renouvellement n'était pas encore suffisamment visible en sciences sociales et il allait à contre-courant de toutes les théories qui accordaient une primauté au concept de structure. L'une des implications épistémologiques de ce vieux concept, c'est qu'il ne laisse au chercheur aucun espace cognitif pour concevoir la possibilité d'une reconstruction des structures d'un système social. Les sciences sociales concevaient alors plus facilement des alternatives au système de droit criminel que des *structures alternatives* à la structure dominante *de ce système.*

Or, Tulkens ne voyait pas l'abolition comme la seule alternative pour résoudre le problème de la manière de penser les peines en droit criminel. Elle se plaçait ainsi à contre-courant d'une puissante tradition juridique qui, depuis le XIXe siècle, ventilait l'idée qu'une autre étape d'évolution par rapport à la manière de concevoir les peines était dorénavant impossible. Cette tradition véhiculait avec conviction l'idée que les peines étaient arrivées, avec la prison et les théories modernes de la peine, à leur dernier stade de développement. Évidemment, cela n'empêchait pas l'abolition définitive de la peine de mort et d'autres modifications ponctuelles, mais rien de fondamental concernant le concept de peine, les objectifs de la peine et la place centrale de la prison dans la pénalité moderne. Avant que je sois en mesure de désubstantialiser le concept « structuraliste » de système à la suite de Foucault, d'Edgar Morin, d'Yves Barel et de Luhmann, Tulkens était devenue une interlocutrice insistant sur cette possibilité d'une reconstruction interne.

La théorie a alors emprunté l'heureuse expression de Simondon (1969, p. 27), qui, observant l'évolution des objets techniques, avait signalé que celle-ci ne se faisait pas « de manière absolument continue, ni non plus de manière complètement discontinue ». Il avait à ce moment remarqué qu'elle comportait des *paliers* qui impliquaient une « réorganisation structurale ». Les systèmes autoréférentiels (ayant eux-mêmes un rôle à jouer dans leur propre évolution) pouvaient alors autoproduire une « évolution de palier », à condition de réussir à réorganiser leurs structures et leurs processus en ce sens. Essayant de mieux comprendre et d'élucider ses problèmes de recherche, la théorie s'est construite *en fonction* d'une observation de départ : les théories conventionnelles de la peine (rétribution, dissuasion, dénonciation[1], réhabilitation carcérale), qui sont soutenues et valorisées par le système de droit criminel (et par le système politique), constituent un *obstacle cognitif* (sur le plan des *idées*) à cette reconstruction-innovation – évolution de palier – des structures et processus du droit criminel concernant les peines et ne donnent pas un appui suffisant aux sanctions non carcérales.

Il est entendu qu'aucune théorie explicative ne peut résoudre tous les problèmes reliés à son thème (« évolution »), ni répondre à toutes les questions qui peuvent surgir. Celle-ci ne fait pas exception. Par exemple,

1. Cette théorie est aussi connue sous d'autres appellations : théorie de la réprobation sociale ou théorie de la prévention sociale positive.

la théorie n'a pas été construite pour rendre compte du problème du «tournant punitif» des années 1980 et 1990, mais plutôt d'un problème d'évolution de longue durée. Elle ne peut pas non plus expliquer les choix des peines faits par les juges. Lors de la construction d'une théorie, ce qu'un chercheur peut faire, comme le signale aussi Bateson (1972, p. 62), c'est d'isoler et de formuler schématiquement certains problèmes jugés fondamentaux et de focaliser ensuite plus en profondeur sur chacun d'eux, laissant de côté une série d'autres questions ou explications qui ont leur importance et leur poids, mais non par rapport au problème central de recherche sélectionné. Dans les lignes qui suivent, je présente informellement le développement de cette théorie et ses problèmes de recherche.

L'émergence «inconsciente» d'une théorie

Nous savons qu'en sciences (et parfois ailleurs), les théories peuvent émerger sans être planifiées. Les chercheurs observent certains phénomènes, se laissent intriguer par eux et tentent de les élucider. Au cours de ces opérations, certaines explications peuvent prendre peu à peu la forme d'une théorie même quand le chercheur ne prend pas immédiatement acte de ce passage progressif des premières hypothèses explicatives à une théorie plus élaborée et à sa mise à l'épreuve par de nouvelles observations. À cet égard, je me suis trouvé à vivre une expérience un peu similaire à celle vécue par un sociologue nord-américain, Edwin Sutherland (1942, p. 15), lors de l'élaboration de sa théorie de l'association différentielle. Il nous raconte qu'il avait publié en 1934 la deuxième édition de son *Principles of criminology* et qu'il avait été tout à fait surpris quand, en 1935, en parlant de son livre avec Henry McKay, ce dernier avait fait référence à «sa» théorie du comportement criminel. Sutherland lui avait alors demandé candidement quelle était «sa» théorie, et McKay lui avait précisé qu'elle se trouvait aux pages 51-52 dudit ouvrage. Sutherland s'était empressé de les lire pour la «découvrir».

Cette théorie sur l'évolution du système de droit criminel a connu une trajectoire de ce genre. Rétroactivement, je crois pouvoir identifier trois phases : i) la phase d'émergence, sous l'influence de Roberto Lyra Filho[2]; ii) la phase de développement d'une hypothèse de départ

---

2. Lyra Filho était juriste et philosophe du droit à l'Université de Brasilia.

explicite, sous l'influence surtout de Michel Foucault; iii) la troisième phase de développement avec l'appui de la «boîte à outils» de la théorie des systèmes sociaux de Niklas Luhmann. Par rapport aux influences sur le plan *de la démarche générale*, je ne vois pas de discontinuités abruptes, mais plutôt des chevauchements et un certain effet cumulatif. Or, la théorie était déjà dans sa troisième phase, mais je n'utilisais pas encore le terme «théorie» pour me référer au corpus conceptuel existant. En salle de cours ou dans les ateliers du Laboratoire avec mes étudiants (ceux qui sont dans ce livre), je parlais tout le temps du *concept* de *rationalité pénale moderne* (sur le plan descriptif) pour me référer à ce système d'idées formé par les théories conventionnelles de la peine. J'évitais le terme «théorie» et plus encore l'idée d'une théorie *explicative*. Ce sont mes étudiants qui ont commencé à se référer à la «théorie», et je m'obstinais (à tort) à les corriger : «Attention ! Ceci n'est pas une théorie, c'est un simple concept.» J'ai même écrit un document de travail pour mettre fin à ce «malentendu». Ces avertissements n'ont servi qu'à créer plus de confusion : les deux termes, *concept* et *théorie*, étaient employés, mais de façon alors indifférenciée. Un beau jour, je leur ai dit : «Je pense que je me trompe; vous avez raison, c'est plutôt une théorie. Le *concept* de rationalité pénale moderne est là aussi, mais il n'est qu'un élément de la théorie.» À partir de cette prise de conscience, j'ai assumé l'idée – non sans difficultés – qu'il s'agissait d'une théorie.

Les trois phases de la théorie

Tournons-nous d'abord vers cette (longue) phase d'émergence. Elle remonte approximativement à ma formation en droit au Brésil entre 1968 et 1972. En effet, bien que cette théorie soit indubitablement sociologique, elle a commencé par des observations et des réflexions faites à l'intérieur du système de droit, comme une sorte d'auto-observation et d'autodescription du droit (criminel). Cette phase s'est prolongée au Canada dans la foulée à la fois des observations que j'ai faites sur les rapports des commissions de réforme du droit et d'une expérience de collaboration que j'ai eue avec la Commission canadienne sur la détermination de la peine (Pires, 1984, 1985, 1987). À ce stade, le thème de l'égalité/inégalité des sentences m'apparaissait également digne d'intérêt, et j'y travaillais avec Pierre Landreville (Pires et Landreville, 1985). Cette première période s'est terminée avec la publication du premier article faisant état de l'hypothèse centrale de cette «théorie» en 1991 dans la revue de philosophie *Ethica*[3]. Un constat y était fait : le discours philosophique sur les peines est obnubilé par les théories modernes de la peine et ne réussit pas à faire valoir les sanctions non carcérales ou sans l'intention directe d'infliger une souffrance au coupable en matière de droit criminel. L'hypothèse est donc que ces théories de la peine exercent, sur le plan des idées et des formes de légitimation, un « blocage » sur la manière de penser, de façon créative et adéquate, la réforme du droit criminel : elles « tuent » l'imagination créative des criminalistes et les font « tourner en rond ». C'est la « bouteille à mouches » de Wittgenstein et de Watzlawick. Elles sont des contraintes réduisant les chances que s'installe et se généralise dans le système une autre manière de penser les sanctions. Ces théories étaient déjà observées dans cet article comme des « obstacles épistémologiques »[4] (Bachelard, 1938) à la réforme. Ce travail a été le fruit d'une réflexion faite dans le cadre d'une Équipe (interdisciplinaire) de recherche en éthique sociale (ERES) sous la direction de la professeure Jocelyne Couture du Département de philosophie de l'Université du Québec à Montréal. À ce même moment, je me rendais compte aussi qu'il y avait une forte convergence des théories conventionnelles de la peine par rapport aux peines afflictives et à l'incarcération.

La deuxième phase dans l'échafaudage de cette théorie commence en 1991 et se termine en 2001 avec la publication d'un article portant sur l'énigme du long terme/court terme (Pires, Cellard et Pelletier, 2001) et avec l'obtention de la Chaire de recherche du gouvernement du Canada. Elle se caractérise d'abord par trois subventions successives du Conseil de recherche en sciences humaines du Canada entre 1992 et 2001. Celles-ci portaient sur les demandes de modifications législatives (acceptées et rejetées) au Code criminel canadien entre 1891 et 1954, avec un survol additionnel jusqu'à 1991... un siècle d'examen du travail législatif en matière criminelle. Nous avons retenu *toutes* les demandes *trouvées* lors d'une fouille exhaustive des fonds d'archives nationales jusqu'en 1954. Ce vaste programme, mené avec mes amis historiens

---

3. La rédaction de ce texte est antérieure à un second qui fut pourtant publié plus tôt (Pires, 1990).

4. En gros, on peut dire que nous sommes en présence d'un obstacle épistémologique (ou cognitif) quand des habitudes professionnelles ou des idées qu'un système social juge (encore) appropriées, bonnes ou intéressantes empêchent l'adoption, la généralisation et la stabilisation à long terme de nouvelles habitudes et de meilleures idées, structures et pratiques dans le système lui-même.

André Cellard et Gérald Pelletier, nous a permis d'observer, entre autres choses, le rôle de légitimation (et les implications sur la longue durée) des *idées* portant sur les peines dans la routine du travail législatif.

Cette période se caractérise aussi par ma participation à une autre longue recherche avec Christian Debuyst et Françoise Digneffe, de l'Université Catholique de Louvain, que subventionna le Conseil national de la recherche scientifique de la Belgique. Cette recherche portait sur l'histoire des savoirs sur le crime et la peine en Occident. Le principal point de jonction entre les deux programmes a été la publication d'un texte substantiel, « La formation de la rationalité pénale moderne au XVIIIe siècle », dans le deuxième volume de l'*Histoire des savoirs* (1998). Cette recherche m'a permis d'observer (i) que les garanties juridiques coexistaient avec l'acceptation des supplices et qu'elles étaient inefficaces à l'égard de la sévérité des peines ; (ii) que l'Occident avait construit une contradiction paradoxale entre les droits fondamentaux et les peines; (iii) que Foucault avait entièrement raison de souligner l'ambivalence des discours humanistes en matière pénale.

Je n'ai pas compris cette ambivalence comme une critique de l'humanisme, mais comme indiquant plutôt la présence d'un énorme problème culturel ou cognitif en matière criminelle. Les théoriciens de la peine (Beccaria, Adam Smith, Kant, Beaumont et Tocqueville, etc.) se livrèrent entre eux à une sorte de « concours paradoxal » : d'une part, chacun présentait la théorie qu'il privilégiait comme étant « humaniste » et respectueuse de certaines valeurs fondamentales; d'autre part, chacun accusait la théorie de l'autre d'être justement [trop] « humaniste », ce qui prenait l'allure d'une insulte, puisque aucun théoricien de la peine n'aime en être accusé. « Humaniste », en matière pénale, signifie souvent « être mou » ou « idéaliste ». La théorie doit donc être à la fois *humaniste* et *ferme*; elle ne peut pas être « efféminée », comme le dirent Beaumont et Tocqueville (1845, p. 136).

Cumulativement, ces observations ont donné une nouvelle impulsion à la théorie. J'ai « fusionné », pour ainsi dire, les contributions de Foucault, Bourdieu, Morin et Barel en les orientant toutes vers la recherche d'une élucidation de ce problème cognitif d'évolution de la pénalité en droit criminel. Par ailleurs, le développement constant du matériel empirique avait rendu le cadre théorique inadéquat. C'est à travers Morin et Barel, qui utilisaient la théorie des systèmes, que j'ai redécouvert, à la fin de cette phase, la théorie de Niklas Luhmann. J'ai commencé à réaliser qu'elle pouvait fusionner avec la théorie en construction et qu'elle pouvait aussi, par son outillage conceptuel, résoudre les nouveaux problèmes empiriques rencontrés. Cet outillage me permettait de distinguer clairement entre système politique/système de droit et d'articuler des observations à plusieurs niveaux.

Pendant cette phase, Jean Sauvageau (1998) fit sa thèse doctorale à l'Université Catholique de Louvain sous la direction de Françoise Tulkens et sous ma codirection. Cette thèse compare les débats parlementaires belges et canadiens visant à abolir la peine de mort depuis le XIXe siècle. Les mêmes arguments et les mêmes impasses sont présents dans les deux contextes pendant toute la période observée. En dépit de critiques répétitives à cette peine, elle dura longtemps avant d'être abolie dans les deux territoires[5]. À ce moment, Richard Dubé (2001) termina une thèse de maîtrise portant sur la théorie de la dissuasion pour examiner la pertinence de la rationalité coûts/bénéfices lors du passage à l'acte dans des crimes graves. La conclusion principale était qu'il existe d'autres formes de rationalité en opération et que la rationalité coûts/bénéfices ne prédomine pas du tout dans les cas graves observés.

La troisième période s'amorce en 2001 avec la Chaire de recherche du Canada. J'ai obtenu alors des renforts de taille : mes étudiants de maîtrise et de doctorat m'ont joint dans ce programme de recherche. Ces conditions m'ont permis de prendre un énorme virage paradigmatique : le tournant vers la puissante « boîte à outils » fournie par la théorie des systèmes sociaux de Luhmann. Cela m'a amené à une modification progressive, mais fondamentale, de mon appareillage conceptuel et à une révision de la description de mes données d'observation. Les thèses doctorales contribuaient dorénavant au développement du cadre théorique, ajoutaient un nouveau matériel empirique et exploraient certains problèmes contemporains sur lesquels la théorie supposait pouvoir jeter un nouvel éclairage.

Ainsi, Maíra Machado (2004) s'intéressa à la présence du système d'idées de la rationalité pénale dans le droit criminel international et aux interfaces et relations entre le système de droit criminel et le droit administratif. Richard Dubé (2007)[6] porta une attention particulière

5. Sur le même thème, Pires et Garcia (2007).

6. J'ai codirigé cette thèse avec Jules Duchastel du Département de sociologie de l'Université du Québec à Montréal.

aux idées innovatrices qui émergent dans le discours d'une commission de réforme au Canada à la fin des années 1960. Jean-François Cauchie (2009), sous la direction de Françoise Digneffe[7], traita de la réception et du développement des peines de travaux communautaires, qui est une sanction avec un potentiel innovateur. Marta Machado (2013) construisit un pont entre cette théorie sur l'évolution du droit criminel et les réflexions faites en Allemagne par Günther Jakobs et Klaus Günther sur les concepts de responsabilité pénale et de culpabilité en droit criminel en vue d'enlever les contraintes à l'innovation imposées par le principe de l'obligation de punir et par la définition substantialiste de la punition. Ces trois recherches examinaient donc des situations virtuelles d'innovation pour permettre à la théorie de tenir compte des deux faces du problème (obstacles et innovations). Margarida Garcia (2009)[8] décrivit et élucida les rapports paradoxaux entre la sémantique des droits de la personne et le droit criminel moderne en observant particulièrement ce qui se passe concernant les peines. Mariana Possas (2009) réalisa une étude de cas sur la création de la loi contre la torture au Brésil pour examiner la distinction conservateurs/progressistes lorsque le thème du projet de loi (défense des droits de la personne) interpelle les progressistes. Lachambre (2011)[9] analysa une complexification du système d'idées de la rationalité pénale moderne dans la deuxième moitié du XXe siècle en décrivant la naissance d'une nouvelle théorie de la peine, la théorie de la « réprobation sociale » ou de la « dénonciation » à l'intérieur de ce système d'idées. José Roberto Xavier (2012) observa le système de droit criminel dans une conjoncture remplie d'attentes et de pressions de l'opinion publique et des médias à son endroit par rapport aux peines. Il traita ainsi des interactions cognitives du système de droit criminel avec l'opinion publique du point de vue de la justice criminelle. Veronica Piñero (2012)[10] décrivit l'ensemble des transformations législatives dans le système de justice criminelle pour les jeunes au Canada depuis sa formation, au début du XXe siècle, jusqu'à présent et explora la raison d'être et l'utilisation par les tribunaux d'un mécanisme de transfert de

7. J'ai participé à son comité d'accompagnement de thèse.

8. J'ai codirigé cette thèse avec Jules Duchastel du Département de sociologie de l'Université du Québec à Montréal.

9. J'ai codirigé cette thèse avec Jean-François Cauchie.

10. Je codirige cette thèse avec Rachel Grondin de la Faculté de droit de l'Université d'Ottawa.

certains jeunes à la justice pour les adultes. Mariana Raupp (2012)[11] fait présentement une étude de cas sur une commission de réforme au Brésil (1980-1984), dont l'un des objectifs était la réduction du recours à l'incarcération et elle porte une attention spéciale à la manière dont la théorie de la réhabilitation était alors perçue dans cette région. Eliana Herrera-Vega et Sandra Lahalle (2013) eurent recours à certaines distinctions utilisées par Foucault et par cette théorie pour réfléchir sur le problème contemporain de la légitimation de la torture par les communications politiques. Bien entendu, la théorie n'a pas de pouvoir explicatif en tant que tel sur cette pratique. Ce tour d'horizon rapide et incomplet des thèmes traités me paraît suffisant pour visualiser la diversité des situations qui ont été observées systématiquement.

Si je devais donner un aperçu rapide et humoristique du passage à la théorie des systèmes, je dirais que Luhmann est venu mettre conceptuellement en ordre d'un point de vue sociologique les intuitions et les percées analytiques fondamentales que j'avais retenues de Lyra Filho et de Foucault, ainsi que de mes autres expériences et observations empiriques. De son côté, Luhmann m'a conduit à Gregory Bateson (1904-1980), à la fois biologiste, ethnologue, éthologue et cybernéticien anglais. Mon rapprochement du travail de Bateson a été dû en partie au fait qu'il avait mené un projet analogue à celui que j'avais alors : la construction d'une théorie explicative centrée sur la communication et employant un modèle d'explication d'un type inusité en sociologie de la punition et du droit criminel : le modèle des « explications négatives » (Bateson), sur lequel je reviendrai. Comme Bateson, cette théorie générale portait sur un phénomène très bien délimité, était appuyée par des recherches empiriques et traçait explicitement ses limites.

Jusqu'à la parution de ce livre qui m'est dédié, cette théorie a été rendue publique de trois manières. Tout d'abord, par des textes *imprimés* selon les critères d'une « culture de la presse » (Merton, 1980). Ils ont été écrits soit par moi seul, soit en collaboration avec un de mes coéquipiers, soit encore par un ou plusieurs des chercheurs participant à ce programme sans ma présence. Deuxièmement, la théorie a été en même temps diffusée par ce que Merton a joliment appelé des « publications orales ». En effet, nous rappelle-t-il, « pendant des millénaires, le mot « publier »

11. Je codirige cette thèse avec Richard Dubé du Département de criminologie de l'Université d'Ottawa.

a signifié « rendre public », c'est-à-dire faire connaître quelque chose auprès des membres d'une collectivité ». Or, nous savons que cette forme orale de « rendre public » n'est ni disparue ni n'a perdu sa fonction. En ce qui me concerne, comme il est arrivé avec Merton et Sutherland, elle a été diffusée dans les salles de cours, dans les ateliers du Laboratoire et dans des conférences diverses. Elle a circulé aussi sous la forme écrite plus précaire et limitée de documents PowerPoint, de notes inachevées de cours et de documents de travail. À cela, il faut encore ajouter certaines conférences données par les chercheurs dans cet ouvrage. Troisièmement, elle a été diffusée sous la forme de thèses de maîtrise et de doctorat.

Ce livre-ci constitue donc, me semble-t-il, une sorte de deuxième phase dans la présentation de la théorie. Tout d'abord, il donne le portrait le plus intégré de la théorie jusqu'à présent. Aucun des travaux précédents n'a encore donné une telle vue d'ensemble. Deuxièmement, comme ce livre unifie aussi les chercheurs, il se présente, en plus, comme une sorte de « vitrine » d'un travail d'équipe. Maintenant, par cette initiative, la théorie, dans son ensemble, est plus visible. Fort de ces acquis, j'aborde une autre étape d'écriture de la théorie.

Les cinq énigmes de départ ou les problèmes de recherche

Comme la théorie n'est pas née d'une planification ni même dans le cadre d'une seule recherche empirique, mais qu'elle est le fruit de la longue durée, le *problème de recherche* sur lequel elle se penche se trouve sous une forme dispersée. L'exercice auquel je me suis prêté pour repérer ce problème de recherche a fait ressortir la conclusion qu'il avait pris une forme paradoxale : il y a en même temps *un seul* et *plusieurs problèmes (cumulatifs et convergents) de recherche.* Je vais présenter ici « ce problème » sous sa forme *plurielle*, c'est-à-dire sous la forme de *plusieurs* énigmes de recherche convergentes. En effet, si ces énigmes sont apparues à tour de rôle, elles sont toutes, pour ainsi dire, connectées à un niveau plus profond : elles peuvent toutes être élucidées par une même hypothèse théorique de base.

Par *problème de recherche*, j'entends des données d'observation à partir desquelles le chercheur individuel construit des énigmes à *décrire*, à *mieux comprendre*, à élucider ou à *expliquer*. Le fait de construire et de qualifier au départ un problème de recherche sous la forme d'une énigme aide le chercheur à se distancier de *ses premières* hypothèses explicatives et de se méfier des réponses trop apparentes ou presque automatiques, qui viennent en l'absence d'une « deuxième réflexion » et qui ne semblent pas demander à être questionnées. La notion d'énigme facilite ainsi la « vigilance épistémologique » (Bachelard); elle rappelle au chercheur qu'il faut *comparer avec d'autres observations* et aller plus loin *théoriquement et empiriquement*. En empruntant une expression d'E. Husserl (2009), on peut dire que le chercheur se place alors en meilleures conditions pour accorder une *visée spéciale* à ce qui est devenu à ses yeux son « problème de recherche ». Nathalie Depraz (2009, p. 14-15) a clarifié le sens de cette notion-clé : « Spéciale », écrit-elle, « désigne l'activité de cerner la visée en la délimitant, en la mettant en relief. On voit ainsi émerger [chez Husserl] une distinction entre visée (que l'on dira alors « générale ») et visée spéciale ». Les énigmes ici font l'objet d'une visée spéciale.

L'énigme s'oppose par conséquent aussi à ce qui est perçu comme une banalité ou comme un fait d'observation non intéressant en soi, sur lequel il ne vaut pas la peine de focaliser son attention. La « banalité » est ce qui est laissé de côté sans investigation approfondie ou qui fait partie de la visée générale qui accompagne une autre visée spéciale, mais qui ne fait jamais l'objet d'un examen spécial, qui a le rôle d'un complément qui n'est pas focalisé comme un problème de recherche par le chercheur individuel. La « banalité » ne suscite ni la curiosité ni l'intérêt théorique du chercheur.

En gardant à l'esprit cette difficulté à retracer parfois les problèmes de départ, je crois pouvoir indiquer une succession cumulative de cinq énigmes. Chacune d'elles a pu faire l'objet de diverses formulations et reformulations à mesure que la réflexion les investissait et que les données d'observation s'ajoutaient. Progressivement, nous avons découvert que toutes ces énigmes pouvaient être liées à cette même difficulté cognitive d'évolution du système de droit criminel. Elles pouvaient toutes être élucidées (bien que de différentes manières et à l'infini) par le poids culturel d'une ancienne *définition* de la punition, par l'institutionnalisation forte de quatre *théories conventionnelles de la peine* en Occident et par une « théorie de la peine de mort » (Mereu, 1982; Pires, 2012) de Thomas d'Aquin, qui est arrivée jusqu'à nos jours, mais seulement sous la forme d'arguments dilués. Les obstacles cognitifs les plus redoutables à une évolution de palier du système de droit criminel ont été attribués par la théorie (y compris les recherches empiriques) au rôle *conjoint* et *cumulatif* joué par ces théories de la peine. Voici maintenant une présentation sommaire de ces énigmes.

i) L'énigme du débat sur le statut ontologique/non ontologique du droit criminel

J'ai construit la première énigme pendant mes années de formation en droit au Brésil (1968-1972). L'influence décisive de deux professeurs en dehors de mon cadre universitaire formel doit être ici soulignée : le philosophe du droit Lyra Filho et le juriste Heleno Fragoso[12]. Tous les deux sont d'ailleurs devenus des amis en cours de route. Je rappelle, en passant, que le terme « influence » est bidirectionnel : d'une part, nous avons des messages que nous recevons et, d'autre part, celui qui les reçoit, ou qui y est exposé, se laisse influencer. C'est dire que le système-récepteur construit quelque chose qui lui est propre à partir de certains messages. Comme les messages offerts sont multiples et peuvent aller dans des directions opposées, l'influence prend toujours la forme d'une auto-influence.

Grâce à ces deux professeurs, ainsi qu'à d'autres juristes brésiliens, j'ai pris connaissance très tôt d'un débat qui allait me stimuler. Nombre de juristes à l'époque voyaient ce débat comme « dénué de tout intérêt pratique », ce qui allait aussi m'intriguer. Il était pourtant exact que ce débat, dans l'état où il avait été laissé, n'avait aucune implication pratique. *Pourquoi*? Parce qu'il se tenait dans la doctrine et dans la philosophie du droit et portait sur le statut ontologique/non ontologique de la différenciation observée entre le droit civil et le droit criminel. L'arrière-plan du débat était le suivant : les juristes décrivaient le sous-système de droit criminel comme étant *autonome* par rapport à d'autres sous-systèmes de droit, particulièrement le droit civil, et tentaient d'expliquer et de légitimer cette différenciation observée. La doctrine se divisait entre deux thèses. La première, attribuée à Kant et à Hegel, soutenait que ces sous-systèmes avaient des « essences différentes », c'est-à-dire des traits essentiels qui les distinguaient l'un de l'autre (civil/criminel). Pour les défenseurs de cette thèse, ces deux sous-systèmes étaient donc « ontologiquement différents ». Ils proposaient successivement plusieurs traits (intentionnalité, etc.) comme preuve de cette supposée nature

12. Heleno Fragoso était à l'époque professeur à la Faculté de droit Candido Mendes à Rio de Janeiro. Il sera aussi vice-président de la Commission internationale de juristes et Secrétaire général adjoint de l'Association internationale de droit pénal. Après le coup d'État militaire de 1964, il s'est engagé dans la défense des prisonniers politiques au Brésil.

ontologique du droit criminel, et les défenseurs de la thèse opposée montraient chaque fois que ces traits essentiels existaient dans les deux sous-systèmes. Le premier groupe construisait un château de cartes, et le deuxième le faisait s'écrouler. La seconde thèse était attribuée en Allemagne aux travaux de von Jhering et de Jellineck dans la deuxième moitié du XIXe siècle (Fragoso, 1964).

Lorsque j'ai pris connaissance de ce débat, il finissait déjà systématiquement en queue de poisson. Le plus étonnant, c'est que la deuxième thèse, celle de la non-substantialisation, l'avait clairement emporté, mais les défenseurs de cette thèse gagnante n'allaient pas plus loin que les « perdants » sur le plan de la réforme des peines en général. Bref, ce débat ne produisait pas de *gains* pour le droit criminel ni de nouvelles idées sur la question des sanctions. Cela expliquait bien pourquoi nombre de juristes n'y voyaient aucun intérêt pratique.

Constat : la critique de la substantialisation est restée paralysée. Mais paralysée *par quoi* ? Par quelle *idée ?* Dans ce cas-ci, la raison la plus visible et explicite était la théorie de la dissuasion. Beaucoup plus tard, grâce au travail de Berman (1983), j'ai observé aussi que les deux positions partageaient la même définition (substantialiste) de la punition ! La désubstantialisation de la distinction civil/criminel n'allait pas suffisamment loin pour que la thèse gagnante puisse réellement gagner. Les deux positions échouaient devant un écueil antérieur. Impossible alors d'en tirer des implications pratiques, et la théorie de la dissuasion renforçait en amont ce blocage. Le désaccord à la surface occultait un accord fondamental sur la définition de la peine et sur certaines idées communes à la fois à la théorie rétributiviste et à celle de la dissuasion. C'est que ces deux théories *soutiennent ensemble* que la peine doit être afflictive pour être une « vraie peine » et que la sanction de réparation à l'égard de la victime n'est pas une peine (ou se prête mal comme peine, excepté pour les petites infractions). Dans ces représentations dominantes, ce qu'on appelle *punition* doit chercher directement et intentionnellement à infliger une souffrance au coupable.

Évidemment, il y a avait quelques philosophes et juristes à contre-courant (Del Vecchio, Lyra Filho, etc.), mais ils étaient « étouffés » par le poids du discours dominant et parfois accusés d'avoir trahi le droit criminel moderne. Lyra Filho, qui avait une vision dialectique et hégélienne de l'évolution du droit, a bien vu ce cul-de-sac et a échappé à ce piège : il ne voyait aucune raison valable susceptible d'empêcher le droit criminel de modifier ses idées dominantes sur les sanctions, d'intégrer des sanctions non carcérales et de prendre ses distances par rapport à la peine de prison. Évidemment, il n'adoptait pas la *théorie hégélienne de la peine*, mais seulement la vision hégélienne de l'*histoire*, et cela m'a aidé à être réceptif aux influences subséquentes qui allaient dans la direction de cette possibilité de reconstruction du droit criminel. Fragoso (1964), en dépit du fait d'avoir écrit une synthèse magnifique de ce débat montrant que la thèse substantialiste n'avait pas d'avenir, resta néanmoins incapable d'en tirer des implications significatives. À mon avis, c'est la théorie de la dissuasion et cette définition substantialiste de la peine qui l'en empêchèrent. Il resta pris dans la « bouteille à mouches » de la rationalité pénale moderne, et ce, en dépit de son orientation *politiquement progressiste et humaniste.*

ii) L'énigme de la critique répétitive de la prison

La publication en 1975 de *Surveiller et punir*, par Michel Foucault, attira mon attention sur un autre phénomène énigmatique (du même ordre) : la critique répétitive de la prison depuis sa naissance.

Pour réduire les risques de malentendus, il faut souligner en partant que cette énigme de la critique de la prison *n'*était pas le problème central de Foucault dans *Surveiller et punir*. Au contraire, comme il me le confirma lui-même[13], non seulement son objet était-il autre, mais la réponse qu'il esquissa rapidement pour rendre compte de cette énigme n'avait, pour lui, que le statut d'une hypothèse provocatrice : il trouvait important d'attirer l'attention sur le fait que cette critique répétitive ne réussissait pas à infléchir la manière politique et juridique de valoriser la prison et d'y revenir. Dans *Surveiller et punir*, Foucault (1980) voulait surtout élucider le problème central suivant : comment, depuis Beccaria, un « art de punir » caractérisé par une variété de sanctions, par la publicité des châtiments, par la recherche d'une correspondance soigneuse entre la nature du délit et la forme de la peine (homicide/peine capitale, vol/sanction financière, viol/castration, etc.) avait-il pu donner lieu à un système punitif « monotone », celui de l'incarcération ? Foucault écrivit : « De là un problème : pourquoi cette substitution hâtive ? Pourquoi cette acceptation sans difficulté ? » Dans la dimension temporelle, le problème

13. Je fais référence ici à une journée inoubliable de travail passée ensemble à Montréal après l'une de ses conférences.

central de Foucault se situait entre 1750 et 1850, et il ne le construisait pas comme un problème d'évolution à long terme, mais plutôt comme un problème d'émergence, de *transition* ou d'*invention*. La question était : comment la prison est-elle née en dépit d'un discours réformateur qui ne la voyait pas venir ? Sans doute ce problème central a-t-il quelque chose à voir avec l'émergence d'un nouveau dispositif organisationnel dans le cadre de la justice criminelle et il a une conjoncture bien déterminée : la fin du XVIIIe siècle et la première moitié du XIXe siècle.

Dans la partie de son livre consacrée à la critique de la prison, Foucault suggérait ainsi, en passant, un *nouveau problème de recherche* pour la sociologie. Hélas, on portera plus d'attention à la *réponse provocatrice* qu'il donna qu'au problème qu'il avait indiqué. En plus, lorsqu'on voit le problème, on l'observe moins comme un problème *d'*évolution sur le plan des *idées* (système de pensée) concernant le *droit criminel* que comme un problème sociopolitique attribuable à la *fonction* de la *prison*. Ces deux déviations dans les réflexions ont affecté la conceptualisation de cette énigme et la recherche d'autres réponses.

En effet, Foucault montra que tout de suite après la naissance de la prison, au début du XIXe siècle, elle avait commencé à être dénoncée « comme le grand échec de la justice pénale ». Comme l'écrivait Brodeur (1976), « Foucault établit de façon assez spectaculaire non seulement que la prison n'a pas été désirée par le système judiciaire, mais que ses déficiences ont été très tôt reconnues. » En effet, poursuivait Brodeur, en mettant en parallèle deux critiques de la prison, l'une entre les années 1820-1845 et l'autre en 1945, Foucault nous met devant le fait que « ces critiques sont essentiellement les mêmes et se disent dans les mêmes termes ». Par exemple, la prison ne dissuade pas, elle ne réduit pas le taux de criminalité, elle est même une « école du crime », etc. En plus, ajouta Foucault, « depuis un siècle et demi, la prison a toujours été donnée comme son propre remède » : des prisons à la fois plus nombreuses et meilleures pour résoudre le problème de la prison. Le législateur et le réformateur du droit continuent à proposer « rationnellement » des peines lourdes et des obstacles à la libération des détenus[14], et ce, en tenant souvent en même temps un discours voulant réduire l'usage de la prison.

---

14. Nous avons observé, comme Foucault, le même phénomène dans les documents officiels du Canada (Pires, 1984). Même constatation chez Laplante (1989), qui a mis ses données empiriques à notre disposition.

Une fois que Foucault eut posé cette énigme de façon aussi spectaculaire, j'ai commencé à remarquer que cet « échec » était aussi très bien connu des *juristes* en Europe depuis au moins le dernier quart du XIXe siècle, mais que cette prise de conscience, à elle seule, était carrément insuffisante pour les amener à prendre une distance significative à l'égard des peines afflictives et de la peine de prison. Le juriste français Desprez (1868) avait même observé déjà très tôt ce caractère répétitif de la critique à la prison et avait manifesté son impatience en déclarant à partir d'une argumentation faisant feu de tout bois qu'il fallait l'abolir. Nous sommes en 1868. Von Liszt dira aussi un peu plus tard : « Nos peines n'ont ni un effet correctif ni un effet dissuasif. Elles ne préviennent pas le crime. Au contraire, elles ont l'effet de renforcer l'inclination envers le crime » (cité par Fromm, 1931, p. 142).

Portez attention cependant ici à l'*omission* : ni Desprez, ni Von Liszt, ni Fromm, ni Foucault n'ont observé les rôles joués par la théorie de la rétribution. Ils seraient incapables de dire que la prison, avec toutes ses misères et peut-être même à cause d'elles, *ne fait pas souffrir* et, par conséquent, ne produit pas, par la souffrance du coupable, un effet de rétribution du mal causé par le crime. *Faire souffrir* est un « bien » que la prison *promet* et *réalise*. On peut dire que certaines peines ne sont pas proportionnelles, mais cette critique ne s'adresse pas à la prison comme telle. Pour critiquer l'objectif de vouloir intentionnellement faire souffrir, il faut abandonner la définition substantialiste de la punition et toutes les théories conventionnelles de la peine, y compris la théorie de la réhabilitation carcérale telle qu'utilisée dans la justice pour les adultes. À mon avis, Foucault aurait fait cela s'il avait vu ce problème parce que son approche – comme celle de Luhmann – désubstantialise radicalement les représentations de la réalité sociale. En fait, pour les crimes graves, la prison semble être la seule peine moderne qui peut nous assurer à la fois qu'elle va montrer clairement l'intention de l'autorité de vouloir faire souffrir le coupable et qu'elle est humaine (si les conditions de vie en prison sont jugées acceptables par l'observateur). On peut la voir comme humaine parce que la *durée du temps passé* en prison n'est pas *observée* comme pouvant être en soi un acte de cruauté. En plus, la prison reste en conformité aussi avec une idée de la rationalité pénale moderne selon laquelle il ne faut pas trop « adoucir les peines » pour ne pas leur enlever de l'« énergie ».

Nous oublions souvent qu'il y a, dans les communications du système de droit criminel, *plusieurs discours officiels et dominants sur les peines* et *plusieurs strates culturelles* dans ces discours. La théorie rétributiviste de la peine est pratiquement imperméable à une critique du genre : «Vous n'avez pas *fait* ce que vous aviez *dit ou promis.*» La critique *empirique* de la théorie de la réhabilitation carcérale est la plus facile à faire. C'est l'une des raisons pour lesquelles cette théorie fut mise en cause dès la naissance du projet de réhabilitation en prison. La critique *empirique* de la théorie de la dissuasion se place déjà à un autre niveau de difficulté. D'un côté, cette critique est aussi très facile, mais de l'autre, la théorie neutralise la critique : elle nous dit que nous pouvons voir ses échecs (ceux qui commettent des crimes et ceux qui récidivent), mais que nous ne pouvons pas voir sa réussite : ceux qui ne commettent supposément pas de crimes. Elle nous dit aussi que s'il y a certitude quant à son application, elle va dissuader ; par contre, la théorie nous dit que si elle ne dissuade pas, ce n'est pas parce qu'elle ne fonctionne pas, c'est parce qu'il n'y a pas suffisamment de certitude quant à son application. La théorie reproduit donc le cliché suivant : « La peine doit être certaine.»

Tout ceci, et encore plus, m'a convaincu de l'existence de sérieux problèmes *cognitifs.* Dans ses opérations sur les peines, le système de droit criminel se préoccupe davantage de la *normativité* des moyens que de leur *efficacité* proprement dite ou même de leurs implications sur la vie des individus condamnés. Ce qui est à la fois *essentiel* et *suffisant*, c'est *d'infliger une souffrance légale*, le reste n'étant que *souhaitable.* Par exemple, il est simplement souhaitable que la prison puisse exercer sur le condamné un effet pédagogique, et ce, même si ce dernier aura peu de temps utile de vie après sa longue peine pour en bénéficier…

Il faut cependant noter que Foucault (1975), en posant le problème de la résistance qu'offre la pénalité à l'évolution à partir de la prison, a aussi esquissé une réponse qui *cible* la prison en tant qu'*organisation* et *instrument du politique.* Ce faisant, il a facilité un éloignement de notre regard du *système de pensée* du système de droit criminel, notion qui est pourtant centrale dans son approche. En effet, il a construit deux hypothèses explicatives complémentaires. La première est que si l'échec de la prison ne compte pas, c'est parce qu'elle produit en fait un résultat positif. Il faut donc envisager la prison comme une « réussite » ; selon cette hypothèse, elle ne serait un échec qu'à condition de voir sa finalité comme consistant à supprimer ou à réduire les transgressions. La deuxième hypothèse est que les « bénéfices cachés » de la prison doivent être cherchés sur le plan sociopolitique. En prenant cette direction, il ne focalise pas son attention sur le système d'idées du système de droit criminel lui-même. En gros, sa réponse consiste à dire que la prison fait partie d'une « gestion différentielle des illégalismes » et des « mécanismes de domination ».

La première hypothèse nous amène à présupposer que la prison doit produire quelque chose de positif pour pouvoir durer. Foucault ne cherche pas à comprendre sa résistance à la critique *par des idées qui font obstacle* à l'évolution. La deuxième hypothèse emploie la distinction bénéfices visibles/invisibles et nous invite à observer ce qui serait *invisible*. Comme les idées soutenues par les théories de la peine sont paradoxalement très visibles (ce qui les rend invisibles comme explication)[15], le regard du chercheur qui suit la piste de la réponse proposée par Foucault prend une autre direction.

Or, à mon sens, cette réponse provocatrice de Foucault sépare trop radicalement les « enjeux de connaissance » des « enjeux de pouvoir ». On peut aussi dire qu'elle privilégie les enjeux de pouvoir par opposition aux enjeux de connaissance. Elle se centre alors moins sur la résistance *cognitive* à une révision en profondeur du droit de punir que sur l'*utilité cachée* de la prison dans le cadre d'une relation de pouvoir. Il reste que l'énigme construite par Foucault a eu une influence sur moi : elle m'a amené à chercher une autre réponse sur le plan même des enjeux de connaissance.

Ma principale critique, donc, sur ce point est que Foucault *déplace* l'*explication* de ce problème d'évolution de la pénalité moderne vers l'utilité sociopolitique de la prison. Au lieu de tenter de comprendre la « persistance de la prison » par des *obstacles* situés sur le plan de la *connaissance même* (des idées), il tente de l'expliquer par l'utilité (fonction) sociopolitique cachée de cette institution. La reproduction de longues peines d'incarcération et de l'usage imposant de la prison cesse d'être observée comme étant fondée sur un système d'idées (qui valorise des peines sévères pour les crimes graves, répétitifs ou « les crimes à infléchir ») pour être observée surtout comme le résultat d'un bénéfice politique.

15. Voir les réflexions stimulantes de Bourdieu (1982, p. 29-32) sur le visible et l'invisible à partir du conte d'Edgar Poe, *La lettre cachée*. J'ai repris ces réflexions dans un texte d'épistémologie (Pires, 1997, p. 11-12).

Dans la construction de cette théorie, nous avons donc retenu surtout l'énigme présentée par Foucault, et non sa réponse. En plus, nous avons observé cette énigme comme le signe d'un problème *cognitif* d'évolution commençant avec la naissance de la prison et se perpétuant jusqu'à aujourd'hui. Très récemment, avec la recherche d'Italo Mereu (1982; Pires, 2012), il a été possible d'apporter un prolongement à cette énigme : si la prison résiste depuis sa naissance, malgré son échec du point de vue de la réduction de la criminalité, les peines radicales « résistent », elles, à nos valeurs fondamentales depuis les justifications apportées à la peine de mort par les intellectuels de l'Église catholique au XIIIe siècle. Ni l'éthique de la fraternité universelle chrétienne (Weber) ni les *droits fondamentaux* à partir de la fin du XVIIIe siècle n'ont réussi à mettre fin aux diverses modalités de peines *radicales* (la prison comprise). La critique dominante ne s'adresse pas directement au principe de la radicalité des peines pour les crimes graves; elle remplace une peine radicale par une autre. La critique reste installée dans la *logique de la radicalité*. On critique le supplice, mais on soutient une peine de mort « simple », « humanisée »; on critique ensuite la peine de mort, mais on veut la remplacer par la perpétuité (qui est même vue comme étant plus sévère) ; on se dirige contre la « perpétuité ferme », mais à condition de garder des peines de 15, 20, 25 ans ! En arrière-plan, il y a le principe rétributiviste de proportionnalité. De plus, les *idées* qui fondent les diverses modalités de la peine radicale ne sont pas revisitées. Elles restent le point aveugle de l'observateur et du réformateur du droit.

iii) L'énigme des intentions déclarées et de la difficulté de légitimation des sanctions non carcérales

Simultanément à l'énigme de la critique de la prison, nous en avons trouvé une autre en observant les rapports des commissions de réforme du droit dans les années 1960, 1970 et 1980 au Canada, au Brésil, aux États-Unis (Pires, 1984; Dubé, 2009; Lachambre, 2011 ; Raupp, 2012), ainsi que diverses propositions isolées de réforme venant de la doctrine juridique depuis le XIXe siècle. Cette énigme a deux faces en raison du caractère plus ou moins innovateur des propositions *concernant les peines* dans les rapports ou projets de loi. Elle pose aussi directement la question de l'*autre face* de la reproduction normale : la question de la reproduction *déviante* ou *innovatrice*.

Dans sa première face, explorée surtout par Mariana Raupp à partir du cas du Brésil, on constate que certaines commissions se posent comme *objectifs déclarés et explicites* : (i) la réduction de l'usage de l'incarcération et, parfois aussi, (ii) l'ajout de nouvelles formes de sanction. Lorsqu'on fixe l'attention sur ce qui est effectivement accompli par rapport à ces objectifs, le résultat est le suivant. Les réformateurs restent convaincus qu'ils ont beaucoup fait, mais l'observateur externe voit bien que si les autres objectifs ont été réalisés, ces deux-là ne l'ont presque pas été. Les modifications ne sont pas proportionnelles à l'importance de ces deux objectifs. Par exemple, si le Code criminel précédent avait beaucoup de peines minimales d'incarcération et des peines minimales très élevées, elles perdurent et avec la même sévérité en moyenne ; la durée maximale de l'échelle des peines n'est pas réduite ; le dispositif légal exigeant une peine de prison en cas de récidive est encore là aussi, etc. Pour ce qui est des sanctions alternatives, elles sont peu nombreuses et tellement attachées à des conditions restrictives qu'elles semblent avoir été pensées dès le départ pour être rarement utilisées. De l'extérieur, on se demande comment les réformateurs n'ont pas vu qu'ils n'ont pas fait grand-chose pour réduire le recours à la prison. L'observateur ne doit pas céder à la tentation de supposer que ces objectifs ne sont pas authentiques. Par des entrevues et par d'autres documents, on peut voir qu'ils sont de « vrais objectifs ». Pour élucider l'énigme, le chercheur doit trouver les idées qui ont empêché les réformateurs d'aller plus loin et comprendre pour quelles raisons ils considèrent qu'ils sont allés très loin sans que cela ne soit le cas (vu de l'extérieur).

Dans la deuxième face, les réformateurs vont parfois très loin dans leurs propositions. Ils accomplissent une grande partie des intentions déclarées. Parfois, on trouve même un abandon de *l'idée* (croyance) que les peines, pour être de « vraies peines », doivent absolument chercher à infliger une souffrance visible au coupable[16]. Ceci montre clairement qu'il est possible de sortir de la « rationalité pénale moderne » et de faire

16. On peut trouver un exemple de définition non substantialisée de la punition dans le rapport d'un comité parlementaire au Canada. Le voici : « *'Punishment' means any form of official control exercised over the freedom of a wrongdoer, whether it be incarceration [...] or [...] subjection to supervision, control, mandatory restitution, restrictions on movement or activities or other forms of sentence, appropriate to the individual circumstances of each case, that ought to be made available to courts under the Criminal Code.* » (MacGuigan Report, *Report to Parliament by the Sub-Committee on the Penitentiary System in Canada*, 1977, p. 37)

des propositions relevant d'une nouvelle forme de rationalité pénale. Ces commissions sont peu nombreuses, mais elles existent, et le chercheur intéressé par le problème d'évolution ne peut pas les ignorer. Ces réformateurs proposent, par exemple, l'abolition de *toutes* les peines minimales ; ils renoncent à l'idée d'établir d'autres formes de « planchers minimums » pour les sentences afin de produire l'égalité abstraite entre le crime et la peine ; ils souhaitent abolir les restrictions strictement temporelles pour la libération conditionnelle ; ils autorisent des sanctions non carcérales pour tous les crimes ; ils acceptent la prestation pécuniaire à la victime comme une peine du droit criminel, etc. Certes, même dans ce cadre presque idéal, des difficultés émergent. La proposition pour une réduction significative de l'échelle des peines reste un phénomène rare. Aux États-Unis, il y a eu des propositions de cinq et sept ans. Au Canada, la Commission qui est allée le plus loin a proposé 12 ans, mais elle a renoncé à se prononcer ouvertement contre trois peines perpétuelles dans le Code criminel par crainte de nuire aux autres recommandations (Pires, 1987). Cependant, ce que nous voulons souligner ici, c'est que les réformateurs *ne trouvent pas* de théories de la peine (ni *institutionnalisées* ni dans les *livres de philosophie*) pour soutenir leurs propositions innovatrices. Ils gardent alors les vieilles théories, ce qui a pour effet de rendre vulnérables toutes les recommandations innovatrices. À défaut de théorie, ils sont alors poussés à faire une *critique de la prison*. La légitimation des propositions prend donc une forme négative qui est peu convaincante : c'est parce que la prison *ne fonctionne pas* que les autres sanctions non carcérales sont meilleures[17].

Bref, il y a un *déficit d'idées institutionnalisées* pour appuyer les réformateurs-innovateurs et les aider à harmoniser les peines avec les droits de la personne. Certains réformateurs rappellent que la *liberté* est aussi une valeur digne d'être protégée par une limitation du droit de punir et invoquent le principe (hélas, ambigu) de l'*ultima ratio* ou de la modération des peines. Mais tout ceci reste *très faible* comme légitimation, et les théories de la peine réussissent à réduire la portée des propositions innovatrices. Les objections ne viennent pas seulement des politiciens ; elles viennent « de l'intérieur » du système de droit, parfois de la Commission elle-même. La justice restauratrice va compenser en partie ce déficit de légitimation, mais elle sera encerclée, elle aussi, par

17. Rappelons que pour le rétributivisme, la prison accomplit son objectif principal : elle inflige une souffrance.

un grand nombre d'idées et de normes restrictives, au point d'être largement neutralisée (pour le moment).

iv) L'énigme du long terme/court terme et des contextes spatio-temporels

La quatrième énigme est, d'abord, le fruit direct d'une recherche historique portant sur toutes les demandes de modifications au Code criminel canadien entre 1891 et 1954 (Pires, Cellard et Pelletier, 2001), avec un prolongement jusqu'en 1991. Elle a été complétée, ensuite, par une autre recherche systématique (qualitative et quantitative) réalisée sur un échantillon représentatif de tous les projets de loi au Brésil entre 1987 et 2006. Elle couvre la période d'un gouvernement démocratique de centre (Fernando Henrique Cardoso) et de gauche (Luiz Inácio Lula da Silva) (Machado, Pires *et coll.*, 2010).

La recherche au Canada, très fouillée du point de vue archivistique, a montré que certains aspects des *demandes* de modifications législatives adressées au Parlement jouissaient d'une énorme et puissante stabilité spatio-temporelle. Sans entrer dans les détails, une *demande* pour *abroger* une infraction ou pour *réduire* la sévérité d'une peine est un phénomène extrêmement rare. En revanche, les demandes pour créer une nouvelle infraction, élargir une infraction existante ou aggraver les peines constituent la routine des décisions parlementaires. Cela signifie que la routine parlementaire est constituée par l'alternative suivante : accepter ou refuser une demande de *création* d'une infraction ou d'*aggravation* de la peine. Les parlementaires *ne reçoivent presque pas* de demandes pour décriminaliser un comportement ou pour réduire une peine. Bien entendu, ils ne prennent pas non plus usuellement ce type d'initiative. Résultat : ils n'arrivent pas à bâtir une véritable expérience de réduction des peines et bâtissent une énorme expérience d'aggravation des peines. Au Canada, la fouille a été intégrale, et non par échantillonnage : 93 % des demandes trouvées sollicitent plus de crimes ou de peines plus sévères. Résultat prévisible au Parlement : 96 % des modifications législatives effectivement accordées élargissent la définition des crimes ou aggravent les peines.

Cela signifie qu'au-delà et indépendamment des multiples influences que les contextes peuvent avoir et ont effectivement, l'expérience de politique législative pour augmenter le nombre de crimes ou la sévérité des peines semble être l'expérience dominante de tous les gouvernements dans toutes les conjonctures. Même si la probabilité de refuser une demande d'augmentation de la peine est égale à celle de l'accepter, comme la presque totalité des demandes sollicite l'aggravation, le résultat est que les gouvernements *accordent* presque toujours des augmentations de peines et très rarement des réductions.

Bref, il est *habituel* d'aggraver et *inhabituel* de réduire les peines. Par conséquent, la facilité ou la difficulté de justifier une demande d'aggravation ou de réduction de la sévérité des peines est aussi *inégale :* il est *beaucoup plus facile* de justifier une augmentation des peines (grâce aux théories de la peine, en toile de fond, et aux habitudes parlementaires) que leur réduction. Parmi les nombreux arguments soulevés pour s'opposer à leur réduction, on retrouve entre autres : « Pour quelle bonne raison ? » « Cela ne risque-t-il pas d'augmenter la criminalité ? » ou « de montrer au public que cela n'est pas important ? » Les arguments pour augmenter une peine dans un projet de loi ou dans une lettre, lorsqu'ils existent, sont d'une simplicité à couper le souffle ! Le seul effort que le demandeur fait, c'est celui d'écrire une ou deux phrases ou paragraphes.

En revanche, la démarche inverse est très lourde, et l'obtention de la réduction, hautement improbable, et ce, même lorsque la sanction que l'on veut réduire ou abolir n'est plus appliquée depuis des décennies. L'argument le plus efficace pour réduire une peine prend une forme équivalente à celles-ci : « cette réduction va faciliter la condamnation d'un plus grand nombre de cas par les tribunaux » (augmenter la *certitude* de la peine) ; « le moment est arrivé d'abolir cette peine qui maintenant est perçue par un bon nombre de nos bons citoyens comme cruelle et inhumaine, et d'autant plus que nous pouvons la remplacer par cette autre peine qui *n'est pas moins sévère* et qui correspond mieux à nos valeurs d'aujourd'hui ». Ce fut souvent le cas pour la peine de mort. Foucault (1981) a aussi vu parfaitement ce problème lorsqu'en faisant référence à l'abolition de cette peine en France, il nous rappelait : « On le supprime [le coupe-tête]. Bien. Mais, ici, comme ailleurs, la *manière de supprimer* a au moins autant d'importance que la suppression » (p. 206). Au Canada, on remplace une peine de mort non appliquée par une peine unique à perpétuité, qui est appliquée dans tous les cas et qui est accompagnée de l'interdiction d'une demande de libération conditionnelle pendant 25 ans. Pour les tribunaux, jusqu'à aujourd'hui, cette peine perpétuelle est (encore) conforme à la Constitution. Imaginez ce que nous ferions si nous n'étions pas tous des humanistes et interpellés par les droits fondamentaux !

v) L'énigme ou le paradoxe des droits de la personne et des peines radicales

Comme il arrive souvent en sciences, les premières observations faites sur un phénomène ne sont presque jamais clairement formulées parce que ce problème n'est pas encore suffisamment précisé ou élucidé (Bateson, 1972, p. 61). Ce fut le cas des premières formulations sur cette énigme. En plus, j'ai confondu deux phénomènes voisins, mais non identiques.

D'un côté, il existe une tendance discursive remontant au Moyen-Âge qui justifie la *sévérité* des peines par nos valeurs morales abstraites. Plus nous tenons à une valeur, plus la peine doit être sévère pour indiquer que cette valeur est importante. J'ai porté une attention particulière à cette trame discursive quand j'ai perçu que Durkheim, l'un des fondateurs de la sociologie, n'avait pas réussi à échapper à ce « piège cognitif » (Stolzenberg, 1988, p. 279). Ce piège a la particularité de ne pas être « vu comme tel pour qui se trouve à l'intérieur » (*ibidem*). Au contraire, Durkheim est venu le renforcer. Ainsi, dans un texte sur « L'homicide » (sous-titre), rédigé quelque part entre 1890 et 1917, il a tenu la sévérité des peines comme un indicateur empirique du progrès de la moralité. Selon ce raisonnement, si, dans une société, le fait de manquer au devoir de respecter la vie n'est pas puni par une peine sévère, cela prouverait que la valeur « vie humaine » n'a pas une dignité morale forte. Évidemment, avec un tel raisonnement, non seulement on s'accommode de la sévérité des peines, mais on sollicite cette sévérité pour manifester et montrer la dignité de la valeur de référence.

D'un autre côté, à partir du milieu du XXe siècle, il est possible d'observer chaque fois plus nettement une autre trame discursive que Max Weber (1919, p. 147) aurait probablement qualifié de « faits inconfortables » (*inconvenient facts*) : les droits de la personne commencent à être mobilisés pour solliciter surtout des peines *très sévères* (10, 15, 20 ans...) pour s'opposer à toute forme de pardon ou d'amnistie, etc. Pour Weber, des « faits inconfortables » sont des *messages* qui peuvent se révéler désagréables pour un observateur qui se rend compte que le point de vue qu'il considère comme juste et bon commande d'agir *radicalement* contre ses propres valeurs. Ainsi, pour un sympathisant des droits de la personne, le fait de prendre conscience que ces droits sont mobilisés (par lui-même ou par d'autres sympathisants) pour revendiquer des peines extrêmement sévères serait un « fait inconfortable », voire à l'occasion un paradoxe. En effet, est-il possible de promouvoir les droits de la personne en faisant obstacle à ce que le droit criminel devienne plus adapté à ces droits fondamentaux en matière de peines ?

Chez Weber, deux thèses semblent sous-jacentes à cette notion de *faits inconfortables*. La première serait que ces messages, bien que phénoménologiquement assez visibles, ne sont pas nécessairement faciles à observer pour ceux qui soutiennent une position pratique à l'égard de laquelle ce message pourrait être inconfortable. Ils sont souvent une « tache aveugle » (*blind spot*) (von Foerster, 1981, p. 47). Ainsi, celui qui veut éradiquer la violence en demandant de très longues peines d'incarcération (ou en s'opposant aux alternatives à l'incarcération) peut éprouver de la difficulté à voir le « remède » qu'il demande comme un fait inconfortable. Bref, un véritable « piège cognitif » (Stolzenberg). La deuxième thèse serait qu'il est important d'apprendre à reconnaître l'existence de tels faits non seulement pour en avoir une meilleure compréhension, mais aussi pour donner une nouvelle impulsion théorique (et aussi éthique) à notre propre perspective. Weber croit que la science peut jouer un rôle à cet égard.

Devant ce fait inconfortable, la première formulation de l'énigme a pris une forme provocatrice : elle présentait les *droits de la personne* comme un « obstacle cognitif » à une réforme humaniste du droit criminel. Cette formulation est malheureuse et inappropriée, et il faut l'abandonner maintenant. Sa seule utilité fut de servir de point de départ à la recherche doctorale de Garcia (2010), conçue en vue d'élucider cette énigme. Comme Garcia l'a démontré, ces droits ne sont pas, *eux-mêmes*, un « obstacle épistémologique ». L'obstacle demeure les théories de la peine. Il est vrai que des sympathisants des droits de la personne se laissent prendre au piège par les théories de la peine avec leurs « finalités ». Ces théories sont de plus en plus présentes dans les communications : on veut des peines sévères pour construire un monde meilleur. On va « sacrifier » la qualité du droit criminel pour atteindre cet objectif.

Après la recherche de Garcia, cette énigme a fait l'objet d'une reformulation. Elle a ainsi constaté plutôt un échec des droits de la personne quant aux théories de la peine. Ce que l'on voit plus clairement maintenant, c'est l'*impuissance encore récurrente des droits de la personne* à infléchir notre système d'idées sur la peine, la rationalité pénale moderne. Cette reformulation, ajoutée à la contribution faite par Mereu (1982), nous a conduits maintenant à vouloir mieux comprendre les fondements donnés aux peines radicales en Occident. Car celles-ci ont pris la forme d'une contradiction paradoxale : pour valoriser la vie, il faut tuer les meurtriers ou les enfermer à vie (15, 20, 25, 30 ans...), et en tuant les meurtriers ou en les enfermant à vie, nous montrons qu'il est impossible de valoriser la vie sans transgresser cette valeur « universelle ».

De quel type de théorie de l'*évolution* s'agit-il donc ici ?

Cette théorie peut se présenter soit comme une théorie portant sur les implications de la « rationalité pénale moderne » pour une reconstruction du système de droit criminel, soit encore comme une théorie de l'évolution du système de droit criminel. Comme l'a remarqué Teubner (1996, p. 3), le thème général de l'évolution du droit, qui paraissait « épuisé », a été réanimé par une série d'études dans les années 1970. Parmi celles-ci, il y a eu la théorie du « droit responsif », de Nonet et Selznick (1978). Par rapport à cette tradition de recherche sur l'évolution du droit, la théorie que nous construisons introduit une autre manière de poser le problème et de le traiter. Tout d'abord, la théorie observe exclusivement la situation du sous-système de droit criminel. Deuxièmement, en empruntant la belle image de Bateson (1972, xxviii), on peut dire que cette théorie se forme et se développe à partir d'« une sorte d'opération en pinces » : elle a un point de départ empirique et un autre point de départ théorique. La théorie n'est ainsi ni déductive ni inductive. Si l'observateur veut utiliser cette distinction, la théorie serait alors inductive. La recherche empirique est donc constitutive de la théorie et celle-ci peut être mise en cause par des observations empiriques. Troisièmement, l'objectif de la théorie n'est pas de décrire les étapes d'évolution du droit (criminel) moderne et elle ne veut pas répondre à la question « où mène le développement du droit moderne ? » (Teubner, 1996, p. 3). La théorie n'engage pas l'avenir. De façon beaucoup plus circonscrite, l'objectif de la théorie est d'identifier les idées (ou théories) et les normes que le système de droit criminel valorise et qui constituent un obstacle à l'évolution de ses propres structures internes. Le cadre théorique et méthodologique de la recherche se construit ainsi à l'aide d'une adaptation de la notion d'obstacles épistémologiques de Bachelard (1938) et du modèle d'« explications négatives » (Bateson, 1972), utilisé largement par la cybernétique de deuxième génération. En gros, on dira que nous sommes en présence d'un obstacle épistémologique (ou cognitif) quand des habitudes professionnelles ou des idées qu'un système social juge (encore) appropriées, bonnes ou intéressantes empêchent l'adoption, la généralisation et la stabilisation à long terme de nouvelles habitudes et de meilleures idées, structures et pratiques dans le système lui-même. Dit d'une façon prosaïque, il s'agit d'une théorie sur les « idées géniales » qui nous empêchent de changer de palier dans l'évolution du droit criminel.

Le modèle des explications négatives, qui n'est pas encore utilisé en sociologie de la punition, amène le chercheur à procéder méthodologiquement exactement de cette façon. Il part de l'hypothèse que « le cours des événements est soumis à des obstacles (*restraints*) et [il] suppose que si ces obstacles étaient écartés, les voies (*pathways*) du changement ne seraient gouvernées que par le seul principe de l'égalité des chances » (Bateson, 1972, p. 405). Dans le champ des sciences humaines et dans le « monde des idées » (Popper), la découverte de ces idées-obstacles ouvrirait la porte à de nouvelles idées et à l'innovation. L'explication est dite « négative » parce qu'elle indique les idées qui jouent le rôle de contraintes ou d'obstacles et ne peut pas expliquer pourquoi un résultat précis se produit à un moment donné ; elle peut simplement expliquer pourquoi certains résultats (par exemple, la réduction de l'échelle des peines en Occident) ont moins de probabilité d'arriver que d'autres (par exemple, le maintien de peines radicales). Dans notre cas, la théorie prétend avoir trouvé les idées qui fondent les pratiques de la peine radicale et croit pouvoir montrer aussi de quelle façon ces idées font également obstacle à une meilleure adaptation des peines aux droits fondamentaux.

Conclusion

En sciences, les théories ne sont pas destinées à avoir une vie éternelle. On dit qu'elles ont « réussi » quand elles durent un certain laps de temps et sont capables de faire avancer d'une quelconque façon nos connaissances, et contribuent ainsi à la sélection et à la stabilisation de « meilleures pratiques ». Par conséquent, pour emprunter les remarques humoristiques de Sutherland (1942, p. 18), s'il ne lui arrive pas de « quickly be murdered or commit suicide », une théorie peut faire avancer les connaissances d'au moins trois manières.

Tout d'abord, en adaptant les remarques de Bachelard (1938, p. 29, 44), on peut dire qu'une théorie « réussit » lorsqu'elle contribue à approfondir le « sens du problème » qu'elle traite. Lorsqu'elle accomplit cette tâche, elle prend la place des réponses faciles qui sont aisément apportées dans les communications scientifiques et professionnelles. Il n'est pas difficile de se mettre d'accord avec Bachelard sur le fait que les réponses sont souvent données avant même que l'on éclaircisse le sens de la question. La théorie suscite alors de nouvelles questions et *perce* l'apparence des connaissances qui lui sont contemporaines sans jamais réussir, cependant, à éliminer toute apparence et sans jamais être entièrement adéquate à son objet (Foucault, 1971, p. 198). Foucault dirait que la connaissance est une « perspective » qui reste « inachevée ».

Deuxièmement, au moins pour la théorie portant sur des problèmes de connaissance et liée à des pratiques institutionnalisées, elle peut contribuer à une meilleure compréhension de nos actions, de nos *idées d'usage* et de nos erreurs généralisées et répétitives (erreurs que souvent nous ne voyons même pas comme telles). La théorie nous amène à « découvrir nos erreurs ». Cette compréhension peut ouvrir des voies à d'autres idées susceptibles d'être généralisées, institutionnalisées et réévaluées à leur tour. En ce sens, le *quoi faire* ici n'est rien d'autre qu'une direction générale qui ne peut être ni directement ni complètement planifiée. Du point de vue de *cette* théorie, une reconstruction du système de droit criminel (évolution de palier) et une réorientation fondamentale de la pratique politique en matière de législation criminelle sont conditionnées à l'« abandon institutionnel » des théories conventionnelles de la peine. En d'autres mots : pour rendre le système de droit criminel plus adapté à sa propre fonction et plus réceptif aux droits fondamentaux, il faut délégitimer et « désinstitutionnaliser » tout particulièrement les théories de la rétribution, de la dissuasion et de la dénonciation (réprobation sociale). Il s'agit alors de refonder le « droit de punir » en construisant une nouvelle « théorie pratique » (Durkheim) ou « théorie de la réflexion » (Luhmann) portant sur l'intervention du droit criminel. Bien entendu, celle-ci ne doit pas légitimer les mêmes pratiques actuellement dominantes.

Troisièmement, si la théorie est construite à l'aide d'une approche méthodologique et empirique, elle peut contribuer éventuellement aussi, indépendamment d'elle-même, au développement d'une connaissance instrumentale, d'un « savoir-faire » pour la science.

Quoi qu'il en soit, Weber (1919, p. 87), un peu comme Bachelard, nous rappelle que « le travail scientifique est solidaire d'un *progrès* », ce qui signifie qu'il se dilue avec le temps. « Une œuvre d'art vraiment "achevée", écrit-il, ne sera jamais surpassée et ne vieillira jamais. » On peut l'apprécier de différentes façons, mais une œuvre « achevée » du point de vue artistique n'est pas surpassée par une autre œuvre également « achevée », et les progrès techniques, comme l'invention de la perspective, ne rendent pas « dépassée » l'œuvre d'art antérieure à cette invention. Elle résiste au progrès. En revanche, conclura-t-il, « toute œuvre scientifique achevée n'a d'autre sens que celui de faire naître de nouvelles "questions" : elle demande donc à être "dépassée" et à vieillir ». La personne « qui veut servir la science doit se résigner à ce sort » (p. 87-88), et la théorie aussi.

Alvaro P. Pires

Références

Bachelard, G. (1938), *La formation de l'esprit scientifique*, Paris, J. Vrin, 1975.

Bateson, G. (1972), *Steps to an Ecology of Mind*, Londres, Paladin Books.

Beaumont, G., et A. Tocqueville (1845), « Système pénitentiaire aux États-Unis et son application en France », dans M. Perrot (dir.), *Alexis de Tocqueville. Œuvres complètes. Écrits sur le système pénitentiaire en France et à l'*étranger (Vol. *IV*). Paris, Gallimard, 1984.

Berman, H. J. (1983), *Law and Revolution. The Formation of the Western Legal Tradition*, Cambridge, Mass., Harvard University Press.

Bourdieu, P. (1982), *Leçon sur la leçon*, Paris, Minuit.

Brodeur, J.-P. (1976), « Surveiller et punir. Notes de lecture », *Criminologie*, 9, 1-2, p. 196-218.

Depraz, N. (2009), « Introduction », dans E. Husserl, *La phénoménologie de l'attention. Textes issus du fonds posthume (1893-1912)* (p. 7-62), Paris, Librairie Philosophique J. Vrin, 2009.

Desprez, E. (1868), *De l'abolition de l'emprisonnement*, Paris, Librairie de E. Dentu, Éditeur.

Dubé, R. (2001), *Une enquête exploratoire sur la rationalité coûts/bénéfices de la théorie de la dissuasion*, thèse de maîtrise en criminologie, Ottawa, Université d'Ottawa.

Dubé, R. (2007), *Système de pensée et réforme du droit criminel : les idées innovatrices du rapport Ouimet (1969)*, thèse de doctorat en sociologie, Montréal, Université du Québec à Montréal, Montréal.

Foucault, M. (1971), « Leçon sur Nietzsche. Comment penser l'histoire de la vérité avec Nietzsche sans s'appuyer sur la vérité », dans M. Foucault, *Leçons sur la volonté de savoir. Cours au Collège de France, 1970-1971*, Paris, Gallimard ; Seuil, 2011.

Foucault, M. (1975), *Surveiller et punir. Naissance de la prison*, Paris, Gallimard.

Foucault, M. (1980), « La poussière et le nuage », dans M. Perrot (dir.), *L'impossible prison. Recherches sur le système pénitentiaire au XIX*e *siècle*, Paris, Seuil, p. 29-39.

Foucault, M. (1981), « Contre les peines de substitution », dans M. Foucault, *Dits et écrits* (Vol. IV, p. 205-207), Paris, Éditions Gallimard, 1994.

Fragoso, H. C. (1964), "Antijuridicidade," *Revista Brasileira de Criminologia e Direito Penal*, 7, p. 29-46.

Fromm, E. (1931). « On the Psychology of the criminal and the Punitive Society », dans K. Anderson et R. Quinney (dir.), *Erich Fromm and Critical criminology. Beyond the Punitive Society*, Chicago, University of Illinois Press, 2000, p. 129-156.

Cauchie, J.-F. (2009), *Peines de travail. Justice pénale et innovation*, Bruxelles, Larcier.

Garcia, M. (2009), *Le rapport paradoxal entre les droits de la personne et le droit criminel : les théories de la peine comme obstacles cognitifs à l'innovation*, Montréal, thèse de doctorat en sociologie, Université du Québec à Montréal.

Herrera-Vega, E. et S. Lehalle (2013), « Une analyse des communications de la torture selon la perspective des systèmes fonctionnels », dans ce volume.

Husserl, E. (2009), *La phénoménologie de l'attention. Textes issus du fonds posthume (1893-1912)*. Paris, Librairie Philosophique J. Vrin.

Lachambre, S. (2011), *La théorie de la dénonciation : émergence et institutionnalisation en droit criminel*, Ottawa, thèse de doctorat en criminologie, Université d'Ottawa.

Laplante, J. (1989), *Prison et ordre social au Québec*, Ottawa, Presses de l'Université d'Ottawa.

Luhmann, N. (1968), *La confiance. Un mécanisme de réduction de la complexité sociale*, Paris, Economica, 2006.

Machado, M. R. (2004), *Internacionalização do direito penal : a gestão de problemas internacionais por meio do crime e da pena*, São Paulo, Editora 34.

Machado, M. R., Pires, A. P. *et coll.* (2010), *Atividade legislativa e obstáculos à inovação em matéria penal no Brasil*, Brasília, Ministério da Justiça, Secretaria de Assuntos Legislativos.

Machado, M. R. A. (2013), « Punishment, Guilt and Communication : the possibility of overcoming the idea of infliction of suffering », dans ce volume.

Merton, R. K. (1980), « On the Oral Transmission of Knowledge », dans R. K. Merton et M. W. Riley (dir.), *Sociological Traditions from Generation to Generation*, New Jersey, ABLEX Publishing Corporation, p. 1-35.

Mereu, I. (1982), *La mort comme peine. Essai sur la violence légale* (traduction et adaptation par Madeleine Rossi, introduction originale d'Alvaro P. Pires), Bruxelles, Larcier, 2012.

Nonet, P. et P. Selznick (1978), *Law and Society in Transition*, New York, Octagon Books.

Piñero, V. B. (2012), *Transformations in the Canadian Youth Justice System. Creation of Statutes and the Judicial Waiver in Quebec*, Ottawa, thèse de doctorat en droit, Université d'Ottawa.

Pires, A. P. (1984), *Critiques à la prison et principe de modération : Inventaire d'extraits dans les documents canadiens*, Ottawa, étude préparée pour la Commission canadienne sur la détermination de la peine, gouvernement du Canada.

Pires, A. P. (1985), *Inventaire d'extraits significatifs ayant trait à la disparité des sentences dans la littérature canadienne*, Ottawa, étude préparée pour la Commission canadienne sur la détermination de la peine, gouvernement du Canada.

Pires, A. P. et P. Landreville (1985), « Les recherches sur les sentences et le culte de la loi », *L'Année sociologique*, 35, (3° série), p. 83-113.

Pires, A. P. (1987), « La réforme pénale au Canada : L'apport de la Commission canadienne sur la détermination de la peine », *Criminologie*, 20, 2, p. 11-55.

Pires, A. P. (1990), « Le devoir de punir : Le rétributivisme face aux sanctions communautaires », *Revue canadienne de criminologie*, 13, 3, p. 441-460.

Pires, A. P. (1991), « Éthiques et réforme du droit criminel : Au-delà des philosophies de la peine », *Ethica*, 3, 2, p. 47-78.

Pires, A. P. (1995), « Quelques obstacles à une mutation du droit pénal », *Revue générale de droit*, 26, 1, p. 133-154.

Pires, A. P. (1997), « De quelques enjeux épistémologiques d'une méthodologie générale pour les sciences sociales », dans J. Poupart, J.-P. Deslauriers, L.-H. Groulx, A. Laperrière, R. Mayer et A. P. Pires, *La recherche qualitative : Enjeux épistémologiques et méthodologiques*, Montréal, Gaëtan Morin Éditeur, p. 3-54.

Pires, A. P., A. Cellard et G. Pelletier (2001), « L'énigme des demandes de modifications législatives au Code criminel canadien », dans P. Fraile (dir.), *Régulation et gouvernance. Le contrôle des populations et du territoire en Europe et au Canada. Une perspective historique*, Barcelone, Publicacions Universitat de Barcelona, p. 195-217.

Pires, A. P. (2012), « Les peines radicales : Construction et "invisibilisation" d'un paradoxe », dans I. Mereu, *La mort comme peine. Essai sur la violence légale*, Bruxelles, Larcier, 2012.

Possas, M. (2009), *Systèmes d'idées et création de lois criminelles : le cas de la loi contre la torture au Brésil*, Ottawa, thèse de doctorat en criminologie, Université d'Ottawa.

Raupp, M. (2012), *La forme de la rationalité pénale moderne dans la législation brésilienne : le cas de la réforme pénale de 1984* (titre provisoire), Ottawa, thèse de doctorat en criminologie (documents préparatoires), Université d'Ottawa.

Sauvageau, J. (1998), *Le discours parlementaire sur la peine de mort. Essai de criminologie réflexive du passage à l'acte législatif*, Louvain-la-Neuve, thèse de doctorat en criminologie, Université Catholique de Louvain.

Simondon, G. (1969), *Du mode d'existence des objets techniques*, Paris, Aubier-Montaigne.

Sosoe, L. K. (2006), « Préface à l'édition française », dans N. Luhmann, *La confiance. Un mécanisme de réduction de la complexité sociale*, Paris, Economica.

Stolzenberg, G. (1981), « Une enquête sur le fondement des mathématiques peut-elle nous apprendre quelque chose sur l'esprit ? », dans P. Watzlawick (dir.), *L'invention de la réalité. Contributions au constructivisme*, Paris, Seuil, p. 277-314.

Teubner, G. (1982), « Droit et réflexivité : une perspective comparative sur des modèles d'évolution juridique », dans G. Teubner, Droit et réflexivité. L'auto-référence en droit et dans l'organisation, Paris, L.G.D.J., 1996, p. 3-50.

Von Foerster, H. (1981), « La construction d'une réalité », dans P. Watzlawick (dir.), *L'invention de la réalité. Contributions au constructivisme*, Paris, Seuil, 1988, p. 45-69.

Xavier, J. R. F. (2012), *La réception de l'opinion publique par le système de droit criminel*, Ottawa, thèse de doctorat en criminologie, Université d'Ottawa.

Weber, M. (1919), « Le métier et la vocation de savant », dans M. Weber, *Le savant et le politique*, Paris, Plon, collection 10/18, n° 134, 1963, p. 71-122.

NOTICES BIOGRAPHIQUES
BIOGRAPHICAL NOTES

Jean-François Cauchie est professeur agrégé au Département de criminologie de l'Université d'Ottawa. Sociologue et criminologue de formation, il est membre de la Chaire de recherche du Canada en traditions juridiques et rationalité pénale. Son principal champ d'intérêt est l'innovation pénale. Il cherche à comprendre pourquoi il est si difficile de voir le droit criminel « changer d'avis » sur « ce qui vaut la peine », et aussi à retracer l'évolution de la justice pénale dans un contexte de progressive désocialisation du risque, d'accroissement de la responsabilité motivationnelle, de redéfinition de l'intégration et de l'expertise, des figures du sujet à gouverner.

Richard Dubé est professeur adjoint au Département de criminologie de l'Université d'Ottawa. Il est également membre de la Chaire de recherche du Canada en traditions juridiques et rationalité pénale et codirecteur de recherche au CIRCEM (Centre interdisciplinaire de recherche sur la citoyenneté et les minorités). Son principal champ d'intérêt est la sociologie du droit (pénal). Ses recherches actuelles portent sur le problème de la réforme du système de droit criminel moderne, sur ses principes et ses objets fondamentaux, sur les théories modernes de la peine de même que sur les conditions d'émergence des idées innovatrices en matière de droit criminel. Ses travaux ont fait l'objet de publications, notamment dans les revues *Droit et Société, Champ pénal, Déviance et Société, Revue canadienne Droit et Société*. Il a récemment codirigé *Modernité en Transit / Modernity in Transit* publié aux Presses de l'Université d'Ottawa (2009).

Margarida Garcia est professeure adjointe à la Section de droit civil de la Faculté de droit de l'Université d'Ottawa et également professeure adjointe au département de criminologie de la même université. Elle est par ailleurs membre de la Chaire de recherche du Canada en traditions juridiques et rationalité pénale. Mme Garcia s'intéresse à l'épistémologie du droit, au droit pénal et aux droits de la personne. Elle aborde ces thèmes dans la perspective interdisciplinaire qui a marqué sa formation universitaire (droit, criminologie, sociologie du droit pénal). Sa réflexion cherche à croiser le(s) savoir(s) juridique(s) et les connaissances issues des sciences sociales dans une méthode que la chercheure considère favorable à la production de recherches socialement utiles et innovatrices. Ses recherches portent sur la théorie de la rationalité pénale moderne et plus précisément sur la façon dont le système d'idées du droit criminel moderne a intégré les droits de la personne. Dans le cadre de ses études doctorales, ses travaux ont fait l'objet de plusieurs bourses d'excellence, notamment celle décernée par la Fondation Pierre Elliott Trudeau (Canada). Ses travaux ont fait l'objet de publications au Canada, en Argentine, en Belgique et en France.

Eliana Herrera-Vega est titulaire d'un double diplôme de doctorat en philosophie de l'Université Paris 8 et de l'Université du Québec à Montréal. Elle est également avocate et politologue. Elle enseigne aux départements de communication et de philosophie à l'Université d'Ottawa. Sa recherche porte sur les modalités de la communication inter-systémique dans les conditions actuelles de la complexité exponentielle de la société. Elle est l'auteur de *Trafic de drogues et capitalisme* (2006), un ouvrage qui propose une analyse des conditions de recouvrement des communications relatives au trafic de drogue comprises comme un paradoxe fonctionnel stabilisé dans le temps au sein du système capitaliste. Dans le cadre de sa recherche postdoctorale à la Chaire de recherche d'Alvaro Pires (Université d'Ottawa), elle a également écrit sur les conditions ayant favorisé, en Colombie, la formation des systèmes en temps postcoloniaux et elle a analysé plus spécifiquement une Constitution provinciale ayant accordé le droit de vote aux femmes colombiennes en 1853. Elle a été vice-directeur scientifique de l'Académie mondiale de la science de la complexité et est actuellement membre du conseil du Comité de recherche sur les Futures Research ISA RC07.

Sébastien Lachambre est titulaire d'un doctorat en criminologie de l'Université d'Ottawa. Il est également membre de la Chaire de recherche du Canada en traditions juridiques et rationalité pénale. Ses principaux champs d'intérêt sont la sociologie du droit (pénal) et la philosophie pénale. Ses recherches actuelles portent sur la théorie de la dénonciation et la «fonction expressive de la peine», sur l'orientation des discours de réforme du droit et sur la réhabilitation en tant qu'objectif de la peine.

Sandra Lehalle, titulaire d'un doctorat européen en droit et d'un doctorat canadien en criminologie, est professeure remplaçante au département de criminologie de l'Université d'Ottawa depuis 2007. Sa double formation transparaît dans ses intérêts de recherche qui touchent de façon large les politiques pénales et carcérales sous l'angle de ceux qui les conçoivent et les appliquent mais également de ceux qui en sont l'objet, particulièrement les détenus. Elle s'intéresse aux diverses formes de privation de liberté, aux relations de pouvoir qu'elles suscitent ainsi qu'aux mauvais traitements et aux actes de torture auxquels sont parfois confrontées les personnes détenues par l'État. Ses travaux ont fait l'objet de publications notamment dans les revues *Criminologie, Monde Commun, Revue de droit pénal et de criminologie* et *Revue canadienne de criminologie et de justice pénale.*

Veronica B. Piñero *is a doctoral candidate in the Faculty of Law at the University of Ottawa. Her research deals with the Canadian legal history of the regulation of youth offending, for which she received the Canada Graduate Scholarship (Social Sciences and Humanities Research Council). She holds a LL.L. from the Universidad Nacional del Sur (Argentina), a JD from the University of Calgary, as well as a M.C.A. and a LL.M. from the University of Ottawa.*

Alvaro P. Pires est professeur titulaire au Département de criminologie de l'Université d'Ottawa, titulaire de la Chaire de recherche du Canada en traditions juridiques et rationalité pénale (2001 à présent) et codirecteur du *CIRCEM* (Centre interdisciplinaire de recherche sur la citoyenneté et les minorités). Il est licencié en Droit à l'Université de l'État de Rio de Janeiro (1972) et détenteur d'une maîtrise et d'un doctorat (1983) en criminologie de l'Université de Montréal. Dans les années 1984 et 1985, il a collaboré comme chercheur et analyste à la Commission canadienne pour la détermination de la peine et est l'auteur d'un rapport sollicité par le Comité spécial du Sénat du Canada sur les drogues illicites en 2002. Ses champs de spécialisation sont la sociologie du droit criminel, la théorie criminologique, l'épistémologie et la méthodologie en sciences sociales. Il a publié plusieurs articles dans des revues scientifiques, de philosophie et de droit. Il est coéditeur de livres et de revues et coauteur de trois volumes sur *L'histoire des savoirs sur le crime et la peine* (2008) ainsi que d'un livre sur *La recherche qualitative. Enjeux épistémologiques et méthodologiques* (1997).

Mariana T. Possas est chercheure post-doctorante au Centre d'Études sur la Violence de l'Université de São Paulo. Elle a obtenu un doctorat en criminologie décerné par l'Université d'Ottawa (Canada) et une maîtrise en droit criminel à l'Université de São Paulo (Brésil). Ses principaux champs d'intérêt sont la sociologie du droit criminel et celle des droits de la personne. Sa recherche actuelle porte sur la construction de la relation cognitive entre la démocratie, les droits de la personne et la punition criminelle.

Mariana Raupp est doctorante en criminologie au Département de criminologie de l'Université d'Ottawa. Détentrice d'un baccalauréat en Droit (PUC/SP, Brésil) et d'une maîtrise en Sociologie (USP, Brésil), son domaine d'étude s'insère dans la sociologie du droit criminel et la sociologie de la punition. Elle est également boursière de la Fondation CAPES (Ministère de l'Éducation du Brésil).

Maíra Rocha Machado est professeure à l'École de droit de la Fondation Getulio Vargas de Sao Paulo depuis 2004. Elle est également coordonnatrice du Centre de recherche sur le crime et la peine dans le même établissement. Ses recherches actuelles portent sur la détermination de la peine (au niveau législatif et judiciaire) ainsi que sur les rapports entre le droit criminel et le droit administratif. Elle est auteure d'un ouvrage intitulé *L'Internationalisation du droit pénal* (Internacionalização do direito penal, Sao Paulo, Ed. 34, 2004). Elle a par ailleurs signé plusieurs rapports de recherche, entre autres sur la coopération internationale au Brésil (2005), sur les décisions judiciaires relatives aux crimes économiques (2007 et 2008) et sur le système de peines brésilien (2009). Ses travaux ont fait l'objet de publications, notamment dans des ouvrages collectifs et des revues spécialisées au Brésil, en Argentine, aux États-Unis, au Canada et en Norvège.

Marta Rodriguez de Assis Machado *has a Master (2003) and a Ph. D. (2007) degree in philosophy and theory of law from the University of Sao Paulo. She is a full time professor at Getulio Vargas Foundation Law School in Sao Paulo and a researcher at the Brazilian Center of Analysis and Planning (CEBRAP). Her current research focuses on criminal theory and punishment; the increase of criminalization and penalization; and the relations between the Brazilian* *black and gender movements and the Law. She is the author among other works of* Risk Society and Criminal Law: An Evaluation of New Politics on Criminal Law *(in Portuguese: São Paulo: Ed. Instituto Brasileiro de Ciências Criminais, 2005, 236 p.); co-author of «The juridification of social demands and the application of statutes: An analysis of the legal treatment of antiracism social demands in Brazil» (in* Fordham Law Review, *77, p. 1535-1558, 2009); and co-editor of* Theory of Responsibility in the Democratic State *(2009, in Portuguese) and of* Penalty and Responsibility in the Democratic State *(2012, forthcoming, in Portuguese).*

Jean Sauvageau est titulaire d'un doctorat en criminologie de l'Université catholique de Louvain (Belgique) et est professeur agrégé au Department of Criminology and Criminal Justice, St. Thomas University, Fredericton (N.-B.). Il y donne, entre autres, des cours sur les théories criminologiques, la police et le crime organisé. Ses recherches portent sur la sociologie de la sanction pénale, sur les forces de l'ordre (public et privé) ainsi que sur des questions épistémologiques propres à la criminologie.

José-Roberto Xavier est chercheur post-doctorant à l'École de Droit de la Fondation Getulio Vargas (Sao Paulo, Brésil). Titulaire d'un baccalauréat en droit (Université de Sao Paulo, Brésil), d'une maîtrise et d'un doctorat en criminologie (Université d'Ottawa), son domaine d'études est lié à la sociologie du droit criminel et à la sociologie de la punition, avec un intérêt particulier pour la méthodologie de recherche sociojuridique et les rapports entre médias et droit pénal.

ANNEXE 1

Liste des publications d'Alvaro Pires

Livres (avec comité de lecture)

Histoire des savoirs sur le crime et la peine. Vol. 3. *Expliquer et comprendre la délinquance et la déviance (1920-1960)*, Bruxelles, De Boeck Université et Larcier, Bruxelles, 2008, 410 p. (avec Christian Debuyst et Françoise Digneffe).

Histoire des savoirs sur le crime et la peine. Vol. 2. *La rationalité pénale et la naissance de la criminologie*, 2e édition dans un nouveau format (1re édition, 1998; 5e tirage, 2004), Bruxelles, De Boeck Université et Larcier, 2008, 518 p. (avec Christian Debuyst et Françoise Digneffe).

Histoire des savoirs sur le crime et la peine. Vol. 1. *Des savoirs diffus au criminel-né (1701-1876)*, 2e édition dans un nouveau format (1re édition, 1995; 4e tirage, 2003), Bruxelles, De Boeck Université et Larcier, 2008, 366 p. (avec Christian Debuyst, Françoise Digneffe et Jean-Michel Labadie).

A Pesquisa Qualitativa. Enfoques Epitemológicos e Metodológicos (traduction portugaise d'un livre publié au Canada en 1997), Rio de Janeiro, Editora Vozes, 2008, 437 p. (avec Jean Poupart, Jean-Pierre Deslauriers, Lionel-H. Groulx, Anne Laperrière et Robert Mayer).

La recherche qualitative : enjeux épistémologiques et méthodologiques, Montréal, Gaëtan Morin, 1997, 405 p. (avec Jean Poupart, Jean-Pierre Deslauriers, Lionel-H. Groulx, Anne Laperrière et Robert Mayer).

Direction de livres (avec comité de lecture)

Modernité en transit / Modernity in Transit, Ottawa, Presses de l'Université d'Ottawa, 2009, 427 p. (avec Richard Dubé, Pascal Gin et Walter Moser).

Politique, police et justice au bord du futur. Mélanges pour et avec Lode Van Outrive, Paris, L'Harmattan, 1998, 393 p. (avec Yves Cartuyvels, Françoise Digneffe et Philippe Robert).

La recherche qualitative : diversité des champs et des pratiques au Québec, Montréal, Gaëtan Morin, 1998, 249 p. (avec Jean Poupart, Jean-Pierre Deslauriers, Lionel-H. Groulx, Anne Laperrière et Robert Mayer).

Direction de revues (avec comité de lecture)

« Criminologie : discipline et institutionnalisation. Trois exemples francophones », numéro thématique de la revue *Criminologie*, 2004, 37, 1, 166 p. (avec Jean Poupart).

« Éthique, démocratie et droit pénal », numéro thématique de la revue *Carrefour. Revue de réflexion interdisciplinaire*, 1994, 16, 2, 129 p. (avec Daniel Dos Santos).

« Nouvelles connaissances et nouvelles questions en criminologie », numéro thématique de la revue *Criminologie*, 1992, 25, 2, 160 p.

Chapitres de livres (avec comité de lecture)

« Les peines radicales : construction et « invisibilisation » d'un paradoxe », introduction au livre traduit en français d'Italo Mereu, *La mort comme peine. Essai sur la violence légale*, (original italien, 1982), Bruxelles, Larcier, 2012, 38 p. (préface par Umberto Eco) (sous presse).

« Réflexions théoriques et méthodologiques sur les transferts des valeurs : le cas du droit criminel », dans Pascal Gin, Nicolas Goyer et Walter Moser (dir.), Transfert. Exploration d'un champ conceptuel, Ottawa, Presses de l'Université d'Ottawa, Coll. Transferts culturels / Cultural Transfers, 35 p. (à paraître).

«A relação entre os sistemas de ideias : direitos humanos e teorias da pena em face da pena de morte », dans Flavia Puschel et Marta Machado (dir.), *Responsabilidade e Pena no Estado Democrático e de Direito*, São Paulo, Saraiva, 2012 (avec Margarida Garcia) (accepté) (Traduction d'un chapitre de livre publié en Belgique en 2007).

« Intervenção Política na Sentença do Direito ? Os Fundamentos Culturais da Pena Mínima », dans Flavia Puschel et Marta Machado (dir.),

Responsabilidade e Pena no Estado Democrático e de Direito, São Paulo, Saraiva, 2012 (avec Maíra R. Machado) (accepté). (Traduction d'un article publié au Canada en 2010).

« La refondation de la société moderne », dans Richard Dubé, Pascal Gin, Walter Moser et Alvaro P. Pires (dir.), *Modernité en transit / Modernity in Transit*, Ottawa, Presses de l'Université d'Ottawa, 2009, p. 111-135 (avec Richard Dubé).

« Les relations entre les systèmes d'idées : droits de la personne et théories de la peine face à la peine de mort », dans Yves Cartuyvels, Hugues Dumont, François Ost, Michel van de Kerchove et Sébastien Van Drooghenbroeck (dir.), *Les droits de l'homme, bouclier ou épée du droit pénal ?*, Bruxelles, Bruylant et Facultés universitaires Saint-Louis, 2007, p. 291-336 (avec Margarida Garcia).

« Responsabilizar ou Punir ? A Justiça Juvenil em Perigo », dans *Novas direções na governança da justiça e da segurança*, Brésil, ministère de la Justice du Brésil et PNUD, 2006, p. 621-641.

« Tomber dans un piège ? Responsabilisation et justice des mineurs », dans Françoise Digneffe et Thierry Moreau (dir.), *La responsabilité et la responsabilisation dans la justice pénale*, Bruxelles, De Boeck Université, 2006, p. 217-241.

« Direito penal e orientação punitiva : um problema só externo ao direito ? », dans Maria Lucia Karam (dir.), *Globalização, Sistema Penal e Ameaças ao Estado Democrático de Direito*, Rio de Janeiro, Lumen Júris, 2005, p. 191-220.

« La recherche qualitative et le système pénal. Peut-on interroger les systèmes sociaux ? », dans Dan Kaminski et Michel Kokoreff (dir.), *Sociologie pénale : système et expérience. Pour Claude Faugeron*, Paris, ÈRES, 2004, p. 173-198.

« La ligne Maginot en droit criminel : la protection contre le crime versus la protection contre le prince », dans Raffaelle De Giorgi (dir.), *Il diritto e la differenza. Scritti in onore di Alessandro Baratta*, vol. 1, Lecce (Italie), Pensa MultiMedia, 2002, p. 509-534.

« Codifications et réformes pénales », dans Laurent Mucchielli et Philippe Robert (dir.), *Crime et sécurité. L'état des savoirs*, Paris, Éditions La Découverte, 2002, p. 84-92.

« L'énigme des demandes de modifications législatives au Code criminel canadien », dans Pedro Fraile (dir.), *Régulation et gouvernance. Le contrôle des populations et du territoire en Europe et au Canada. Une perspective historique*, Barcelone, Publicacions Universitat de Barcelona, 2001, p. 195-217 (avec André Cellard et Gérald Pelletier).

« Constructivisme versus réalisme. Quelques réflexions sur les notions de crime, déviance et situations problématiques », dans Yves Cartuyvels, Françoise Digneffe, Alvaro P. Pires et Philippe Robert (dir.), *Politique, police et justice au bord du futur. Mélanges pour et avec Lode Van Outrive*, Paris, L'Harmattan, 1998, p. 21-44 (avec Fernando Acosta).

« Aspects, traces et parcours de la rationalité pénale moderne », dans Christian Debuyst, Françoise Digneffe et Alvaro P. Pires, *Histoire des savoirs sur le crime et la peine.* Vol. 2. *La rationalité pénale et la naissance de la criminologie*, 2e édition dans un nouveau format (1re édition, 1998), Bruxelles, De Boeck Université et Larcier, 2008, p. 3-52.

« La doctrine de la sévérité maximale au siècle des Lumières », dans Christian Debuyst, Françoise Digneffe et Alvaro P. Pires, *Histoire des savoirs sur le crime et la peine.* Vol. 2. *La rationalité pénale et la naissance de la criminologie*, 2, 2e édition dans un nouveau format (1re édition, 1998), Bruxelles, De Boeck Université et Larcier, 2008, p. 53-82.

« Beccaria, l'utilitarisme et la rationalité pénale moderne », dans Christian Debuyst, Françoise Digneffe et Alvaro P. Pires, *Histoire des savoirs sur le crime et la peine.* Vol. 2. *La rationalité pénale et la naissance de la criminologie*, 2e édition dans un nouveau format (1re édition, 1998), Bruxelles, De Boeck Université et Larcier, 2008, p. 83-144.

« Kant face à la justice criminelle », dans Christian Debuyst, Françoise Digneffe et Alvaro P. Pires, *Histoire des savoirs sur le crime et la peine.* Vol. 2. *La rationalité pénale et la naissance de la criminologie*, 2e édition dans un nouveau format (1re édition, 1998), Bruxelles, De Boeck Université et Larcier, 2008, p. 145-206.

« Un nœud gordien autour du droit de punir », dans C. Debuyst, F. Digneffe et A. P. Pires, *Histoire des savoirs sur le crime et la peine.* Vol. 2. *La rationalité pénale et la naissance de la criminologie*, 2e édition dans un nouveau format (1re édition, 1998), Bruxelles, De Boeck Université et Larcier, 2008, p. 207-220.

« De quelques enjeux épistémologiques d'une méthodologie générale pour les sciences sociales », dans Jean Poupart, Jean-Pierre Deslauriers, Lionel-H. Groulx, Anne Laperrière, Robert Mayer et Alvaro P. Pires, *La recherche qualitative : enjeux épistémologiques et méthodologiques*, Montréal, Gaëtan Morin, 1997, p. 3-54.

« Échantillonnage et recherche qualitative : essai théorique et méthodologique », dans Jean Poupart, Deslauriers, Lionel.-H. Groulx, Anne

A. Laperrière, Robert Mayer et Alvaro P. Pires, *La recherche qualitative : enjeux épistémologiques et méthodologiques*, Montréal, Gaëtan Morin, 1997, p. 113-169.

« La criminologie d'hier et d'aujourd'hui », dans Christian Debuyst, Françoise Digneffe, Jean-Michel Labadie et Alvaro P. Pires, *Histoire des savoirs sur le crime et la peine*. Vol. 1. *Des savoirs diffus au criminel-né (1701-1876)*, 2e édition dans un nouveau format (1re édition, 1995), Bruxelles, De Boeck Université et Larcier, 2008, p. 13-67.

« La criminalité : enjeux épistémologiques, théoriques et politiques », dans Fernand Dumont, Simon Langlois et Yves Martin (dir.), *Traité des problèmes sociaux*, Québec, Institut québécois de recherche sur la culture, 1994, p. 247-277.

« La procédure pénale. Commentaires », dans Philippe Robert, (dir.), *La création de la loi ; l'exemple de la loi pénale*, Oñati, International Institute for the Sociology of Law, 1991, p. 51-68.

Articles de revues scientifiques (avec comité de lecture)

« Intervention politique dans la sentence du droit ? Fondements culturels de la peine minimale », *Criminologie*, 2010, 43 (2), p. 89-126 (avec Maíra R. Machado).

« A Refundação da Sociedade Moderna », *TOMO – Revista semestral núcleo de pós-graduação e pesquisa em ciências sociais*, Universidade federal de Sergipe, juillet-décembre 2010, 17, p. 15-37 (avec Richard Dubé). (Traduction portugaise d'un chapitre de livre publié en 2009 avec des révisions mineures.)

« Um caso de inovação « acidental » em matéria de penas : uma lei brasileira sobre as drogas », *Revista Direito GV*, Fundação Getúlio Vargas, janv.-juin 2011, 7 (1), p. 299-329 (avec Jean-François Cauchie). (Traduction par José Roberto Xavier d'un article publié en français dans *Champ pénal* en 2007. Texte réévalué par un autre comité de pairs.)

« Une "utopie juridique" et politique pour le droit criminel moderne ? », *Criminologie*, 2007, 40, 2, p. 9-18. Numéro spécial intitulé *Peines et pénalité au Canada. Autour des travaux de Pierre Landreville*, sous la direction de Marion Vacheret et Philippe Mary.

« Un cas d'innovation « accidentelle » en matière de peines : une loi brésilienne sur les drogues », *Champ pénal / Penal Field*, 2007, 4, 29 p.

http://champpenal.revues.org/document1541.html (avec Jean-François Cauchie).

« Consideraciones preliminares para una teoría del crimen como objeto paradojal », Revista *Ultima Ratio*, Editora Lumen Juris, 2006, 1, 0, p. 213-255.

«A racionalidade penal moderna, o público e os direitos humanos na modernidade tardia», *Novos Estudos CEBRAP*, São Paulo, 2004, 68, p. 39-60.

« La línea Maginot en el Derecho Penal : la protección contra el crimen versus la protección contra el Príncipe », *Revista Brasileira de Ciências Criminais*, São Paulo, 2004, 12, 46, p. 11-45.

« La rationalité pénale moderne, la société du risque et la juridicisation de l'opinion publique », *Sociologie et Sociétés*, Montréal, 2001, 33, 1, p. 179-204. Numéro thématique intitulé *Les formes de la pénalité contemporaine : enjeux sociaux et politiques*, sous la direction de Danielle Laberge.

« Consideraciones preliminares para una teoría del crimen como objeto paradojal », *Cuadernos de Doctrina y Jurisprudencia Penal*, Buenos Aires, 2001, 7, 13, p. 191-235. Numéro thématique intitulé *Reconstruyendo las criminologías críticas*, sous la direction de M. Sozzo.
Nouvelle version largement remaniée d'un article publié par l'auteur en 1993 dans la revue *Déviance et Société*. Cette version tient compte du débat suscité par l'article dans ladite revue en 1995, 19 (3).

« La ligne Maginot en droit pénal : la protection contre le crime versus la protection contre le prince », *Revue de droit pénal et de criminologie*, Bruxelles, 2001, 81, 2, p. 145-170.
Cette étude a été exceptionnellement acceptée pour publication simultanément comme un chapitre de livre en Italie et dans deux revues prestigieuses : *Revue de droit pénal et de Criminologie* (Bruxelles, depuis 1907) et *Nueva Doctrina Penal* (Buenos Aires).

« La línea Maginot en el Derecho Penal : la protección contra el crimen versus la protección contra el Príncipe », *Nueva Doctrina Penal*, Buenos Aires, 2001/A, p. 71-96.

«Alguns obstáculos a uma mutação humanista do direito penal», *Sociologias* (revue de l'Institut de philosophie et sciences humaines de l'Universidade Federal do Rio Grande do Sul) Brésil, 1999, 1, 1, p. 64-95. (Traduction portugaise légèrement revue d'un article publié en 1995.)

« Le sens du problème et le sens de l'approche : pour une nouvelle conception du travail méthodologique », *Revue de l'Association pour la recherche qualitative*, 1995, 13, p. 55-87.

« À propos des objets en criminologie : quelques réponses », *Déviance et Société*, 1995, 19, 3, p. 291-303. (Débat organisé par le Comité scientifique de la revue autour d'une théorie proposée dans un article dans ladite revue en 1993.)

« Quelques obstacles à une mutation du droit pénal », *Revue générale du droit*, Ottawa, 1995, 26, 1, p. 133-154.

« Les mouches et la bouteille à mouches : utilitarisme et rétributivisme devant la question pénale », *Carrefour. Revue de réflexion interdisciplinaire*, Ottawa, 1994,16, 2, p. 8-39 (avec Fernando Acosta).

« What's Real in Realism? What's Construction in Constructionism? The Case of Criminology », *Journal of Human Justice*, 1994, 5, 2, p. 6-33 (avec Fernando Acosta).

« Recentrer l'analyse causale ? Visages de la causalité en sciences sociales et recherche qualitative », *Sociologie et Société*, Montréal, 1993, 25, 2, p. 191-209.

« La criminologie et ses objets paradoxaux : réflexions épistémologiques sur un nouveau paradigme », *Déviance et Société*, 1993, 17, 2, p. 129-161.

« Vers un paradigme des inter-relations sociales ? Pour une reconstruction du champ criminologique », *Criminologie*, Montréal, 1992, 25, 2, p. 13-47 (avec Françoise Digneffe).

« Le renvoi et la classification des infractions d'agression sexuelle », *Criminologie*, Montréal, 1992, 25, 1, p. 27-63 (avec Julian Roberts).

« Éthiques et réforme du droit criminel : au-delà des philosophies de la peine », *Ethica*, 1991, 3, 2, p. 47-78.

« La réforme pénale et la réciprocité des droits », *Criminologie*, Montréal, 1991, 241, p. 77-104.

« Le devoir de punir : le rétributivisme face aux sanctions communautaires », *Canadian Journal of Criminology / Revue canadienne de criminologie*, 1990, 32, 3, p. 441-460.
Numéro thématique intitulé : *Sentencing / La détermination de la peine*.

« Analyse causale et récit de vie », *Anthropologie et Société*, 1989, 13, 3, p. 37-57.
Numéro thématique intitulé : *Méthodologie et univers de recherche*.

« Deux thèses erronées sur les lettres et les chiffres », *Cahiers de recherche sociologique*, 1987, 5, 2, p. 87-106.
Numéro intitulé : *L'autre sociologie*, sous la direction d'Anne Laperrière.

« La réforme pénale au Canada : l'apport de la Commission canadienne sur la détermination de la peine », *Criminologie*, 1987, 20, 2, p. 11-55.

« Les recherches sur les sentences et le culte de la loi », *L'Année sociologique*, Paris, 1985, 35 (troisième série), p. 83-113 (avec Pierre Landreville).

« Les méthodes qualitatives et la sociologie américaine », *Déviance et Société*, 1983, 7, 1, p. 63-91 (avec Jean Poupart et Prudence Rains).

« La méthode qualitative en Amérique du Nord : un débat manqué (1918-1960) », *Sociologie et Sociétés*, 1982, 14, 1, p. 15-29.

« Systema penale e traiettoria sociale », *La Questione Criminale*, Bologne, 1981, 7, 3, p. 463-494 (avec Victor Blankevoort et Pierre Landreville). (Traduction italienne d'un article publié la même année.)

« Système pénal et trajectoire sociale », *Déviance et Société*, 1981, 5, 4, p. 319-345 (avec Victor Blankevoort et Pierre Landreville).

« Les coûts sociaux du système pénal. Notes méthodologiques », *Crime et\and Justice*, 1980, 7/8, 3/4, p. 180-189 (avec Victor Blankevoort et Pierre Landreville).

« Le débat inachevé sur le crime : le cas du Congrès de 1950 », *Déviance et Société*, 1979, 3, 1, p. 23-46.

Actes de conférence

« La question des peines minimales : entre politique et droit », dans Josiane Boulad-Ayoub et Pierre Robert, *Actes du colloque international intitulé Rationalité pénale et démocratie*, tenu à l'Université du Québec à Montréal (28-29 avril 2011), Québec, Presses de l'Université Laval, 2012 (avec Maíra R. Machado) (accepté).

« Por que é tao dificil construir uma politica de alternativas penais ? », conférence d'ouverture, *Annales du VIIe Congrès national d'Alternatives pénales*, tenu à Campo Grande, Brasilia, Brésil (19-21 octobre 2011), 2012, p. 22-35.

« La recherche qualitative et le problème de la scientificité », conférence prononcée au 61e Congrès de l'ACFAS, atelier : *Méthodes qualitatives en recherche sociale : problématique et enjeux*, Québec, Conseil québécois de la recherche sociale, 1994.

Articles de revues sans comité de lecture

« Droits de la personne et peines radicales : comment concilier l'inconciliable » ?, Journal des tribunaux, Belgique, Larcier, 22 septembre 2012, 6489, p. 614-615.

« La criminologie comme discipline scientifique », *Criminologie*, Montréal, 2004, 37, 1 (introduction au numéro), p. 3-11 (avec Jean Poupart).
« Réfléchir sur la question pénale à la fin du XXe siècle », *Carrefour. Revue de réflexion interdisciplinaire*, Ottawa, 1994, 16, 2 (introduction au numéro), p. 3-7 (avec Daniel Dos Santos).
« Des signes de renouveau en criminologie ? », *Criminologie*, Montréal, 1992, 25, 2 (introduction au numéro), p. 3-11.

Recensions de livres avec sollicitation de l'éditeur

Daems, T. « Observing Discourses on Criminal Punishment », *Making Sense of Penal Change*, Oxford University Press, Oxford, 2008, 299 p., *Kriminologisches Journal* (Allemagne), 2010, 42, 2, p. 154-158.
Fecteau, J.-M. « Un nouvel ordre des choses : la pauvreté, le crime, l'État au Québec, de la fin du XVIIIe siècle à 1840,» *Revue d'histoire de l'Amérique française*, 1991, 45, 1, p. 113-117.
Rico, J. M. Crime et justice pénale en Amérique latine, *Revue canadienne de criminologie*, 1979, 21, 4, p. 504-510 (avec Fernando Acosta).

Rapports de recherche gouvernementaux publiés

« Legislative activity and obstacles to innovation in criminal matters in Brazil », *Thinking about Law Project*, rapport n° 32, secrétairerie des Affaires législatives, Brésil, ministère de la Justice, 2010 (avec Maíra R. Machado, Colette Parent et autres).
«The Complexity of the Problem and the Simplicity of the Answer: The Mandatory Minimum Punishment », *Thinking about Law Project*, rapport n° 17, secrétairerie des Affaires législatives, ministère de la Justice, Brésil, 2008 (avec Maíra R. Machado, Carolina Cutrupi Ferreira et Pedro Mesquita Schaffa).
« Droits de la personne et information juridique : une recherche évaluative », Direction générale de la recherche et du développement, Direction de la politique, des programmes et de la recherche, ministère de la Justice du Canada, Ottawa, 1986 (avec S. Vallières).
Version anglaise sous le titre : « Human Rights and Legal Information: An Evaluative Research Study », Research and Development Directorate, Programs and Research Branch, Department of Justice Canada, Ottawa, 1986.

Rapports de recherche à l'intention de commissions gouvernementales

« La politique législative et les crimes à « double face » : éléments pour une théorie pluridimensionnelle de la loi criminelle (drogues, prostitution, etc.) », *Rapport d'expert à l'intention du Comité spécial du Sénat du Canada sur les drogues illicites*, Ottawa, 2002, 96 p. Rédacteur de l'un des quatre rapports d'experts sollicités par le Comité spécial du Sénat du Canada sur les drogues illicites (voir « Le cannabis : positions pour un régime de politique publique pour le Canada », *Rapport du Comité spécial du Sénat sur les drogues illicites*, gouvernement du Canada, septembre 2002).

« Critiques à la prison et principe de modération », *Rapport de recherche à l'intention de la Commission canadienne sur la détermination de la peine*, gouvernement du Canada (président : J. R. Omer Archambault, 1987), Ottawa, 1985.

« Inventaire d'extraits significatifs ayant trait à la disparité des sentences dans la littérature canadienne », *Rapport de recherche à l'intention de la Commission canadienne sur la détermination de la peine*, gouvernement du Canada (président : J. R. Omer Archambault, 1987), Ottawa, 1984.

Rapports importants de recherche à des ministères gouvernementaux

« Les coûts sociaux du système pénal », *Rapport de recherche à l'intention du Solliciteur général du Canada*, Ottawa, 1981, 212 p. (avec Pierre Landreville et Victor Blankevoort).

Tables rondes publiées (sans comité de lecture)

« La contribution des recherches qualitatives aux sciences humaines : débats actuels », organisée par Anne Laperrière, *Cahiers de recherche sociologique*, 1987, 5, 2, p. 106-138.

« Table ronde sur la peine de mort », organisée par Fernando Acosta, *Criminologie*, 1987, 20, 2, p. 103-113.

Cahiers et publications universitaires (sans comité de lecture)

«The Reform of Sexual Assault Laws in Canada: A Reconstruction of Juridical Categories and their New Symbolic Effects», *Cahiers de recherche de la Faculté des Sciences sociales*, Université d'Ottawa, 1991 (Paper presented to the Annual Meetings, Law and Society Association, Research Committee on Sociology of Law, International Sociological Association, Amsterdam).

« Kritische Kanttekeningen bij de Uitvinding van de Boete en van Het Strafrechtelijke Systeem », dans C. M. C. ten Raa (dir.), *Historische Ontwikkeling van Het Recht*, Faculteit der Rechtsgeleerdheid, Erasmus Universiteit Rotterdam, Rotterdam, 1979.

INDEX

C

E

F

G

S

T

U

V

W

X

Y

Z

INDEX

www.ingramcontent.com/pod-product-compliance
Lightning Source LLC
LaVergne TN
LVHW021735071126
851857LV00040B/1141